伶人·武士·猎手

后唐庄宗李存勖传

戴仁柱 马佳 著

中华书局

图书在版编目(CIP)数据

伶人·武士·猎手:后唐庄宗李存勖传/戴仁柱,马佳著.—北京:中华书局,2009.11
ISBN 978-7-101-07003-3

Ⅰ.伶… Ⅱ.①戴…②马… Ⅲ.李存勖(公元885~926)-传记 Ⅳ.K827.43

中国版本图书馆CIP数据核字(2009)第163466号

书　　名　伶人·武士·猎手
　　　　　——后唐庄宗李存勖传
著　　者　戴仁柱　马　佳
责任编辑　王　芳
出版发行　中华书局
　　　　　(北京市丰台区太平桥西里38号　100073)
　　　　　http://www.zhbc.com.cn
　　　　　E-mail:zhbc@zhbc.com.cn
印　　刷　北京瑞古冠中印刷厂
版　　次　2009年11月北京第1版
　　　　　2009年11月北京第1次印刷
规　　格　开本/700×1000毫米　1/16
　　　　　印张14½　插页2　字数160千字
印　　数　1-5000册
国际书号　ISBN 978-7-101-07003-3
定　　价　29.00元

目录

序

2004年3月戴仁柱（Richard L. Davis）历十年之功的《新五代史》英译本在美国出版。是年夏天和2005年的春天，戴仁柱继续在台湾从事五代史的研究，同时，写作一本五代第二代开国皇帝庄宗传记的念头也逐渐地明晰起来。五代虽是个分裂、动乱的时期，但它前承唐代，后启宋代，在中国历史上的地位，其实是无法回避、不可忽视的。在整个五代的五个朝代中，后唐不但占据了一个相当长的时期，也留下了丰富的历史资料。另一方面，作为一个中国古代历史上的少数民族政权，沙陀人扮演着独特的角色，加之，沙陀虽然是来自中国大陆北方的游牧民族，但却以复辟唐朝为己任。而凡此种种在中国古代史史学界却鲜为学者们关注。在长期的研究和教学过程中，戴仁柱越来越觉得传记作品是帮助读者和学生全面认识、深入了解历史的一个生动的形式。这些原因成为了戴仁柱写作英文后唐庄宗李存勖传记的最初动因。而2005年4月的太原（即古时的晋阳）之行，让戴仁柱切身感受到了太原作为后唐发轫之地，其深厚博大的历史文化底蕴，成为了他传记写作的一道源源活水。

戴仁柱和马佳最初于1995年相识于南京大学，后又在美国布朗大学（Brown University）同事两年（2002—2004），其间，戴仁柱为历史系教授及东亚系主任，马佳则教授汉语和中国文化。两人在茶余饭后、学间课下，常常兴趣盎然于中国文化和历史。马佳介绍了戴仁柱风格卓异的代表作《山下有风——十三世纪中国政治文化危机》。在英译本《新五代史》出版后，马佳又将其前言的

主要部分翻译成中文。

从2005年春天开始到2006年底，戴仁柱完成了《庄宗传》的英文原稿。1996年到1998年两年在台湾中正大学任教，2006年起又受聘于香港岭南大学历史系的经历，使他考虑到中文背景的读者，包括学生，应该会对庄宗这样一个相对并不知名的中国古代皇帝，比西方读者更感兴趣；另外，他觉得一本以自己的研究为基础的中文著作，可以给大学的学生增添新的、别开生面的历史辅助读物。

于是，戴仁柱和马佳商议，在英文原稿的基础上，共同创作一部中文本的《庄宗传》。它应该既有学术价值，但又力求雅俗共赏，意趣盎然。一句话，我们希望这部别开生面的《庄宗传》能够为专家和普通读者所共同悦纳。戴仁柱的汉语在国际汉学界少有比肩者，古汉语尤佳。马佳出身中国文学和比较文学研究，之后游学任教于欧美，近来更涉足传记写作、文化研究和英语翻译的诸多领域。两人各有所长，互有所补，彼此的合作显得自然而默契。

合作始于2007年的秋天，历时一年多。其间，戴仁柱受聘担任香港岭南大学历史系讲座教授，马佳任教于加拿大的滑铁卢大学（University of Waterloo）东亚中心以及约克大学（York University）语言和文学系。工作的程序为马佳先按照英文原文草译，然后经戴仁柱修正，马佳再据此完成初稿，最后，两人又根据中文读者的阅读习惯加以删减增补，形成定稿。在此需要强调的是，虽然在初稿中有多达九百条的尾注，包括正文中对话的文言文引文和一手、二手资料的出处，但考虑到一般读者的阅读习惯，我们将其悉数删去。但所有的尾注都保留着，有兴趣者可以直接和戴仁柱教授联系。

有三本关于五代（907—979）的官方史书。时间上最接近五代的《旧五代史》，是宋初由薛居正主持编撰的官修史书。最通行的却是《新五代史》，它是由欧阳修个人编撰的，作者去世后的1077年由宋官方出版，当初的书名是《五代史记》。即便当时是独立完成的，但由于是官方出版印刷，此书也被认为是官

史。可以说,《新五代史》是《旧五代史》的重要补充。

欧阳修也是官史《新唐书》的主编,他当时可以广泛涉猎大量在开封的官方图书馆(秘书省)和私人的藏书。这些藏书包括失传的五代史录、国史和有文学色彩的历史故事——笔记小说。《新五代史》写作风格既简洁明了,同时也富有故事性,引人入胜。其中也贯穿了作者基于儒家思想的写作观念。无疑,《新五代史》较之《旧五代史》更加流畅,但因为前者是后者的缩编,所以,《新五代史》缺乏《旧五代史》在史料上的丰富和完整。共同点是这两本史书都是以纪传体的体例写就。

涉及到五代的第三本官方史书是司马光的《资治通鉴》,后于欧阳修的《新五代史》七年出版。本书采用了编年史的体例,所以在研究、观察五代历史变迁方面具有无可取代的价值。共有二百九十四卷的《资治通鉴》涵盖了从公元前403年到公元后959年的历史,最后的三十卷是关于五代的。《资治通鉴》在宋官方的赞助下由司马光主编,本书的作者们参考了新旧两本五代史,以及现在散佚的其他史书。司马光在后唐的都城洛阳进行《资治通鉴》的编辑工作,洛阳很可能藏有开封所没有的史料(而欧阳修是呆在开封做官和从事历史研究的)。由于《资治通鉴》参考了大量的史料,加上它庞大的作者群,所以被称为是最完备、最客观的中国古代史书。

因为这三本史书各有优劣,所以,戴仁柱在参考引用时没有过分倚重其中的任何一本。最主要的五代制度史《五代会要》存在着大量的错误,所以戴仁柱在引用本书的史料时非常小心。另外应当提及的是宋初所编的《册府元龟》,其中包含了大量五代流传下来的笔记小说和典故,此书先前也为欧阳修和司马光经常引用。

让人不可思议的是,11世纪的两本史书——《新五代史》和《资治通鉴》,成书于庄宗李存勖死后一百五十年,但同样包含着对庄宗的偏见,《新五代史》甚至更甚于《资治通鉴》。实际上,随着时间的推移,对庄宗的负面评价逐渐地固

定。自清以来,大量的历史学家更看重《旧五代史》的主要原因是它没像其他的史书那样对史料明显地加以“过滤”。现存的《旧五代史》的版本是18世纪时拼凑起来的,所以在不少关键的地方是不完整的。《旧五代史》包含了很详尽的庄宗本纪,加上本书中关于庄宗母亲曹氏和儿子李继岌的传,没有它,戴仁柱不可能完成此著。但《旧五代史》中缺乏两位刘氏的传记,她们分别是庄宗的正妻和后母。《旧五代史》明显的缺陷使得戴仁柱不得不更多地依赖《新五代史》和《资治通鉴》,虽然后两者是在五代一百五十年后编撰的,准确地说应该是二手资料。

由于庄宗在位时间短暂,使得有关他的史料存有相当的偏见。庄宗的继承者明宗李嗣源,在位八年,有足够的时间来塑造庄宗的历史形象:为了证明其篡位的合法性,庄宗必须要被贬低。所以,很明显,当时的史料经过了系统的处理。历史上对庄宗李存勖的评价始于新旧五代史。《旧五代史》列数了导致同光王朝速亡的诸多原因,像外用伶人,内惧刘氏,吝啬敛财,滥杀重臣,认为以上任何一项就可以导致一个王朝的夭折。《新五代史》则强调庄宗重用伶官,作为沙陀皇帝,他有着本性上的缺陷。但结论几乎是一样的:《旧五代史》说“得之孔劳,失之何速”?《新五代史》言“忧劳可以兴国,逸豫可以亡身”。之后,史学界基本沿用了这样的结论,将庄宗视为骄奢淫逸、无所作为的帝王。

我们的《庄宗传》试图从两个不同的角度给当代的读者呈现庄宗的形象。作为一个普通人,庄宗李存勖性格丰富,自然率真,极具传奇色彩。他自幼喜好演剧,写过剧本,上过舞台,甚至还填过词;他英勇善战,常常为士卒先;他是个著名的孝子,不仅早年以父亲的遗愿为己任,同时对母亲几乎言听计从,很少违拗;他又酷爱打猎,喜好赌博,擅长鞠球。作为第一个沙陀血统的皇帝,他和他之前以及之后的开国之君一样,还是个马背上的皇帝,脱不了武士的性情,没能及时转换角色,自然不善朝政。他基本保持了做晋王时的散淡优游,漠视儒家的道德传统、礼仪制度,例如,他竟然会叩拜一个胡僧。此类的行径使得朝廷内

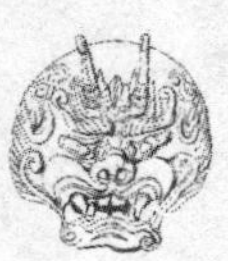

外的士大夫侧目反感，严重地影响了作为一个传统中原皇帝的尊严和威望。以沙陀传承继位的传统，庄宗李存勖二十四岁即位晋王，三十九岁成为同光皇帝，都显得过于年轻，不够成熟，缺乏统治手段和治国方略。

李存勖作为皇帝，也并非一事无成，比如他的治下，将蜀纳入后唐版图，这在整个五代历史上是绝无仅有的。他试图打破唐朝以门第、出身作为为官方标尺所造成的门阀体系以及取士不公的弊端，像主动干预科举考试，让平民寒士桑维翰得以被公正录取。他在做晋王时，就曾经吸引了大批的人才，如冯道、卢程等英杰皆入其彀中；他也提拔和培养了军中的人才，像石敬瑭（后晋皇帝）、刘知远（后汉皇帝）；他基本能做到举贤荐能，不盲目地任用家人。另一方面，他既不像后梁朱温那样残暴，也没有蜀国王衍的奢侈。所以，将庄宗放在五代的历史环境中，能够在功绩上超过他的皇帝也不过一二，而他在文采和性情上甚至可以和南唐的李煜一比，早年征战中的智勇双全更是直追唐太宗李世民。正如吕思勉所言："后唐庄宗为人，颇似唐太宗，其用兵之剽悍或且过之，然政事之材则远落其后。"可惜的是，和早期太宗相似的庄宗在后唐统治的高峰就迅速陨落。

总之，我们认同所有的历史都是当代史的论断，因为任何历史都会被后人评说，为历史学家审视，成为当代社会的借鉴，但真正有价值的历史书籍一定是基于丰富翔实的史料之上的历史言说。所以，我们希望读者在这本《庄宗传》中能得到一个关于庄宗李存勖全面、新鲜的形象，从而能更深入内在地理解五代这段特殊的历史。

戴仁柱（香港）　马　佳（多伦多）

2008 年 8 月初稿

2008 年 12 月改定

第一章

天才与浪子

后唐庄宗立像

在中国上下五千年浩如烟海的历史中，夹在唐宋两大王朝之间仅仅五十余年的五代颇似一个陪嫁的丫环，叨陪末席或少人问津，从不给人以惊诧。但当我们拂去笼罩其上的历史尘埃，便会倏然发现，她却原来也是这历史大观园中一道自有风姿的景观。循着她的回眸深望，这段被史家冠之以杀戮频仍、充满刀光剑影、王朝国度更迭无常、城头瞬间变幻大王旗的历史，却一样有着哀婉动人的情节，曲折、离奇的故事，以及催人警醒的谕示。

作为五代第二代王朝——后唐的开国之君，李存勖自幼便处在两种文化的交织沐浴下，成为那个时代令人艳羡的佼佼者。李存勖本为沙陀人，加上父亲——晋王李克用的刻意训练，使他显现出典型的突厥沙陀勇士般强健的体型和勇猛的胆略。几乎与此同时，出身汉贵族的母亲成为他最好的家庭教师，还有那些出入宫廷的汉族背景的官吏、辅臣，他们也常常簇拥在小存勖的周围，可以想见李存勖对汉文化如鱼得水似的亲近。后来，他常常自矜于对文言和白话的自如运用，对中国历史和典籍的信手拈来，对吟诗作赋的灵巧熟捻，以及作为伶人的天分。不仅如此，汉文化中成熟的政治体系和典章制度，也让这位一度的中原之王获益匪浅。当然，李存勖也醉心于自己的本土文化——那些特有的宗教礼仪，以及由摔跤、斗鸡和远途狩猎组成的休闲活动。最终，李存勖凭借着过人的才干和得天独厚的文化素养凝聚军心民意，夺得江山，也为后世留下了一段佳话。

李存勖一生的使命似乎自出生之日起便已然设定，父亲李克用毫无迟疑地把未来的宏图大略压在幼年的长子身上。一次，刚刚取胜的李克用设宴款待部下将校，席间，他先以充满爱怜的目光紧盯着侍坐一侧的爱子，接着对手下毋容置疑地预言道："我已经垂垂老矣，但我这个儿子却是块好料子！以后就靠他替我征战沙场了！"这时，存勖也就是四岁的年纪，比起同龄的穿着后开衩裤的同伴不过个头稍高。但从此，父亲的这番预言便没有在李存勖的耳际消失过，成为他建国立业的座右铭。常年征战而铁石心肠的李克用惟独对大儿子宠爱有

加，儿子则知恩图报，将父亲的三项遗愿当作一生的矢志追求。

正是绝好地应验了那句俗语：自古英雄出少年。弱冠之半的李存勖常常随父征战，代父行事。一次战后，李存勖代表父亲赴唐都向宫廷报捷，唐昭宗被其勇武健硕的沙陀勇士的外貌所吸引，对其不吝褒奖。在 895 年夏末接见李存勖时又预言："你小小年纪便仪表堂堂，我看你日后一定会荣华富贵，前程无量，可别忘了我大唐帝国和你父亲的栽培。"昭帝随后拿十一岁的李存勖和其父——四十壮年、正处在权力巅峰的李克用相比较，慨然道："这孩子以后会超过自己的父亲。"（"此子可亚其父。"）于是，李存勖便有了"亚子"的绰号，意为后来者居上。唐昭宗的这番赞誉很快便传到晋王的耳中，这也正契合他对儿子自幼的厚望，于是，李克用刻意将李存勖的神勇夸大到极致，他要遍晓天下，他的这位将门虎子会将家族的荣耀发挥到极致，他治下的晋阳也会出现令人瞠目的壮丽景象。李克用后来又有了四个儿子，但他始终将长子李存勖作为可以实现其王国梦想的当然人选。

有了这样的野心，为唐王朝效命并被赐皇姓的晋王李克用当然清楚汉文化在打造李存勖心智方面举足轻重的作用，有着不凡的汉文化背景的妻子在其间更是不遗余力。据史传，李存勖"十三读春秋，略知大意"，加上儒家经典的浸染，以此平衡了他在文学、音乐和戏剧上的天赋。另外，幼年的李存勖还饱读了《孙子兵法》等相关的兵书，这些典型的中国军事智慧集成显然加强了李存勖日后的军事指挥才能，使他鹤立于同时代沙陀出身的将官。

庄宗李存勖另一个为人津津乐道的是，他会在不同时期，不同情形下对家人和臣民鲜明地展现出其迥异的形象。历史学家常常将庄宗描述成具有无法言喻的矛盾个性的人：执着决断，却又专横自私；亲切随和，却又冷漠寡趣。撇开他的个性不谈，李存勖自我文化认同的意念，也为他的矛盾心理和前后不一提供了另一个渊源：年轻时为其汉文化的身份而沾沾自喜，但日后却偏向游牧文化，热衷于典仪和宗教活动。我们估计，李存勖在晋阳时，有意识地培养起了一个能够取悦他的近臣和母亲的形象；但一旦大权在握，他内在的对周遭沙陀族人的同情便占了上风，使他有意识地采取行动去趋近、安抚他们。相对于粉饰加工后的形象，其实，李存勖的身份在年轻时要比史料所言更少汉文化的成分，而其登基后则比通常所说的要更少沙陀色彩。贯穿李存勖一生的，是他丝毫不放松地运用他的形象，来服务于个人和政治错综复杂的需要。不像他的父亲李克用，他从未享受过他本真的个性。

当代的研究者服膺于这样的见证：庄宗李存勖登基后，历年不知变通的宫廷政策和策略造成了君臣之间的日渐疏离；而同时代的历史学家专注于立国后庄宗生活环境和精神世界的逆转：一个惯于驰骋疆场的勇士在炫目繁缛的宫廷生活中，日渐失去了他当初的修炼和气质；历代的儒家学者则在道德伦理的层面上反复论证庄宗堕落的生活和怪异的统治手段，是导致他迅速覆灭的致命组合。总之，学术界从不同的层面对庄宗李存勖这样一位特殊的历史人物，多为情绪化的评判乃至针砭，但却缺乏系统、理性的分析和研究。此外，包括研究者在内的所有人，对李存勖的英雄传奇和他后期流星般的短命统治兴趣盎然，但对隐含在他传奇故事之中的文化伦理资讯却并无热忱。的确，这位异族统治者生前丰富的资材足以取悦普通的读者，因而，具有反讽意义的是，庄宗，这位早期征战沙场的勇士和后期宫廷舞台个性卓异的表演者（他其实真的就是一个天才的伶人），为他死后的娱乐消费提供了源源不断的资源。

父辈的血性

作为沙陀后裔，李存勖的身份是由游牧民族的生活方式决定的。沙陀四处飘移的历史联系着中国北方游牧民族几个世纪的大迁徙。关于沙陀人的历史记载迟至唐朝（618—907）才出现。他们也许曾经有过不同的称呼，但按照中国古代史家大同小异的说法，可能性最大的是，在更大范围的中国北部边界的部

落群中，沙陀是一个融合了其他部落的整合。唐朝历史中，“以夷制夷”是一个不曾间断的国策，因而在唐朝后期，沙陀逐渐成为朝廷的雇佣军，用以抵御外敌的进攻。他们曾经在一块相当大的区域靠牧养生存，这一地区向南一直延伸到新疆和内蒙古。沙陀人放牧马和羊，畜产品部分供自己消费，部分和南方的边民交换。突厥人在7世纪和8世纪的大部分时间内，控制了这片四面延伸的边界地盘，沙陀人很可能是其多元文化伞翼下的一个部落种族。

据相关史料记载，当初沙陀曾被冠以“沙陀突厥辖区”，偶尔也称作“沙陀三部落”，说明后来的沙陀是由过去的多个部落联盟整合为一的，如上段所言。8世纪突厥的衰落恰好助成了沙陀的崛起。沙陀的军队在晚唐的大部分时间内并没有超出三万人的规模，按照间接的估算，其中大概有七千骑兵。虽然人数不多，但旁人难以企及的高超箭术和作战时的勇敢使沙陀士兵显得异常勇猛。的确，沙陀最好的弓箭手有足够的力量射穿任何敌人的盾牌。沙陀曾在8世纪中叶到晚期和回鹘人、吐蕃人间歇地合作，9世纪初这两支北方的势力衰败后，联盟解散，于是，他们皆投奔中原唐朝。在差不多一个世纪的时间内，随着走出戈壁草原向长城以南扩张，沙陀的自主意识越来越强烈。

公元809年以后，相当有规模的一支突厥沙陀人再次在河东和代北以北地区（即后来的山西，古称晋）安顿下来，这个地区从太原平原向北一直延伸到大同。这里干旱的土层和稀疏的植被适合放牧和狩猎，因此这些突厥沙陀人便选择它作为永久的居住繁衍之地。向南的迁徙自然加强了和当时汉帝国的频繁联系，因此在9世纪初，唐朝的一些将领开始招募善斗好战的沙陀人来对抗内乱。沙陀军事战略价值的提升使得他们的人口有了惊人的增长。有历史学家估计，将平民和军人都计算在内，他们的人口在9世纪末达十万之众。但这个估计明显是保守的：在主要战役中通常将其他内陆少数民族和汉族人包括在内的方法影响了对沙陀人口单独统计的准确性，而这一做法是当时所有人口统计的基准。另外，沙陀人自己也有意识地加快了人口的增长，到了9世纪末，他们

吸收了别的草原部落，扩大了和汉人的通婚，逐渐发展成为一个只有部分突厥血统的新族裔。10 世纪初，日益衰弱的唐王朝踉跄地走向崩溃边缘，为了制止这样的趋势，对沙陀人的需求日益增加，使得沙陀在晚唐的社会声望也不断地提高，结果是这个昔日的河东居民成为了这个时期唐朝国家政治中的一支重要力量。另一方面，持续地和中原帝国越来越紧密的联系，最终使沙陀在文化的各个层面产生了变化，包括文字。

沙陀原本没有自己的书写系统，甚至连简单的姓氏也没有。“夷狄无姓氏，朱邪，部族之号耳”，欧阳修在《新五代史》中如是说。显然，欧阳修的说法有言过其实之处，不仅如此，他还将此推衍到几乎所有的北方少数民族。但对于突厥沙陀人，获取姓氏的方法的确是在其历史的后期，很可能模仿了汉人的做法。李存勖的祖父，名为朱邪赤心（？—888），朱邪其实是部落的名称，是“处月”的音译，但却被不少后来者误认为姓氏。当唐朝廷赐他李姓名国昌后，他便在 870 年停止使用朱邪的称呼。之前，李存勖的曾祖父也有汉人的姓名，叫李友金。

赠与新近的被降伏者或不易对付的北方少数民族以皇家姓氏和汉名，不仅表示最高礼遇和恩赐，同时也潜含着将其纳入唐朝的隶属范畴。其实，这样的行为是出于政治上和策略上的考量，也就是说，通过认可某些区域为唐属国借以减轻威胁。对于唐朝来说，赐封像沙陀那样的首领名号和官职已成为皇族延续的一种象征，而对于某些少数族裔来说，则意味着一种文化的提升。因此，双方一拍即合，各取所需，唐朝这种明显带有政治目的的做法受到了李国昌或者其子李克用的欣然悦纳。十五岁左右李克用被冠以此名，他对自己的汉名如此钟情，以至于以前的突厥原名已不复出现在史书中。同样的情形也出现在李克用的儿子李存勖身上。发展到后来，沙陀原名便成了一种咒语，禁止提及，破坏禁忌的人甚至会丢掉性命。

尽管唐王朝急于利用沙陀为自己服务，但有时沙陀一厢情愿的热诚却让唐

朝感到疑虑和不安。因此他们之间的合作总是磕磕碰碰，有时甚至令人沮丧。另外，沙陀和其他地方诸侯间的相互猜忌甚至会引发武力冲突。《新五代史》记载，李国昌居功自傲，为所欲为，到了公元870年，他的一系列举动更引起了唐懿宗的不满和担忧，于是，便让他以云州刺史的官衔驻守北部边塞，这其实是对李国昌的变相放逐。公元880年，唐朝举兵讨伐李国昌和李克用，在一连串的败战后，李国昌父子率部逃入鞑靼人的地盘。

一年后，黄巢率领的农民起义军摧枯拉朽，势如破竹，构成了一个世纪以来对唐朝统治最严重的威胁。这倒是给了沙陀另一个重新效命于朝廷的机会，并再次得到朝廷政治上的信赖。883年，唐朝倾全力欲将黄巢军驱出长安，其间，沙陀立下了汗马功劳。黄巢军在沙陀强悍的进攻面前分崩离析，四处溃逃。

同年，李国昌预感到自己将不久于人世，便明智地把权力移交给了二十八岁的大儿子李克用(856—908)。不久，西北的叛乱开始，李克用花费了一年的时间加以平定，并成功地收编了一些鞑靼人。随后，李克用有了自己的孩子。兵戎相见的间隙，他终于有时间考虑家庭事务——此时这个家庭，在唐朝宫廷贵族的眼里，当然是小得可怜。

李克用的母亲秦氏应该是汉人，但李克用根系大草原——生于斯，长于斯。年少时，他就因高超的箭术而声誉鹊起。"能仰中双凫"——他能仰身射中双飞的野鸭。这种独一无二的技艺也是日后"独眼龙"绰号的一个来源。其实他"独眼龙"的称号，是因为作战时被打瞎了一只眼睛。但这样的缺陷却并没有影响他作为弓箭手的灵巧。从十几岁起，李克用就和父亲李国昌一道并肩作战，并很快成为一个他人难以比肩的勇士和指挥家。在后来的二十五年中，李克用一直是整个沙陀部落的统治者，这期间，他和唐廷的交往也是屡占上风。他一方面继承了前辈在唐朝的影响力，另一方面尽量增加自己新的筹码，使沙陀在中国的政治版图上占有一席之地，最终他被唐皇封为晋王。这样一些内政外交上的成就足以显示他多方面的才能。但和唐朝的关系在李克用行使权力的最初

十年却也满是酸涩的滋味，受制于权臣而积弱不振的唐皇常常被迫对晋王的各项进言充耳不闻，而在李克用和其他的地方诸侯产生纠葛纷争时，唐皇却又极力安抚李克用的对手。长安甚至批准了对晋地的军事围攻。

当然，沙陀本身也会对唐朝内地进行骚扰和抢掠，这样做偶尔地是出于生存目的，但更多的是因得不到朝廷恩宠和肯定的变相报复，像885年对唐都长安的洗劫。但到了后来，随着两者联盟的日渐稳定，老年的晋王李克用比那些土生土长的汉族将领更注重维护唐王朝的生存和传统。由于沙陀越来越依附于唐王朝，在南迁过程中不仅在地理环境上越来越远离草原戈壁，更由于文化上对唐的认同和被同化，逐渐在精神气质上有别于其他北方少数民族，而被等同于内地人。

从李克用的祖父算起，晋地的范畴是以晋阳为中心，此地大约在东都洛阳以北五百公里处。晋阳在历史上具有重要的意义，隋朝立国后不久，它就成为皇帝的夏宫。隋宫廷不仅和晋阳的显赫家族通婚，其中很多皇族子弟还担任了晋阳的要职，其中包括后来隋朝的第二代皇帝隋炀帝。617年，这里又成为唐朝建立者出兵征伐隋朝的大本营。唐随后将晋阳提升为“北都”。唐“第一家庭”也有相似的情形，像武则天的祖先就长期在此居住。而武则天随后成为中国历史上最有权势的女皇。让人不可思议的是，晋阳出产帝王和女皇的美名并未在五代时期(907—979)湮没，反而达到了高峰：五代中后唐、后晋和后汉的始皇帝皆出自晋阳。另外，北汉——五代十国时期十国中的最后一个庞大的王朝，也把晋阳当作自己主要的活动地盘。5世纪早期，拓跋更在此建立了魏国。

晋阳之地，位于今天太原的南界，安居于向东北延伸的丘陵之间的两块平地上，其中一些丘陵可以达到百米的高度。当时这里被称之为“国之北门”——因为拥有这一地区的安全就能使中国的心脏地区安然无恙。但对中央政府而言，对这里的军事干预几乎是个不可克服的障碍。绵延起伏的丘陵和干涸的河床连成一片，使得从东南和西北的进攻都会充满风险。屏障河东的是广阔的黄

河，它的西边便是唐都长安。黄河沿着河东的西部边界从北向南直流而下，然后转向东流。任何从西边的进犯都必须在沿岸的某个地点穿越黄河，这样的军事行动无疑耗时而又费力。也曾经有过成功穿越边界的入侵者，但他们却不幸受挫于沿着晋阳外城墙而修筑的巨大的防御工事，据说它不仅高度惊人，还加上了四十里的长度。另外，晋阳城的周边皆为杂草丛生的土地和崎岖的山路，使得守城者能储藏达数年之久的武器和给养以抵御攻城者。再者，中部山西资源的缺乏和地形的坎坷，磨练和造就出了体格强健的居民，这样的条件使沙陀招募的汉族士兵具备了特别健强的体魄和吃苦耐劳的性格。本质上，晋地的沙陀新贵，成功地将普遍认为恶劣封闭的自然条件转化为对他们在河东屯守的有利因素。由于他们占据的地盘不够宽阔，只有东西四百公里，南北五百公里，使得他们的族人很难恣意放纵。

当时李克用和他的宿敌梁王朱温(852—912)只有几百公里的间距。朱温据守着横跨运河的开封，运河在这里西向唐都长安。这样，开封、晋阳、长安之间构成了延续几代人的复杂的三角关系。李克用和朱温，一个是充满欲望、雄心勃勃的北方佬，另一个则是神秘莫测、诡计多端的南方军阀，他们之间的明争暗斗，使那些密探和说客忙得不亦乐乎。公元884年初夏，在一次罕见的停战间歇，当李克用率军经过开封时，朱温在近郊设盛宴款待。席间，在主人煽情的挑动下，双方互致动听的言词，觥筹交错间满是虚情假意。一旦李克用酒热耳酣，朱温隐藏在暗处的杀手便一跃而出，证明这原本就是一场鸿门宴。李克用神奇般地得以逃脱，但却损失了几百个贴身的亲兵侍卫，只有少数得以侥幸逃脱。李克用奏请朝廷惩戒朱温，尽管唐皇同情李克用，但在朱温强大的势力面前，最终也无力干涉。这其实不是一个孤立的事件，而是狡诈、阴险的朱温的一贯所为，同时也凸现出了朱温和几乎所有权势者明里暗中的密切关系。朱温如此紧捏着长安皇帝的鼻子，不久又策划暗杀了李克用的养子，更进一步挑起了晋阳和开封之间无可缓解的对抗。复仇的念头困扰着李克用整整二十年，后来

李克用从儿子李存勖那里得到了为其复仇的坚定保证。没有这样的保证，他就不可能安寝。“你可不能忘记父亲的遗恨”，李克用在临终前如此恳请自己的儿子。这样，父亲的指令便把儿子置于和他们的时代最骄纵残忍的人物相对抗的境地。

李克用对复仇的渴望源于草原武士文化关于责任、忠诚、荣誉和价值的根深蒂固的意识，在草原，李克用度过了大部分的成长年代。家人和朋友在他身后记着他生活中令人亲近的个人品行，但那些下级军官却常常看到他契合军人教养的令行禁止的一面。例如，李克用喜欢用严厉的军纪惩戒军官和士兵，哪怕是微小的过失。由于他的军队不断扩大规模和士兵来源纷杂，这样做可能是个必要的恫吓手段。他曾经因为军队路过其弟李克修的防地，但没有得到足够的给养而责骂鞭打李克修——“诟而击笞之”。身体的伤痛，更糟糕的是因鞭笞而生的精神上的羞辱，使得李克修愧恨难当，突发疾病而死。这两个事例说明了年长后的晋王对手下，甚至是自己的血亲严格的掌控，但如此的“六亲不认”，也多少平衡了他的淫威。

能够驾驭李克用喜怒无常的性情无疑需要各种技能和智慧，而这，似乎只有曾为岚州刺史的盖寓所具备。盖寓曾经出使晋宫，他以出众的技巧，建立了和李克用的私交。盖寓有能力通过合乎情理的辩论、信手拈来的历史先例来说动晋王，让晋王在冲动之后，通过潜意识中的追悔来接受批评。特别让人欣赏的，是他们始终不渝的彼此尊重和信赖。比如后梁的说客迂回地诋毁盖寓的作用，攻击他的忠诚，也没能动摇李克用对之的信赖。他们双方的家宴从未间断过，这在加强了他们的私交的同时，也凝固了两个家庭的至深关系。所以，当906年盖寓患病时，李克用几乎每天都为他守夜，并亲自熬药服伺。后来盖寓的病逝对李克用的打击一点不亚于亲人的离去。而这两人在族裔和文化上其实并没有什么相同之处。盖寓来自一个长城以南的军阀世家，有趣的是，他的姓（音 gě，同“葛”）在中国很少见。

恒久的忠信，丰沛的个人魅力，某种程度上调和了晋王暴躁刚烈的脾气，刚愎自用的性情，也帮助他建立起由近臣和后宫组成的贴身圈子，圈子中的人通过显示他们的不同才情而使他得以权衡左右，从而获益匪浅。李克用看上去并不自矜和夸耀，他的自信往往通过他对别人的信任而反映出来。

尽管和梁的关系日甚一日地恶化，尤其是在他生前的最后几年，但李克用还是成功地将晋地牢牢掌握在自己手中，这更多地仰仗于他独特的人格力量。公元902年，梁军对晋阳（太原）的大规模合围险些奏效，幸而梁军上下爆发了疫情，传染源可能跟城墙周围生长得又高又厚的野草有关，这种野草中滋生的害虫在梁军中全面传播，最终使梁军丧失了战斗力。

此时的长安正在全力围剿国内叛乱，对晋地的控制鞭长莫及，无能为力。于是，李克用便趁机和契丹结盟，借以伸展自己的拳脚。契丹是从东北南部崛起的另一支游牧民族势力，在军事和政治地位上明显地从属于突厥沙陀。但不久契丹背弃了联盟，反过来将紧邻的沙陀当作了一个新的对手，它不时地抢掠晋地，甚至和自己历史上的宿敌开封重开合作。

公元908年早期，五十三岁的李克用预感到死亡的逼近，显然，一生中最重要的使命——巩固河东地盘，卫护长安，因受困于不成功的结盟，已不可能在自己手中完成了。更有甚者，他的王国留传给他的八个儿子，特别是长子李存勖的遗产显然是大大缩水了。此前的907年，朱温攻取了中央平原，废除了唐统治，并宣告了五代历史上第一个王朝——后梁的建立。久经沙场、诡计多端的后梁太祖看上去心满意足，似乎已不把晋放在眼里。的确，当时的晋被迫退守到河东以北地区，它的新统治者是个羽翼还未丰满的年轻人，而他属下的民众对他尚无信心。

新晋王正式的汉名为李存勖，意为“精力充沛，勤勉不懈”，但年轻时，他可能还有别的名字，像存贞等。此外，像大部分沙陀人一样，李存勖当然有他本民族的名字，但由于后来严格的禁忌，已不见载于史书。继位成为晋王时，他比父亲执掌大权时年轻四岁，但比亚历山大大帝继位时年长四岁，虽然彼此相隔一千二百多年，亚历山大和李存勖在政治抱负和个人生活中都有不少相似之处。当时，突厥沙陀已开始采用汉皇族的父子相传的继位方式，对晋而言，李存勖的继位该是第五代。虽然没有足够的资料让我们清楚地了解李存勖曾祖父之前的传承实情，但是对许多亚洲内地的少数民族而言，兄弟或者相近的同辈亲属之间的传承是普遍认可的方式，这同样也适用于沙陀。由于游牧民族频繁的迁徙和高居不下的死亡率，导致他们惯于按照经验的多少和是否成熟来选拔继任者。兄弟以及表兄弟之间的权力继承在李克用的同代人那里都实行过，如契丹王阿保机。那些游牧民族觉得，父传子承的统治结构中，后者的年龄常常达不到起码的要求。

刚刚执掌大权的年轻晋王不久就遭遇了严峻的挑战：一场旨在逼他下台而由叔父李克宁取而代之的阴谋正在紧锣密鼓中展开，并有迹象表明，叔父本身也涉及其中。战功卓著的李克宁是李克用死后惟一健在的亲弟弟。李克宁的许多亲信相信是李存勖的上台剥夺了李克宁正当的继承权，对此，我们在下一章会有更详细的描述。这一高层的谋反反映了沙陀内部一些主要派别之间对终止兄弟权力相传（兄亡弟及）这一传统的争执。

当密谋的消息传到李存勖那里，他虽然悔恨憾言“一家人怎么能自相残杀呢?!”但还是听任手下诛杀了李克宁。其实，李存勖担心的是，亲信近属之间的摩擦会进一步导致他领袖地位的不稳定，因为在领导层中，个人的忠信是首要的。这样的情形给他带来极大的压力。在随后的几年中，他不得不兢兢业业，努力证明父亲传承权力给他的正当性，让大多数亲戚和手下相信他的年轻本是一项财富。不久，李存勖依靠军事上的才能和胆略以及政治上的权谋，极为有利地从继位合法性的挑战平稳过渡到对权力的熟练掌控。但作为晋新的继承者，李存勖并没有享受到政治蜜月期的甜头，反而不得不时刻警戒着内部的敌对势力，同时还要加快增强与外部对手的抗衡能力，以最终完成父亲留给他的

建国立业的宏图大愿。

汉文明的浸淫

古代的占卜者和巫师总是把猎奇的目光锁定在那些成功帝王的容貌和体形上，以此和神旨天意相吻合。但现存的正史，并没有显示任何庄宗李存勖外形上的特征。史料的沉默也许就是一种清晰的告白：沙陀男性和汉族女性历经数代的通婚，很可能产生了无异于今天中国北方汉人的体貌形状，除了肤色更淡、眼眶更深还能看出突厥人的影响。有一幅可能成画于宋代、藏于台北故宫的庄宗立像流传了下来。在画中，他高大结实，面皮红润而富有弹性，隆鼻宽颊，配上精心修饰的络腮胡，还有，庄宗的皮肤清亮，没有武士所常见的疤痕。在史料中，别的沙陀人被描述为“眼眶深邃而带有胡须”，暗示着他们更具备今天生活在中国西北部边境的维吾尔人的特征，却和生活在北方的有古铜色面孔和相对矮小壮实的蒙古人不同。史料特别强调李存勖“容貌远超一般人之上”，这和画像是一致的。其实，某种程度上，你可以说李存勖是英俊的，但并不是通常所说的漂亮。

李存勖出生在晋阳，基本上也是在那里长大的，那么，他的癖好当然也吻合了北方汉族的品味。李存勖不仅说的是那种带着抑扬顿挫谐音的当地方言，而且还会用它谱写流行歌谣。然而，在晋阳以及以北地区沙陀集中居住的地方，北方少数民族的文化也影响到了 10 世纪初的当地文化，这种影响远远超出今天的太原地界，狩猎、马术和其他体育活动渗透到了当地的风俗中，在烹饪中会加入更多的面食、羊肉以及各种奶制品。休闲放松时常有强健的伴随着歌曲的舞蹈，外加偶尔的纵饮和赌博。活动中，人们往往率性而为，无拘无束，暂时淡忘了传统中国人对阶层和性别的敏感。这样的生活方式和文化习俗植根在北方少数民族中，后来隋唐相对开放的上层也悦纳了它们。其实，汉人和胡人的

分别远在前唐就已经模糊不清了，沙陀人只不过把北方少数民族的新鲜因素注入到了本已是混合的西北文化中去。

在父亲去世前的大部分时间内，李存勖受到了两个来自母系方面的强大影响，一个是他父亲李克用的正室刘氏——刘夫人，另一个是偏房曹氏，也就是他的生母。刘夫人没有子嗣，但曹氏生了四个儿子，包括李克用指定的继承人——大儿子李存勖。据史料，曹姓在唐朝晋阳是有名的贵族大姓，因此，曹氏从祖先以降为汉人便是不争的事实。但“中国人”的概念在当时和现在很可能是不一样的。据传闻，包括名将孟知祥和沙陀女性的婚姻，可以看出久居晋阳的汉室家族和外来移民的通婚慢慢地向两个方向发展。历史上，异族之间的通婚通常是在少数民族统治后发生的，通过这种方式，有名望的汉室就可以保障他们的社会地位；准确地说，异族通婚实际是以巩固王朝统治为目的的。由于没有种族之间的人为障碍，沙陀和河东精英阶层的婚姻联系在 9 世纪就开始建立，这远在晋达到政治上的高峰之前。如此汉族和沙陀之间深入的交叉滋养，就很容易解释李克用生活中重要女性所共同具备的显而易见的特征。

没有资料显示李克用的正妻刘氏祖先的情况，但显然刘氏家族在唐朝时也曾风光显赫一时，使得他们和李克用的联姻成为可能。

刘夫人来自上层贵族的自信似乎有赖于她的多才多艺。在早期的征战中，刘夫人频频陪伴李克用，并以来自中原女性的果断在军事和政治事务上指导其夫，就像后来契丹王阿保机的妻子述律后这些更年轻的同代人。刘夫人更在戎马倥偬中教授、督导王室女人们的宫廷事务，这样的情形让我们联想到早期唐朝，那时，李渊的女儿成立了一支“娘子军”。由此可见，皇族女性投身于重大的使命由来已久，无论是严格意义上的中原或者是内陆的北部地区。

更多的史料告诉我们，刘夫人有着几乎天生的尚武倾向和坚韧的性格。公元 884 年那场宴会中，李克用突然遭到朱温伏兵的偷袭，一时间不知所终。几个侥幸逃脱的卫兵将此噩耗通知刘氏。刘夫人听后镇定自若，并马上杀掉了这

些被视作是胆小逃命的卫兵，随后秘密召集将领们商议对策。这是让人不寒而栗却又不得不佩服的决定，体现着对王国的忠诚和严明的军纪，而不是一个意气用事的报复。晋王李克用机警地躲过了埋伏，一天后返回军营。面对朱温卑劣的阴谋，李克用按耐不住报复的欲望。但刘夫人冷静地劝说他："现在朱温的阴谋并没有公开，我们马上举兵讨伐，别人可能会不辨真相，误以为是我们挑起事端。"实际上，通过唐朝宫廷的政治调停是令人精疲力竭而无所成效的，因为朱温在这次旨在挑动晋王报复的私人仇杀以前，就毫无信用可言。这里，刘夫人显示出对政治、法律乃至冲突双方历史分歧的特殊敏感，以及韬光养晦的正确决断，凸现出一个精英女性的经验、智慧和素养。

公元 902 年，当都城晋阳处在梁的重重围困之下，刘夫人再次表现出坚韧不拔的意志。敌方的包围圈伴随着晋一块块土地的丧失不断地缩小，这迫使李克用考虑向北远撤到匈奴人的地盘。其间，李克用的原为回鹘人的养子，忠诚而又富有作战经验的李存信，也全力赞同北撤。

刘夫人首先尖刻地谴责了养子李存信目光短浅："存信，不过就是个北方的放羊儿，这种生死存亡的大事怎么能和他商议！"然后便着手说服李克用坚决地对抗来犯者。"现在我们已是屡战屡败，如果失守晋阳，还有什么人愿意跟从您呢？况且，北边真的可以找到我们的安居之所吗？"她竭力鼓动着。刘氏的分析推断终于打动了其他的一些将领，包括更值得信赖的另一个养子李嗣昭，他愿同晋王坚守晋阳。最终，晋王采纳了夫人的建议，制定了新的守城方案，使得那些一度离开的士兵再度返回。重新集聚其军心民意的晋阳，加上梁军内部迅速传播的瘟疫，使梁朝进犯者束手无策，无计可施，最终被迫撤离。富有远见卓识的刘氏随后竟然可以和盖寓竞争，尤其是在李克用执掌权力的早期，成为对其最有影响力的人物。

刘氏偶尔也显现出在家族事务中有同情心的一面，这明显有别于她传闻中的公众形象。894 年，屡建战功的养子李存孝在反叛后不久，便被晋王李克用率

领的大军重重包围,再也无法施展自己惯常的威猛。因此,他试图和晋王联络和解,李克用派出可以让养子信任的刘氏,前去安抚惶恐中的李存孝。刘夫人一下子被置于丈夫和养子之间紧张的冲突中,但她最终设法将李存孝带到晋王帐下。李存孝列举了一长串背叛的理由,包括由另一个养子李存信策划的对他的诽谤和诬陷。李克用和夫人爱子心切,虽然对李存孝的理由半信半疑,但最初本来是想越过军令法规宽恕儿子。不料,他们遇到了手下将领们根深蒂固的反对情绪,晋王只有对养子执行了死刑。失去养子的伤痛让晋王李克用十几天都不能处理政务,按照当初刘夫人对养子的同情,可以想象是夫妻俩一同分担了刺痛的心绪。

史料几乎没有留下任何关于李存勖对养母刘夫人的感情,包括它们之间情感互动的记录。刘氏和曹氏,父亲李克用生活中两个最重要的女人彼此的特殊友谊,阻止了可能发生的任何公开冲突。其实,按照中国传统规则,妃子的后代即便不充满困境和险恶,也会坎坷不断,他们和父亲原配夫人的关系,由于礼仪和社会责任的模糊不清,而无法适得其所。而社会责任其实正是构成个人道德基础的孝道。更进一步的,正妻高高在上的地位和支配权反映在所谓"大房"所占有的绝对控制地位上,这种情势常常引起地位低下的偏房以及她的子女和大房之间的矛盾。但刘氏和曹氏却是个特例,早年,刘氏将李存勖认为"贵子",把曹氏当作是自己的贴心朋友,据此推断,至少当李存勖的父亲李克用在世时,他们之间的关系是很和谐的。李存勖接替父权后,刘氏和曹氏之间的位置发生了变化——生母曹氏被封为皇太后,嫡母刘氏为皇太妃。

但史料记载了更多的李存勖和其生母曹氏(? —925)的特殊关系。曹氏最喜欢四个儿子中的长子李存勖,小儿子李存渥紧随其后。曹氏对李存勖的影响甚至超过丈夫李克用。部分的原因是由于她比李克用多活了十七年,其实,更主要的方面是来自于她个性的力量。出身于晋阳有声望的家庭,曹氏拥有天生而自然的口才,足以取悦于晋宫廷帷帐中无论何种出身和阶层的各种女性。在

当时，出身贵族，血统纯正的女性很少被安排为偏房的，除非是孤儿、离婚者或者是怀上了私生子。但没有任何史料说明曹氏曾经有过这样那样不幸的遭遇，我们可以推断的是，曹氏的家庭中有李克用的哥们，他们遗憾将近三十岁的李克用还没有儿子，便一反常规，让她做了李克用的偏房。

曹氏后来对李克用个人和政治行为的影响和刘氏极为相像。她的“从容谏譬”在其夫暴戾的脾气发作时，挽救了许多左右手下。因为李克用此时常常会由着性子杀人——“怒多杀人”。不幸的是，李存勖继承了父亲心血来潮、喜怒无常的性情，时刻需要母亲的高度警戒，但这对母子之间的相互挚爱也几成传说。十年间，在为建立王朝的各种紧张战役的间歇，李存勖总是克服恶劣的天气和险象环生的路程，一年数次从前线返回家中，每次都会和母亲待上超过一个月的时间。汉族和沙陀都很敬佩李存勖真诚的孝顺，尤其是对一个在近三十岁有了自己日益扩张的小家庭以后的男人，这样一如既往的孝顺实属不易。富有激情、情感炽热的李存勖在一生中会迷恋或喜欢上很多人，但没有一个能超过他对生身母亲的爱戴。当他面对其他亲近的人，无论是在他性格成型时期起作用的父亲，或者是随后的养母，想要倾诉自己的心情时，这种爱戴甚至可能会对他产生困扰。

在公元 911 年的一场母子的交流中，我们可以明显感知到他们情感的深度。当时李存勖因镇、定两地的求援，准备军事干预赵国。曹氏激烈地反对儿子的军事举动，主要原因是不堪母子的长期分离，战斗的险恶倒在其次了：“我年纪大了，身体一天不如一天，你只要能守住前辈留下的基业就不错了，为什么要如此辛劳，让我整日见不到你。”她单纯有力的言辞表现出了离别的苦痛，也潜含着一份担忧——更高的政治企图必然会带来更多的分多聚少，因为频繁激烈的战事会造成更大的时空距离。她甚至愿意以现时简单的母子相伴的快乐来交换将来辉煌的承诺。李存勖并不是不理解母亲的请求，但搬出父亲的遗愿来说服母亲：“儿谨秉承先王的遗愿，势灭仇敌，这次对赵国的援助，实在是机不可失。”在明白无法改变儿子的主意后，曹氏陪伴二十六岁的李存勖向东行进了相当长的一段行程，来让她焦虑的心得到暂时的宁静。另一方面，曹氏以强烈的情感掌控李存勖的行为时显然是冷峻和严厉的，尤其是丈夫去世后，指导年轻儿子的重担都落在了她身上。

在晋阳，如果李存勖没有了母亲的耳提面命，便无所适从，几乎一事无成。曹夫人对大儿子惯于自我放纵的担忧从未停止过，因为这种特征放在一个村俗的武士或家庭主男身上，或许是讨喜的，但对一个要担当大业的男人来说，却不失为一个致命的缺陷。

就在成为晋王后，李存勖的随从骤增，他喜好和俳优及歌者痛饮的脾性也随之表露无疑。在917年的某一天，当他与成分杂陈的朋友和侍从赌博时，想要从国库中支钱，以冲赌资，便逼迫掌管财政的宦官张承业。这位在李克用时代便以铁面执法著称的两代老臣以坚定的语气说：“国库中的钱财，并不是老臣私人的所有，哪能随意支取！”张承业的冲撞，让醉意熏然的年轻晋王恼羞成怒，便拔出剑来，扬言要杀掉他。张承业做了一个聪明的回应，他缓和了紧张的气氛，从直接违抗李存勖的命令转向警醒他，让他有孝道上的负罪感：“臣下接受了先王的托付，发誓要为国家雪耻，今天为了守护国库的财物而死，也算对得起先王了！”张承业坚守原则，除了开始时象征性地拿出一些赠品外，一分钱也不肯从国库取出。

曹夫人很快知晓了儿子和她的长期密友张承业之间的冲突，便马上召唤李存勖，并亲自以轻鞭鞭笞儿子以示惩戒，可以想见，当时不可能有任何别人可以以此惩罚成年的晋王。曹氏又写了封信给张承业表示道歉，在信中，她把三十多岁的李存勖称之为“小儿”，反映了她对儿子的恼怒程度。其实，在被惩戒之前，李存勖惊悸于母亲的忿怒，已经向张承业赔罪了。

几天后，李存勖由母亲陪伴着前去张承业的府第再次表达歉意。母亲丝毫不松懈的监护和不时的鞭笞，显然是基于李存勖的鲁莽脾性，这是他的内侍和

手下都熟知而无可奈何的。曹夫人这么做，好像是在测试一个人的容忍程度。李存勖忍受鞭笞而并未减少任何对母亲的爱，进一步说明了为什么随着儿子的年龄和体形不断地增长，但这种肉体的惩罚却并没有停止。李存勖似乎延长了的青春期和母亲推迟了的断奶期，帮助解释了李存勖一直带入中年的时常迸发的孩子气。他们母子之间超乎寻常的彼此关爱和依赖，显然是在当时复辟唐朝和中兴晋阳的历史进程中以特殊的方式形成的。

李克用另有一个妃子，名唤魏国夫人陈氏。陈氏生于中南的襄州，原来是唐昭宗的宫嫔——昭宗的妃子之一。既然出身于宫廷嫔妃，陈氏当然是个有吸引力的女人。此外，就像其他我们已经言及的李克用的妻妾，她出生于内地已明示了她汉族祖先的背景。李克用和陈氏曾经一度超乎寻常的亲密，当前者在战事上屡遭不测、心绪低落时，陈氏是惟一被允许接近他的女伴。陈氏显然是没有子嗣的，所以她在 908 年李克用去世后就离开了晋宫，到了一间尼姑庵，实现了她在李克用生前对其所作的承诺。史料没有披露陈氏和刘氏（李克用的正房）的关系，但她和曹氏以及李存勖亲密的关系却真诚而持久。李存勖继位为晋王后，便赐号陈氏“建法大师”，以表彰她对父亲始终不渝的感情。后来，李存勖将陈氏迁移到洛阳附近的佛寺，洛阳也是李存勖和其母的最终居所，这样做，除了想表彰陈氏长期杰出的品行外，也反映了曹氏的意愿。

有趣的是，李克用一生中几个重要的女性，都在他死后多活了二十多年，另一方面，她们也一直保持着对李克用的情感，同时彼此之间的关系也始终融洽，——这似乎在任何其他朝代都是闻所未闻的。李克用对美丽的女性总是激情充沛，经年累月毫无减弱，他无疑拥有罕见的个性和魅力，这些足以弥补他的眼疾。从所有史料的描述或暗示，可见这些女性在李克用一生的不同阶段和他建立起了不同的关系，如前述的三位。她们和李克用形成了一种不可或缺的和谐互补关系。史书没有记载刘氏抑或曹氏容貌上的美丽，可以看出李克用在选择伴侣时把智慧、忠诚甚至是辅佐军事的能力等因素放在容貌之前。相反地，他的儿子李存勖，却总是易于被他人的外表所吸引和左右，无论是他的妻妾嫔妃，或者男性近臣。

第四个我们不得不提及的女人是庄宗李存勖的第二个妻子刘氏——刘皇后(891？—926)，她也是对庄宗一生影响最大的女人，这种影响远远超越了其他女性，包括生母曹氏在庄宗生活中的地位。当初刘氏的出现极具戏剧性。刘氏出生于一个低级医卜之人的家庭，很可能是896年，老晋王李克用在魏州的东部作战，他的手下将大概六岁左右的刘氏献给晋王，李克用便把她带回宫中，学习吹拉弹拨和歌唱舞蹈。以后的十年中，她一直是曹太后的女仆，通常，这样的女孩子也就很少奢望更高的地位了。十四岁时，刘氏“成年束发打扮后，颇有姿色”，同时，她又善歌舞乐器，因此得到了曹太后的欢心，不久便将她送给年届二十却没有儿子的李存勖为妾。其实，李存勖因为常常拜访母亲的宫殿，已经知道并喜欢上了这个女仆，但现在见到盛装之下为自己翩翩起舞的刘氏，更是不可遏制地想要得到她。因这样的机缘，他们最终成为了终身的伴侣。

对音乐和舞蹈的共同爱好，在他们复杂关系中影响甚大，但却很大程度上被低估了。其实，这种共同爱好使得庄宗和刘氏的联盟愈发巩固。不久，刘氏惟一的儿子李继岌出生，他当然不知道，成年后残酷的命运正在等待着他。但他的母亲刘氏像其他传统的女性一样，将未来远大的希望基于儿子的幸存和成功。

无法确证的关于刘氏的民间资料关系着庄宗后宫中的其他女人，她们中的有些也赢得了庄宗大量的恩宠。没有什么先兆预示着刘氏地位的崛起，所以，当她突然在后宫鹤立鸡群，自然会有一些障碍。比如说刘氏易冲动的瑕疵，便透露着她来自下层的底色，本质上不同于以前出身贵族的正室和偏房形成个性的方式。相对而言，贵族的女性从小就被灌输了高雅适度的气质，并学会了如何在大庭广众之下穿着得体，言辞温婉。

李存勖十几岁时就有了正室，即后来被称作卫国夫人的韩氏，她和李存勖的生母曹夫人一样来自晋阳著名的家族。韩氏的婚姻是奉父母之命，所以她和李存勖的关系合乎礼仪但缺少热情。从伴侣关系来说，李存勖先是宠幸侯氏，她是李存勖在夹城克胜梁军后，所得的一名梁军尉官（符道昭）的妻子。像父亲对待妻妾的方式一样，李存勖常常让侯氏陪同出征，不仅因为她有军事天分，更重要的是，作为一度的敌人，她对自己以前的同伙有着无可比拟的认知。但在公元915年，当李存勖三十多岁时，突然有一天，侯氏发现自己在前线的位子被刘氏取而代之了。不久，刘氏就因自己独有的军事技巧而被专宠。十几岁时，作为一个女仆，刘氏拥有出类拔萃的艺术天才和姣好的容貌，现在在二十岁时，她另外有意识努力培养起自己的军事才能。在七八年之内，刘氏逐渐管理起个人和家族拥有的资产，在很大程度上，她让她的竞争者相形见绌。这个平民的女儿在最终战胜所有对手，登上皇后的宝座前，必须时刻保持对李存勖的绝对忠诚，还要克服前面任何有力的挑战对她构成的威胁。

尽管像许多其他平民女性，刘氏可能带给了宫廷一些积极的见解和正面的影响，但在李存勖取得后唐大权后，她的影响断然变得消极起来。她缺少教养和风纪，更重要的是，她没有李存勖父亲身边几个女性的那种理性和智慧。相反，她沉迷于自己各种有害而紊乱方式中的想入非非和心血来潮。她那自以为是的心态甚至对庄宗傲慢放诞的不断膨胀起了推波助澜的作用。许多轻率的说法都来自于这位皇后。比如，当令人烦恼的自然灾害接踵而至后，以下的说辞更是惹恼了当朝的大臣们："我们夫妻夺得天下，不仅仅靠的武力，也是天意如此。既然我们的命运由上天决定，凡人跟我们有什么关系！"她以上天的旨意解释自己的贪婪无疑会给庄宗合法有效的统治带来危险，后来她这样那样的信口开河下的荒诞行为更显示了她的愚钝和无知。可悲的是，不知是想取悦皇后，还是惧怕她的耍泼刁蛮，庄宗并没有否决她，反而常常默许或纵容，以致于这个不安分的皇后的欲望在婆婆曹氏故去后日甚一日。

由于在更高的层次上和庄宗公开的合作关系，加上前无古人的指手画脚，打乱了惯常的地位次序，刘后和前代晋阳的皇室配偶们的做法是完全背道而驰的。她频频出没于宫廷和有影响的大臣的私人宅第，那里，宴饮不绝，男女自由亲善，着实让人惊讶。在没有通常宦官参与的情形下，她还私自去结交宰相和各路将领，互致友好，在利益交换的基础上，建立起以财富为基础的让人望而生畏的核心集团。她还违反朝廷常规，参加近郊的狩猎或远郊的旅行，虽然这些都是她早年陪伴庄宗征战沙场的自然延续。

毫无疑问，和中国以前的朝代相比，总的来说，五代宫廷女性和上层贵族女性更多地加入到他们丈夫和亲属的公共事务中，相应的，在 6 世纪和 7 世纪草原游牧民族影响的高峰时期，情形也是如此。不仅在各种战役中和她们的丈夫并肩作战，五代的女性也可能谨慎地参与到当时的政治决策中去。像曹夫人，常常和李存勖沟通，儿子则通过教令使将其对战役、策略和家族事务的想法传递给母亲。

隔代之后，皇后刘氏扩大了已有的交通渠道，使之在政治上更有力量，她作为一个全职的合作者，而不是一时的陪从者参与了整个皇宫事务中非官方的所有方面。她的这一宫廷固定的形象，对许多朝臣来说都是个刺激。刘后极度频繁地出现在庄宗身边，不可能不牵制和左右庄宗，让我们看到一幅庄宗被太太牵着鼻子走的现代图景。

宫廷核心层

在庄宗李存勖的宫廷权力核心层中，有两个彼此没有血缘关系的成员：一个是张承业（845—922），晋阳王宫能力超群的宦官；另一个是老资格的军师郭崇韬（？—926）。他们两人对庄宗李存勖的直系家庭都起着平衡和调节的作用，且都是前代统治者李克用为他的儿子留下的政治资产。但历史学家对他们

却所知甚少。

张承业表现出的个性特征，诸如一丝不苟的伦理、无限的忠诚和深远的见识，迥异于中国两千多年王朝历史中负面的宦官形象。他和李克用相识相熟于公元890年的年初到年中，开始时唐朝指派他协调镇压匪乱，后来作为河东监军在晋阳执行公务。张承业多次执行了朝廷和晋王之间的秘密协调。公元904年，唐朝廷迫于梁王朱温的巨大压力，下令灭除七百个留守长安以及外派各地方节度使的宦官；但李克用不仅没有执行，反而给张承业提供了庇护。这样，张承业最终留在了晋宫。在死亡线上被拯救的经历使张承业在随后的一生中深深感激晋王李克用，至死保持着对其的忠诚不二，也让他惯于选择果敢的行为和激烈的手段来化解对自己和对他的沙陀保护者的潜在威胁。如此的性格特征出现在一个生长在长安皇宫舒适环境中的阉人身上，不免让人惊讶。不仅如此，张承业在其他方面也常常出人意表。

作为晋阳宫的内务总管（内使），张承业很快表现出游刃有余的政治才能。这个职务，其实类似于明代的内阁。公元908年，他悄悄地调集了晋阳内外李存勖的同盟者，包括人数众多的李克用的养子，成功地解除了对李存勖继承王位的挑战。他因此很快巩固了和李存勖的政治联盟，践行了对李克用的承诺。李存勖将张承业认作“七哥”，暗示着他们之间胜似亲兄弟的感情。所以，张承业改变了宦官通常扮演的角色——他们要么是纵容的保姆，要么是后宫皇家男性青春期的玩伴。由于年长李存勖四十岁，张承业在李克用去世后具备了最高的男性权威，或者更确切地说，在血亲叔伯缺位的情况下，他正好取而代之。张承业和李克用的两个遗孀合作得天衣无缝，尤其是曹夫人，她把张承业当作她名副其实的亲戚。他们亲密无间的关系创造了那个时代皇家宫廷事务运作最成功的典范：有效而清廉。在晋阳，张承业处理所有事端皆以法律为标准，所以，有权有势的人都畏惧他的权威，只好收敛自己，不敢造次。通过所有这些需要高度的自我约束、甚至是牺牲自我利益的严格规则，张承业创造了奇迹：在几乎不到一代人的时间内，他就把一个资源平平的当地小国变成了一个国库充盈的强大诸侯国。

对晋王族无可非议的忠诚，使张承业成为继李存勖的母亲之后对这位年轻晋王最主要的督察者。在上面引用过的张承业和晋王在钱财和赌资方面的冲突中，张承业对年轻的晋王直面抗争，他声称了对公务职责的更高意识："老臣，一直受先王驱使，之所以如此珍惜国库的钱财，哪里是为了子孙考虑，完全是为了促成大王您的宏图大业！"他接着重申他的誓言："誓雪国家之雠。"他在李克用的床边立下这个誓言，李存勖当时见证了这一时刻。这里张承业的孝道和年轻的晋王产生了共鸣，这种共鸣在张承业以最大的努力孜孜以求的公务职责中是找不到的。在驾驭李克用、李存勖父子两代同样固执的性格方面，没有人可以和张承业相匹敌，这种技能也帮助促成了他一丝不苟的公正和富有远见的领导地位。

张承业拥有在其他任何个人身上都很难发现的通才。他在财政管理方面相当出色，足以自傲。在唐朝的最后一个世纪，财政管理被认为是宦官一项重要的职责，监军使的身份为他介入军事事务提供了入场券，也使他具备了督察和指挥整个晋王军队的能力。日后，防御都城成了他首要的任务，因此，这样的军事才能使他获益匪浅。不久，张承业升任为晋阳的行政总督，他在当时晋阳急需各类人才的特殊时刻，竭尽全力招募网罗了不少人才。冯道 911 年流落到晋阳，之前曾做过迅速衰落的燕国的参军。他的文学才能和风度举止给张承业留下了深刻的印象，随后便被张承业安排在一个重要的职位上。尽管张承业遇到了来自同事的反对，埋怨冯道没有什么经验，出身卑贱。但数十年以后，冯道所显示出的杰出政治才能证实了他最早的"伯乐"——晋阳大太监的直觉。

张承业的独立精神也扩展到了军事领域。他个人在组织和领导军队方面的经验，使他正好符合了晋阳统治者的需要，因为这样，可以避免他们在战场上窥视和暗中掌控指挥官——虽然这在战争的艰难时期是自然的倾向，但绝非上

策。相反地,张承业相信,脆弱不利或险象环生的战地状况恰恰提供了一个机会,即通过领导和政策的连续性来传达统治者的信念。因而,张承业主张给予一线战地指挥官无条件的自由。仅举一例,在公元 911 年柏乡攻梁的一场主战役中,晋王李存勖对前线总指挥周德威一直按兵不动心有不悦。虽然李存勖没有马上发号施令,但几于无奈的沉默中却满是对敌人马上进攻的渴望。见此状况,张承业不慌不忙地替周德威说情,赞扬了他的老练和多智,同时以不顾忠诚官员的建议而造成严重后果的事例,旁敲侧击地提醒晋王要尊重周德威选择的战略和战术。当战场条件转化为对晋军有利时,周德威按计划采取了行动,他随后大败敌军的胜绩证实了张承业的预见。未来的几年中,周德威在晋军事上的价值日益显露,但如果没有当初张承业的立挺,周德威本人就很可能会过早死去。

张承业于 921 年过世,在他之后,庄宗李存勖的监护人是郭崇韬。他的固执和张承业也许有几分相像,但却明显缺乏张承业所具备的灵活和圆润。他是土生土长的代州人。我们知道,代州紧邻长城以南,是沙陀人的老家。郭崇韬来自社会的边缘,认识一些汉字,他所受的教育完全是来自丰富的生活体验。郭崇韬开始时是李存勖弟弟李存义的手下,在军队中担任过各种职位,在李存义 890 年去世后的十几年中,他逐渐成为了李克用的一员干将。公元 917 年,他由离任的王族亲属孟知祥推荐,升任为李存勖的军中高参,自那时起,他担任晋总管中门使长达三十年。所谓的"中门使",在五代是藩镇的参谋长,类似宋代的枢密使。在晋王主导的政治构架中,中门使执掌的权限从军事领域一直扩展到包括金融、决策在内的广大范畴,相当于皇朝制下的宰相。此前,李存勖下重手惩戒和控制了许多前朝大臣,已而建立起了自己的声誉和地位。"先时,……等皆以中门使相继获罪。"由于晋王易于滥用权力或者是错误决策,郭崇韬开始时就意识到了宫廷事务的危险,但他并没有就此罢休。

郭崇韬也曾成功地指挥过军队,虽然这样的事例并不是很多。他有敏锐的第六感觉，这使得他在决定重大决策时得以最佳地利用瞬息万变的情况和稍纵即逝的条件，他的直觉远远超过最好的战地指挥官。公元 923 年，他利用防御的军队策划了一个看起来是自杀性的战略以图惊吓走对方的将帅，他个人自告奋勇地利用这令人振奋的机会指挥这次行动。方案正如设计的那样，进行得很顺利，敌军难以防守这样的突袭，郭崇韬得以退避到安全的地方。在他的意志中，他会利用极高的风险去取得引人注目的戏剧般成功，在这一点上，郭崇韬明显地不同于他的前任——保守的张承业。丰富的经验以及强烈的信念，也使得他在作战中坚持己见，拒绝妥协。他的英勇无畏正好迎合了喜欢冒险和轻率激进的年轻晋王——他正雄心勃勃地将其治国方略由防守转向进攻。

另一则反映郭崇韬英雄气概的故事发生在同一年的晚些时候，一名新近战败的梁将泄露了梁军准备发起一场针对晋的大规模闪电战。李存勖征求过意见的大部分将领都主张撤离黄河以南的单个城市，而以全力坚守北方的基地。郭崇韬反驳说，这样象征性的撤退一定会导致部队的士气低落，并继而触发更多被动的结果。相反地，他力主用灵活的反击对付梁军的进攻，“望陛下分兵驻守魏，巩固杨刘，并亲率大军挺进敌人的老巢，这样，不用半个月，天下就可以平定了”。他的这番话立即救活了沮丧的李存勖，“这才是我们男子汉要成就的大事！”他随即宣布接受攻打梁都的计划。正是这个计划极大地扭转了晋的命运。年轻的晋王在这个冒险计划的实施中扮演了他所崇拜的历史英雄唐太宗的角色。唐太宗在三个世纪前挑战怀疑者，成功地袭击了隋朝首都，虽然当初这个计划充满风险。

庄宗和这位郭总管之间的关系始终处在或紧或松的紧张状态，所幸连绵不断的战争年代给他们提供了一种在和平时期失效的粘合力。庄宗总是习惯以固步自封、不善纳言的独裁者形象出现，他作为皇帝的脾性更是过于敏感火爆，这使得他和郭崇韬的合作很是困难。作为同光朝廷的军队首长，郭崇韬用专断的理念和合理的政策来处理各种事务。他希望任何人都小心谨慎。他严厉斥

责哪怕是微小的过失。他很像前任张承业,绝对不能容忍浪费,甚至对王宫贵族也不放过。对诸如演员、乐工之类的宫廷摆设他更是深恶痛绝。传闻针对庄宗优雅浪漫的生活,对宫廷密友的纵容,他们之间有大量尖锐的交锋。郭崇韬对庄宗在财政上的进言最终证明是精明有效的,一如他在庄宗登基前在决策上的指导。不仅如此,他还敏锐地指出晋王政治行为的弊端,尤其是那些在感情冲动下做出的决断,因为这些决断经常导致严重不公正的结果。

关于晋两代统治者李克用和李存勖脾性的传说,作为历史学家的欧阳修有这样的结论:“蛮夷的本性便是这样,他们善良但缺乏明辨是非的能力,常常不分青红皂白地诛杀手下。”欧阳修这番涉及游牧民族特性的偏见似乎是 11 世纪大多数中国学者的典型反映。但反观郭崇韬,他作为这块沙陀已数代居住的北方边境土地上的汉族居民,对此显然比欧阳修们了解得更多、更准确。因此,他可以在不冒犯晋两代统治者的基础上挑战他们的权威。他在近十年中成功地遏制住一个统治者大都来自冲动,而非理性的行径所可能产生的恶劣后果,这些应当归功于他在这块边境土地上生活所形成的敏锐。对后唐统治最初的关键阶段,郭崇韬作为宫廷督察的确是个上好的选择。当时,汉族和沙陀两个民族的分歧依然很大,即便是文化上的多元统治也很难避免冲突。另一方面,我们应当看到庄宗的大度。因为尽管两人之间在广泛的政治议题上有着明显的不同,但他多年来还是留任郭崇韬,并没有动用解职的特权,在这一点上,他理应得到赞誉。虽然他个人和最高助手之间的密切关系从来没有达到他父亲李克用对盖寓的钟爱程度,但在建立王朝强烈的野心方面,庄宗和郭崇韬彼此找到了最重要的共同点。

庄宗李存勖核心圈子中的最后一个重要角色是李嗣源(867—933)。他在许多方面的锋芒甚至盖过了年轻的李存勖。李嗣源对庄宗的影响可谓一言难尽,他的存在既给李存勖带来了大量的灵感和动力,但不幸为后来对庄宗的报复埋下了伏笔。李嗣源的父亲是前晋王李克用属下的一个族长。当初,李嗣源有个沙陀的名字叫邈佶烈。他先是继承了父亲霓作为骑手和弓箭手的天才，后来又将此天才加以磨炼，成为一名军事战略家。这些优异的特长深深吸引了李克用，他随后把李嗣源收为养子，并赐予他李嗣源的新名。李嗣源当时十三岁，李克用二十二岁。由于还没有自己的亲生儿子，所以在一群义儿中李克用最珍爱李嗣源。比李克用仅年少九岁的李嗣源其实也可以说是弟弟一般，因为李克用所有的亲兄弟当中挣扎着活下来的只有一个李克能。

李嗣源在一次晋兵"大败走"中率领横冲都（精骑兵）在战斗中创造了几乎是奇迹般的胜利，他的勇猛无人能比，广为传颂。例如，在邢、洺之战中，箭矢射入了他身体的四个部位，但李嗣源还是坚持着迫使敌人遁入羞愧难当的抵挡中。年轻人罕见的献身举动由衷打动了李克用，使他"解开自己的衣裳给李嗣源披上，并亲自将疗伤的药物递上，以示慰问"（"解衣赐药以劳之"）。后来，李嗣源颇为自豪地言及当年李克用对自己的偏爱，"晋王对我的钟爱如同己出"。作为对养父钟爱的报答，李嗣源在李克用死后不断加重的困难中屡建战功。显然，李嗣源的每一个功绩对李存勖，拥有特权的李克用的亲生儿子，都是一个挑战。由于被皇帝誉为天才而神奇化的李存勖，当然不习惯甘居人后。最终，两人之间的竞争变得尖锐而不可避免，因为他们同样具备令人惊异的天分。

公元 911 年，在赵地附近的一场战役中，后梁部署了分骑在红白两色战马上的骠骑兵。年轻的晋王李存勖在看到敌方的战马时，显得少有的神经过敏和胆怯，马上慌了手脚，而李嗣源却自信而自负地说："这种阵势，不过是徒有其表，不出明日，这些战马都会出现在我们的马厩里。"众人还来不及惊异，李嗣源便即刻跃上战车，冲入敌人的白马阵，抓了两个主要的指挥官回营。不久，最关键的使命到来了，913 年晋开始了针对东北燕国的战役，这个战役的另一个目标是要将燕国的同盟者，沙陀在东北的最后一个劲敌契丹赶向北方。923 年，李嗣源和郭崇韬切磋协商，策划了对开封的围攻。无论是和境内或境外的敌手竞争，李嗣源看上去都是无可匹敌的，和郭崇韬一起，他们成为晋的眼睛和形象。

没有了这两人,征服中国的北部是无法想象的,他们的缺席,也就不可能使晋在此地长期驻足。

几乎与此同时,李存勖和李嗣源之间的竞争带来了无止息的冲突,使得原本智慧的两个男人变得异常琐碎,言辞尖刻,历史学家习惯于把问题归咎于李嗣源超越常人的天资和非凡的吸引力,以及周围庸人们的嫉妒。对军事天才敏锐的识别,使得李嗣源替自己的部队招募了最善战的勇士,他们共同创造了无可战胜的神话。在913年对燕的战役中,李嗣源抓住了一个英武逼人的民团首领元行钦,不久,通过非正式地领养而巩固了他们之间的关系。晋王李存勖马上得知了此人的能力,便设法将他转变为自己的卫士,同时另取其名,让其转为了自己的养子。这个行动发生在李存勖接任王位仅仅五年的时间内,成为这两个非血亲关系的兄弟之间抢夺人力资源最早的信号,年轻的晋王似乎瞄上了李嗣源的军队,作为吸纳军事天才的来源。作为李嗣源的副手,高行周对众人明显表现出的疑窦备感焦虑,便在公元915年的某日提醒李存勖说:"李嗣源培养勇猛善战的士卒也是为了大王您啊。"这样的宽慰并没有什么帮助,在李存勖作为晋王的早年,他避开常规,几年后开始大量地收养义子,以建立他自己的人际网络,在他心底的改变中,他和李嗣源的竞争当然是最主要的因素。

公元923年年末,在夺取后梁王朝之后紧接着的一场表彰梁朝投诚指挥官的宴会上,两人之间的紧张冲突再次浮现。死去的前梁朝皇帝豪华壮丽的为贵宾而设的大厅被选为集会场所,那些投诚的高级官员被安置在舞台的周边。在宴会的进程中,李存勖若有所思地对手下祝酒,但眼睛却挑衅地盯着李嗣源:"这些家伙前几天还是我的劲敌,今天他们侍坐左右陪饮,都是你的功劳啊。"最后的这席话让在座的指挥官惊恐不安,他们感觉出了李存勖对李嗣源这位兄弟的嫉妒和对他们的不信任。于是都下跪向李存勖谢罪。李嗣源也随众跪下。但此时,李存勖神秘的口吻突然又转向了若无其事地开怀:"我和总管开玩笑呢,大家不用紧张嘛。"其实,李存勖的轻浮和多变常常适得其反,甚至熟知他神

经质心性的旧属也会晕头转向。更有甚者，李存勖的这番话似乎暗示着一场危险的争斗已经逐步展开，它的影响可能极大地延伸至任何只是最低限度和某个被庄宗觉察出的对手相联系的人。张开的网显然超出了李嗣源的核心圈子。霍彦威，一个经历了开封事件的指挥官，在随后的几年中，最终变成了李嗣源的属下和关键的联盟者。不久，庄宗和李嗣源的芥蒂成为四处播散的谣言的温床，大量的寄身于两人权力之下的占卜者摇唇鼓舌，他们就像被豢养着的吸血的跳蚤。

公元925年的一天，一个擅长相面的卜者，被李嗣源的助手请来算卦确认他的天才。在灵巧地将李嗣源和冒名顶替者加以区别后，他一步一步显露出这位闻名的武士是个潜在统治者的讯息。被广泛熟知的"贵人"这个词在数世纪之前用在唐太宗的身上，后来又用来指晋王，现在则暗喻着这个新生王朝未来的挑战者。因此，卜者看上去很害怕此类的结果，恳求他的听众不要将这个预言泄露给别人。李嗣源想要雇佣卜者，他的助手担心过于张显，说服他打消了这个念头。但关于有人要问鼎皇位的谣传总是在高层传播着。庄宗不久在李嗣源的随从中安插了告密者，以刺探情报，但他的行动在进一步恶化的两人关系中却适得其反。

比起庄宗李存勖，李嗣源对中国历史的了解当然是少得可怜，其实他也无需知道唐初年被称为是"玄武门之变"的每一个细节。公元626年，唐朝刚刚进入它的第八个年头，二子李世民和长子李建成——指定的王位继承者之间的紧张冲突日益加剧，唐高祖李渊最终在"玄武门之变"后被迫让位给李世民。在这个典型的兄弟之争的事例中，表面上的皇位继承者无休无止地盘算着次子的军事功绩，特别是一连串的对突厥的令人震惊的胜利。两兄弟开始时想通过智谋获取资源和支持者，但后来便各自策划暗杀乃至调动起军队。最终，年轻同时能力远超其兄的李世民谋杀了哥哥，然后又迫使其父交出了皇位。弑兄的行为以及随后对宫廷敌人的清洗，原本会留下让人颤栗的斑斑血迹。但是，唐太宗

直面挑战，安抚了愤愤不平的宗室子孙，奇迹般地挽救了局面，并使他的政权合法化。从而成为后几个世纪励精图治的楷模，贞观之治转而成为唐朝辉煌的代称。

如此近在眼前的历史，特别是涉及到从晋阳起家的最出名的皇帝，当然会让10世纪唐的复辟者李存勖焦虑不安。李存勖对近亲有着与生俱来的猜忌，虽然近亲在历朝都是王室忠实的捍卫者。而李嗣源则更是只专注在守护自己的能力和志向。李嗣源果真会成为他的时代的李世民吗？历史真的会神奇地重演吗？后唐的每一步前行都笼罩在前朝历史的阴影中。毫无疑问，如果新近的历史对主角李存勖并没有如此强烈的影响，如果他少一点生硬地模仿唐朝的传统，如果他的养兄李嗣源并不是一个劲儿地受制于继位的魔咒，那么，同光之年的结局将会迥然不同。

短期来说，晋阳，和后来洛阳的核心层成员，对唐初历史的记忆并没有使之谦逊谨慎，反而激发起他们的欲望，所以，尽管他们在职业、种族、性情上有所不同，但对统治者的潜能都充满了信心，认为这些统治者能极大地超越以往游牧征服者，统一整个中原地区。这部分地解释了后唐公元925年在刚刚征服控制了中原的各种势力后对蜀的入侵。他们甚至连拓跋氏也不放在眼里。而拓跋氏在5世纪早期建立了北魏，成为当时中国北部无可争议的最成功的少数民族统治者。但当时庄宗伐蜀面临着三重障碍。沿着蜀北部边陲高耸挺拔的秦岭山脉是马背上的征服者的第一重障碍，而当地自治的传统则是另一重障碍，第三重障碍便是让人难以忍受的夏季大部分时间潮湿的天气。相对于平缓而干燥的中央平原，这样的历史和自然的阻碍造成了另一番完全不同的挑战。官方的历史认为，由于同光皇帝的处置不当，以及对其治下的民情不了解，仅依靠使臣和间谍的情报就在这样的时机下匆忙开战。很明显，从最初开始，被命运之手牵引的这位君主的使命感，对创造史诗般的业绩的雄心，都是庄宗挥师西南的诱因。

中南部的南平王，六十五岁的高季兴长途跋涉后，在公元 923 年来到后唐宫廷拜见庄宗，想要从传说中探究事实，在传奇中找到现实。宾主言谈甚欢，彼此交换着私下的秘密，在延长的觐见中，庄宗泄露了要把他好战的王国延伸到南方的决心。然后，他恳切地向高季兴征求进攻的程序，东面的吴国，还是西面的蜀地？以此来确定最初的目标和最佳的接近敌人的途径。这个对话出现在后唐夺取中原地区仅仅一个月之后，虽然高季兴一直迎合着庄宗，但他显然明白这样谈论一个主要的军事举动是极不成熟的：

> 皇上对我大谈历经百战而攻陷河南地区的往事，又夸耀自己曾经手抄《春秋》，还大言不惭地宣称："我取得天下不过是动了动手指罢了。"这听起来真是太自恋了。现在皇上荒疏于游牧，对政事也不甚了了，我想我可以高枕无忧了。

尽管埋怨了庄宗的自恋个性——这种个性也许更是如天马行空，毫无由头，而不是出自本真，但高季兴无意中见证了我们这位君王无可比拟的魅力。在他们的会面中，庄宗拍了拍高季兴的背，这个举动如此谦逊动人，使得他随后让工匠把庄宗的手印绣在衣服上作为永久的纪念。对一个近乎是庄宗两倍年龄的男人来说，高季兴近乎装模作样的对一个掌拍的反应，也侧面映证了这位君王罕见的魅力和智慧。对蜀的进犯近在眼前，这对唐的复辟者庄宗来说，无疑又增加了他的使命感。同时，这个行为的本身也以从未有过的方式检验着属民对后唐王朝的忠诚和后唐本身所拥有的资源。

第二章

诸王逐鹿

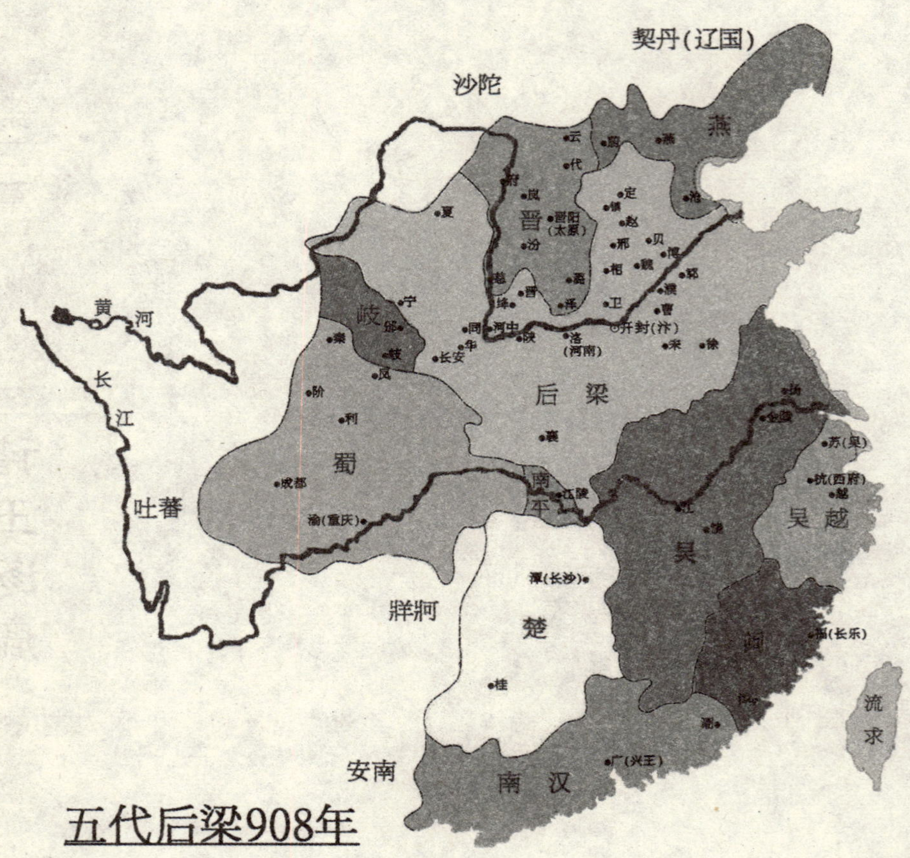

契丹(辽国)
沙陀
燕
云
代
定
晋
晋阳
(太原)
汾
赵
贝
邢
卫
夏
宁
岐
秦
凤
阶
利
长安
同
河中
陕
洛
(河南)
开封(汴)
宋
徐
后梁
襄
蜀
成都
渝(重庆)
南平
江陵
吐蕃
黄河
长江
牂牁
潭(长沙)
楚
桂
吴
苏(吴)
杭(西府)
吴越
福(长乐)
流求
广(兴王)
南汉
安南
五代后梁908年

五代后梁 908 年

商书曰：汤一征，自葛始。天下信之，东面而征，西夷怨；南面而征，北狄怨曰：奚为后我？民望之若大旱之望云霓也。

商书曾经说："商汤征伐，从葛国开始。"天下都很相信他，因此，向东方进军，西方国家的百姓便不高兴。向南方进军，北方国家的百姓便不高兴，都说道："为什么把我们放在后面呢？"人们盼望他，正好像久旱盼望乌云和红霓一样。

——《孟子·梁惠王下》

沙陀从10世纪开始的转折变幻莫测，而当时统治者的死亡无疑会导致其王国的动荡。由于脑瘤的扩散，前晋王李克用死于农历908年的一月十九日（公元2月23日）。应该是遵从李克用生前的遗愿，在去世的数月后，他被安葬在晋阳以北的代州，那里同样安卧着他的祖先们。八个儿子中的大儿子李存勖继任晋王，他发誓始终如一地贯彻父亲临终的嘱托和一生的希望。但在新晋王的玉玺能够行之有效之前，一个秘密的谋反计划正在策划中，它检验着作为新任统治者和家族力量中心的李存勖的勇气和毅力，对家族的团结也是一个挑战。因为当父亲李克用让李存勖继承王位的同时，另一些人因为对沙陀继位传统的不同理解转而支持李克宁。

如果说叔叔李克宁有什么缺憾的话，那就是他极易被那些有自己如意算盘的人选中和操纵。李克宁被史料看作"仁孝"，也就是一直将家族和王国的利益放在个人的利益之前。作为李克用四个血缘兄弟中的最显贵者，他在李克用最后几个月不能视事时被指定为"兵马都统"，显然他被长兄充分信任和肯定。他和大宦官张承业在宫中共同见证了晋王李克用临终前的嘱托："我把存勖交在诸位手上了。"很清楚，李存勖继承王位几乎没有什么事先的安排和正式的授予仪式，而这时，沙陀父子相传的形式已进行了三代。因此，笼罩在最后告别情绪中的是各种各样的担心：是否家族和部落能够欣然接受这位长期被打扮装饰但

政治上却没有实绩的前晋王的长子。

按照在父辈统治者服丧期间的规定，李存勖已经实行了严格的回避，但被张承业不由分说地制止，他寒气逼人地指出："保障你的家业和亲人的安全，这才是大孝。"这位大宦官所言虽然含义明确，但慎重而节制的言辞也没给对手留下什么把柄。事后看来，新晋王如果当初像晋阳宫廷其他人所建议的处于完全静默被动的状态，显然是非常危险的。

父王之弟及养子

李存勖和他的首辅大臣张承业遇到的第一个问题，便是如何对待李克用活着时非正式收养的一百个左右的孩子，在史料中他们被冠之以"义儿"或"假子"，区别于正式收养的养子或嗣子。当时，李克用将他们置于翼下，并赐予其新名。史书认为他们"都是雄健威猛的勇士"。他们以"义儿军"闻名，成为李克用精锐部队中的精英，在早期的征战中作用尤为显要。许多假子是来自社会边缘，散落在内陆不同地区的汉人。由于李克用的钟爱，他们不断得以擢升，"衣着和礼遇如同己出"。

非正式领养和正式领养的区别在于前者是不被主流习俗认可的。因为正式的领养通常是谨慎而得到亲属承认，或者经相关法律部门认证的。李克用的宽大和仁慈培养出了许多孝顺的义儿，但也有个别义儿利用其特权去欺凌平民百姓，耍弄阴谋，在真假养子间煽动矛盾和仇视。这些所谓的养子从未经过正规的认领登记，从未在王宫居住，也没有继承权。

主要的资料对"领养"和"收养"的描述皆语焉不详，虽然这两种方式在中国的中原地区已有很长的历史。至少在一个世纪之前，根基牢固的地方官便有特权，通过非正式地收养手下的尉官来肯定他们突出的军功。例如，拥有重兵的蜀王王建，吹嘘说有一百二十个"假子"。显然，他是有意识地以此强化士兵的忠诚度。沙陀开始时也采用了这种当时在汉人节度使那里很盛行的习俗，但慢慢根据其内陆北部的民情加以调整，因为在那里，家庭的结构趋向于高度的流动。但是，许多养子，由于年龄上和李克用相近，因此在和李克用的继任者李存勖——一个和他们相差二十多岁的小伙子交往时，常常会有困惑矛盾的心理，甚至是不舒服的感觉。他们当然更愿意和他们的养叔父李克宁融为一体，以此可以分享长期的生活体验和经历。于是，辈分混淆，彼此的关系由于含混的领养而产生冲突。

另一方面，李克用的嫡亲小弟一直是其一生牢靠的支柱。无论是在北方边境和劲敌较量，还是在契丹人土地上四处流浪，抑或后来协同唐王朝在中原平叛，李克宁总是追随左右，他最终成为振武军节度使，辖领晋阳以北两百公里处，南临长城的朔地。史料记载，前晋王几乎凡事必与李克宁协商决定，显示对其特殊的信任。在李克用濒死，李存勖处在距王位交接不到一个月的时间内，李克宁用有力而稳健的手腕管理着军队，保障了权力交接的顺畅。在许多人的眼里，李克宁是李克用顺理成章的继任者，他和李克用的血缘关系以及丰富的阅历，都是沙陀习惯用来衡量领导者的重要因素。因而，一开始，许多已故晋王的养子就希望叔父李克宁能违抗李存勖的继任，因此，他们或者推说身体不舒服而借故不上朝，或者觐见新晋王却不下拜。这样的做法简直就如同于通敌一般恶劣。与此同时，难于驾驭的李存颢似乎特别想煽动起李克宁的权力欲望，一而再再而三地表示怀疑他们以后在年轻继任者手下的前程。李存颢没完没了的挑动让李克宁非常恼火，为了平息针对他的种种谣传，他以罕见的口吻严厉警告李存颢："你不要命了是不是？你给我住口！"尽管如此，支持者还是越来越多，其实不少忠诚于晋王室的人，对年轻的李存勖并没有什么反感，只是更愿意拥戴谦逊而克己的王叔李克宁。

面对这些或明或暗的反对，李存勖不得不无限期地延长继位仪式。在和叔叔李克宁谈话沟通的过程中，李存勖也曾想过怀柔叔叔，而不是以后来血亲之

间自相残杀来解决矛盾：

> 晚辈尚年幼无知，对国家大政更不熟悉，虽然先王命我继承王位，但恐怕还没有能力担当如此大任。叔父您功德俱高，先王曾将国之重任托付给您，所以，我肯定要在军机大事上麻烦您了，直到我可以独立行事。

其实李存勖只是想探探深浅，看看叔叔是否真的有窥视王位之意，但李克宁却以为侄儿是在吐露真情，便没要任何手腕，毫无犹豫地宣称："既然我哥哥把你托付给我，那你就放心吧，没人敢夺你的王位！"（"吾兄之命，以儿属我，谁敢易之！"）"吾兄之命"显然是指兄长李克用要儿子继位的强硬指令。但是，这以前，宦官总监张承业还是担心"那些凶狠狡猾、心怀叵测的小人，其实一直在等待机会做乱"。尽管过去李克宁和张承业有隙，导致过后者的恼怒，但这里"凶猾不逞之徒"很可能只是暗指那些像李存颢之类的养子，而非李克宁。其实，张承业从前面所引的李克宁对李存颢的警告中至少已得知李存颢和其他一些养子正蠢蠢欲动，所以，他说服李存勖采取断然行动，阻止可能发生的王位僭越。据史料记载，其实是李克宁那个蛮悍而贪婪的妻子孟氏推动他违背自己的本能采取行动，而这些行动转而被孟氏形形色色的女友，包括那些有影响的继子的妻子们所操纵。孟氏是孟知祥的姐姐，孟知祥本人也是李存勖的首辅大臣，其家族世代效忠于晋王府，并和王府联姻。一旦和阴谋者同流合污，李克宁就积极参与到对侄儿的对抗中。阴谋篡位者需要找到一个和王室无关但又在朝中身居要职的同谋，以便在都城配合行动。他们选中了长期在李克用手下任职的晋阳人史敬镕。然而，史本人只是佯装合作，却转而将李克宁他们的计划出卖给晋王宫。那里，李存勖的母亲曹夫人会同张承业和儿子马上采取了相应的对策。不用说，李克用聪慧而果敢的长妻刘氏，作为曹夫人的密友，理所当然也是身侧其间，虽然史料并没有任何关于刘氏角色的记载。根据可靠的史料，

谋反者首要暗杀的目标是负责宫廷安全的张承业。一旦成功，接着便会监禁李存勖和曹夫人，当晋最终成为梁的属地时，母子俩就面临着身首异处的结局。

相当自负的李存勖，此时，对突然而至的叛乱消息却黯然神伤，思考片刻后说："如果我马上退避三舍，那就不会有什么混乱祸害了。"他显然是考虑到了叛乱一方力量的强大。张承业当即表示反对，强调应立即先发制人："不当机立断剪除叛乱，晋就面临着即刻覆灭的危险。"他认定避让的时机已经错过。曹夫人和张承业通过调集忠诚于晋王宫的养子们的私家军加强了宫廷的护卫，并最终取得了成功。他们一定程度上也利用了朱守殷，晋王的一个仆人，让他以宫廷的名义结集了王室其他的仆人，补充护卫。叛方主谋领诏赴宴，没有察觉到晋王已暗中设下埋伏，于是，束手就擒。其间，李存勖质问叔父：

> 晚辈当初将军机大事让给叔父去处理，您也表示愿意承当先父的遗愿。现在大事已定，您却要将我们母子投入虎口，您怎么忍心这么做！

对"忍"一词的加重使用，给李存勖原本对叔父尖锐的指责添上了几分讽刺的意味。李克宁只能怨恨别人的挑说，把责任归咎于谋反的始作俑者。这些托词，尽管部分是真实的，但根本打动不了李存勖，他还是马上处决了叔父。煽动丈夫李克宁谋反的孟氏则出人意料地通过她兄弟孟知祥的帮助躲过了这场劫难。此外，她和李克宁的一个遭到软禁的儿子，最终也得以豁免。这显示孟知祥最初是巴结了曹夫人——这位正兴起的晋阳宫的幕后掌控者，通过曹夫人解救了自己的姐姐。最后，这场血腥的冲突以胜者一方佯装平静而告终。

在李存勖执掌王权的头一个月里，所有的谋反者都被处死了，只有孟氏是个例外。如果没有晋阳宫两位德高望重的太后和前晋王最核心的成员宦官张承业的策划和安排，反谋乱的行动从谋划到实施就不可能如此成功。虽然谋反是直指李存勖的，但其实，他对叛乱者的处置却并不是首要的。重要的是他怎

样以此来稳固自己的统治。首先，他必须加强对宫廷核心成员的信任，同时也要加重防范自己的族裔和那些救助过其父的养兄弟们。无论谁在王位上，一个从游牧走向定栖的王国总要不可避免地遇到传统势力的抵抗。让李存勖欣慰的是，他的核心成员能够帮助他疏缓各方的不满情绪，使其能抽身说服和召集他父亲的旧部，实施他理想中的向外扩张计划。

结盟与赵

公元908年春末，李存勖担纲王位几个月后，确信晋阳已安全无虞，便打算测试对都城以外军队的控制能力以及高层将领对其的忠诚度。五月，他传唤了功勋卓著的周德威。当时，在周德威的麾下有五万精兵，驻扎在潞州城外，目的是阻击围城的梁军，以缓解城中李嗣昭的压力，并伺机赶走梁军。这是当时晋最大的一支军队。潞州位于河东的南面，这一地区对晋高层来说特别头疼，因为刚刚因谋反被杀的李克宁曾阴谋计划先把此地纳入梁朝的治下。因此，即使谋乱结束，双方已经暂时相安无事，李存勖仍然不放心这一带可能存在的谋乱同情者。

在李存勖给周德威的指令中，同时也顺告了叔父李克宁的谋反，周德威当然感受到了潜含的对他的防范和怀疑。因而，他不得不谨小慎微，因为任何延误都会被疑为对新晋王的漠视，以及对反对派的同情，进而会招致解职，并引起最大的军队调防和显而易见的动荡。到了晋阳城外，周德威明智地将自己的卫队留在郊区，违反常规地只带数个随从步行入城。在当时，接到宫廷指令后，主要将官带领一两万随从觐见不为罕事。周德威首先奔向李克用依然盛殓其内的棺木，扶棺痛哭，此举一方面是对一个真正朋友的敬意，另一方面也是为了安抚宫廷内的冷眼旁观者。在接下来和李存勖的互致问候的礼节中，周德威完全顺从的态度明显不同于那些王室养子们的傲慢无理。以这样的方式，他征服了晋决策层中那些怀疑者的人心。

作为对其殷勤举止的回报，李存勖数天后邀请周德威帮助他赶往潞州解围。自从一年以前晋夺取此城，它就一直被梁军所困。它的防卫由李克用信赖的养子李嗣昭负责。

李克用临终前对儿子李存勖再三强调潞州对王国安全异常的重要："如果不能解除梁对潞州的重围，我死也合不上眼。"在李克用视事的最后几年中，潞州击溃了敌人的几次进攻，但李克用担心周德威和李嗣昭这两个忠诚而性格执拗的爱将之间的分歧会破坏解救围城的努力。李存勖将这些担忧巧妙地传达给周德威，以图唤起其对这一使命的热情和责任。潞州的通力合作，如果碰巧幸运的话，会重新燃起周德威和李嗣昭之间曾经有过的友情，这对晋未来的宏图大业无疑是个很大的推动。

意识到晋在数量上的劣势，李存勖只能用更上乘的策略和更多的计谋阻挡敌军。他的第一招便是和邻居契丹人结盟于潞州。在晋地，有关晋阳王室将利用李克用的死来取得军事优势，甚至策划出人意料行动的说法在到处传播。作为敌方的后梁不得不提高警惕，但却很难估量出这种威胁的严重程度。李存勖还发现了境外不确定情形的另一个可以利用的方面："后梁的那帮家伙正在庆幸我处在大丧期间，认定我年少新立，无能为力；我们应当利用他们的懈怠而主动出击。"李存勖乘机运用他年轻时学过的中国古代典籍《春秋》，给他赤裸裸的机会主义罩上了一层光环："我们能不能奠定日后的霸主地位，就全看这一仗的胜负了。"

从父亲处学到的洞察力逐步发展成为李存勖自己领导能力的标志：提前抓住时机，最大化地扩大影响，加上亲临一线鼓励士气。相似的出其不意的计谋也记载在《孙子兵法》的《九地篇》里："兵之情主速，乘人之不及，由不虞之道，攻其所不戒也。"然而，李存勖的领导方式给久经考验的中国兵法混入了特别的北方少数民族勇士的直觉。

李存勖也善于捕捉有利的自然条件，在他执政后的第五个月，对潞州围城敌军的进攻中就利用了当时出现的大雾，悄悄地将军队布置在三垂冈。当时，李克用的另一个出色的养子李嗣源从晋国东北而来，周德威从西北进攻，而新晋王则由东南而上。虽然梁军在人数上占优势，但在晋军以迅雷不及掩耳之势展开的猛攻下，惊慌失措，乱作一团，致使晋军很快在梁围攻者设置的障碍——夹城上打开一个缺口，之后，李存勖的军队花了几天的时间摧毁了夹城，然后一举击溃了梁军，使其损失了超过一万的人马。李存勖身穿裹在盔甲中的白色丧服，他作为新晋王的首役有双重的意义：既是军事上的进攻，同时也是表达他对父亲的孝意。他通过实施这样一个儒家中国最受人尊崇的美德工程，同时让自己获得了沙陀武士的荣誉。在另一个堪称漂亮的事件中，他在之后近一个月内日夜兼程来到先祖的墓地，很可能是他的父亲和祖父位于代州附近的墓地，以胜利的喜讯告慰先祖。甚至梁太祖也不得不羞怯地承认，自己没有一个儿子可以在战场上和新晋王比试，转而羡慕死去的对手李克用："生子当如李亚子！"而他自己的军队业已在李存勖打压下，遭受重创，不得不一个劲儿地后撤。

李存勖的勇猛无畏虽然在对付敌人时相当有效，但对自己的军队却造成了没有停歇的紧张状态，这种情形始于908年，然后持续了许多年，当时晋军在多条战线上铺开战役。晋军在李存勖亲政的第五个月对潞州相邻的泽州城展开攻势，后因顽强的抵抗而后撤。在十一月时，另有五千晋军应燕国国君刘守光的友情邀请，在燕协助了一场短暂的军事行动。一年以后，即909年李存勖继位的第八个月，晋和另外反叛的诸侯向西北进攻长安——过去唐朝的首都。晋军在年轻晋王的直接指挥下，加上张承业和周德威的辅佐，对靠近晋州和绛州的西南地区进行了牵制性的突袭。这两处在黄河的拐弯处，历史上属于河东沿线的一部分，如果它们失守，便会给整个晋阳的防守带来灾难性的后果。据信，这次行动动用了数万晋军，占了当时晋常备军最重要的部分。长安短暂地归顺于晋和盟友李茂贞，他的岐国就以长安的西部为界。但当梁军的增援到达后，李存勖不得不撤退并解除了对晋州的包围。声东击西，而不是占据，很可能当初就是这样的目的：西边增强的压力会迫使梁转移东部边境的大军，因为对晋当前的防守和未来的扩张，这里显得更为关键。通过将敌人置于被动挨打、四处防范的境地，李存勖成功地化解了在他早期执政的艰难时刻敌人的直接打击，显然当时梁国的决策者就是要这么做的。这样的进程，准确地反映了那种存在在李存勖这样的军事天才心中先天的言不由衷、声东击西的本能。相反，他的父亲却一直困扰在被动挨打的局面中，使得王国的雄性日益萎缩。

当他一登上王位，李存勖和他的辅佐者就开始有意识地打造新晋王的政治形象，借以烘托他早已闻名的军事天才。有一则记载在官方历史中的相关故事，就发生在他即位后的几个月后，那时“晋王李存勖每次出巡，遇到路边的饥寒交迫之人，一定停下马，亲切地询问，所以赢得了普遍的民心，他称霸天下的大业，由此奠定了基础”。史料中充满李存勖和他的军队关系特别紧密的描述，比如他在战场上总是醒目地出现，取胜后狂欢式地庆贺，纪念和褒奖牺牲者。他甚至亲手给负伤的战士疗伤，还为死者备酒纸招祭以慰亡魂。这些举动让人想起他的父亲，虽然李存勖这样做看上去是自发的，但这却没有脱离他的家庭责任感。对李存勖这样亲近军队与贫民百姓的行为的概括，让我们看到了在从战士到君王的过程中，他的政治使命感的增强。罕见的在执政初期和平民的直接接触使得这个故事尤其珍贵。作为一个小王国的国君，他并没有理所当然地端起一副君王的架子，而是力图逐步而踏实地赢得国内外的人心。他的政治风度显然和他的军事风格一致，表明了他明确的目的性和真实的愿望，而非单单表演给后人看的。

从 909 年后期开始，晋的军事行动在将近一年内逐渐减少，冲突也在最大程度上缩小了。在这样的过渡期，晋内部投资重建了一些城市，像潞州，它被敌方长期包围，人口减少了一半，经济也遭到了重创。在 910 年的第八个月，李存勖投入了大约一万人的军队西进，协同岐王李茂贞等围攻夏州。可能是动机的

不同而导致了彼此的分歧，晋军在数周内撤离。随后数月，在赵辖地中心的姊妹城市镇州和赵州（今石家庄），一个历史机遇出现了。

赵王王镕（873—921），从900年开始通过联姻和年贡，向梁称臣，两地之间建立起稳定的关系。然而，亲善只是表面和短命的，以至于十年后双方要重新考虑彼此的选择。最近赵和梁终止了彼此的一个关键联盟，紧接着，魏博节度使死后没多久，赵州得知梁要发起一个旨在巩固其在本地区控制的进攻。所有这些，显现出了梁朝对赵国的虎视眈眈。为了避开梁朝这个强大的掠食者，王镕被迫要打造新的联盟，从不同的方向搜寻潜在的可"求婚者"。晋和赵在前代曾合作过，彼此关系时而和缓，时而紧张，但绝没有到达剑拔弩张的程度。地形上也解释了赵是晋的延伸。梁朝的袭击目标镇州，位于晋东面边境不到一百公里的地方，离晋的都城晋阳也少于两百公里。梁朝频频出现在晋最接近的后院，对晋的安全无疑是个威胁。晋王李存勖当然也不可能容忍北方的燕国和赵王联合，而同时，燕赵两地眉来眼去的谣传通过密报在到处传播。作为一个领土面积只有晋四分之一的小王国，赵从来都没对晋构成什么威胁，而无非是一个保存在强敌口袋中的肇事者。

凡此种种，虽然在战略位置上，赵对晋有着举足轻重的作用，但几乎所有晋阳的将领在商讨后都反对军事干预和支援，他们援引历史上赵的反复无常，口是心非，要求至少在派遣部队前要让赵表示忠诚。但李存勖坚决不同意这样的做法。通过国丧时赵的使节，李存勖在赵州和赵进行了秘密的协商，决心要和过去的做法说不，并重新开始摆放晋和赵在未来的位置。这是李存勖自两年前执掌政权以来第一次有字可据地否决将领们的建议，此时，他对未来的成功充满信心，对自己的目标也格外明确：

> 王镕也是根据利害关系而做出决定。他在唐朝的时候就总是一会儿称臣，一会儿反叛，怎么甘心屈就朱温的属下？现在这个朱温的女儿又怎

么能和当时唐朝的寿安公主(王镕的曾祖母)相提并论！此刻我们应当毫不犹豫地救助王镕,而不用去考虑以前赵梁之间的婚姻关系。如果我们观望不决,就会中了朱温的奸计。无论如何,应当马上发兵,和赵国联手,如此,就一定可以击败梁朝。

李存勖的声明不仅是不容置疑的坚定,同时也毫不掩饰地言明了诸侯国之间彼此图利的关系,赵在过去就是按照这个原则做的,那么晋也需要在估价自己的利益后,改变策略。更有甚者,他认定通过军事支援谋求结合两国的力量,而不是征服或者是夺取邻国的土地,像以前中国所实行的"属国制"。现在,近期国内的建设正是需要通过长期的有目的的军事支援来实现边界安定。当晋阳和邻国的关系进入了一个新的时期时,李存勖面临着更严峻的考验:他是否有足够的能力同时处理战争和外交事务。

在晋最主要的大将周德威的指挥下,一支由步兵和骑兵组成,有数万人之众的部队,在910年年末启程前往赵州。晋王李存勖想要在农历十二月加入战斗。我们知道,李存勖的生母曹夫人坚决反对儿子参与指挥如此大规模的军队,所以,李存勖面对母亲的反对依然出现在军中,显然是经过很大的努力。这对他来说也是一年中惟一可查的军事行动。陪伴李存勖的是张承业和好胜的李嗣源。李存勖的行动也吸引了直接位于赵北面,由王处直管辖的定州。这个地方军阀显然也想加强和晋阳的关系,便摆出亲善的姿态,拨出自己的五千兵马参战。

梁大将王景仁面对的是由赵军、晋军和定州王处直人马组成的声势浩大的军事组合。双方的决战在镇州以南的柏乡郊区展开。但三地联军并不具有压倒性的力量,因为梁朝也在此地布置了八万人马,它们大部分驻扎在柏乡。在所有原始史料中所看到的双方军队的数目显然是被夸大了的,一部分原因是在这样的战役中成为交战双方恫吓对手的军事策略,另一部分原因是后来的历史

学家为求战事的完美而故意增加的。但对梁军的优势史料没有任何争议,优势反映了镇州之战的重要性。由头盔、盔甲和战袍武装起来的梁朝禁军,“身着镶有金银绣饰的军服”,每一个士兵的配置都是一笔庞大的费用(“费数十万”)。在战役现场,梁军发出雷鸣般的吼声。虽然这些士兵曾被周德威戏称为徒有其表,但他的轻蔑并不能否定梁太祖朱温亲临战场的事实,梁军摆出如此正规庞大的阵势,也证明了这次战役并不是晋某些幕僚和指挥者所错误认为的只是一场针对梁军骚扰的反击而已。所幸的是,晋王李存勖并没有轻信这些关于敌方的天真、乐观的看法。

“兵非多益”,《孙子兵法·行军篇》中的告诫,不久便被李存勖用来作为组织训练和指导军队的方法,它的有效性使晋军战斗力远远超出了他的敌人。前线依赖的主要力量是来自内陆北方的骑兵。在主要的史书中被随意地称为“胡人”,这些骑兵据信是被沙陀人选来弥补他们自己作为优秀弓箭手的不足的。关键时刻,李存勖和主将周德威达成协议,后者确信这个时候和如此数量的敌军硬拼,无疑于自杀。相反,将敌军引诱出来,不断地加以骚扰,使其甚至连正常的饮食都不可能有,这样,饥饿状态下的敌方士兵便很容易被捕获。晋的参谋指挥人员也精心布置了他们有限的资源:作为外来者,他们把骑兵安置在城郊的战场上,同时,镇定两地的军力,主要是由当地武装所组成,集中防守柏乡城区。不同指挥之间的协调,也许对任何联军来说都是最大的挑战,但李存勖的统筹领导却出人意料地通行无阻,尽管联军来自不同的地域和不同的种族。最终,对军力的节约使用被晋王明确地规定在作战准则中:当敌人进入视野后骑兵才出击。这项策略最大化了晋的力量,同时也就最小化地避免了人力和物力的浪费。

卓有成效的领导策略,加上非同一般的素质和军纪,使晋军为首的盟军在911年一月的月末获得了决定性的胜利,这离他们投入战场不过两个月。此役在黄河以北激起了强烈的震荡。史料如此描述:胜利者一方得到了大量贵重的

军需用品，像兵器、盔甲，以及三千匹战马。他们还俘获了近三百个将校，杀了两万梁军俘虏——这几乎就是一场毫不留情的屠杀。没有对联军伤亡的记载，但显然要比敌方高出不少，以致于作为报复和惩罚，俘虏被毫无防备地处决。也许这么做对李存勖来说，是正好可以在境外树立起他作为强悍执政者的形象，他意识到了通过无以复加的战场上的凶猛和对被捕获者的严厉来打击梁朝声望和地位的有效性。或者也许正好是个机会以补偿牺牲者，这样的屠杀和阵地的损失并无关联，应该是为了给记忆增光，安慰去世两年多父亲的魂灵。无论哪种情形，只要这样的行为不是随心所欲或一时冲动，严酷便等同于力量。晋需要设立起这样的标准以区别于他最仇视的对手。同时，时间会证明这些类似的暴力能否控制在下一代的领导人手中。

911 年二月，晋王李存勖和赵王王镕会面，这很可能是他们的第二次碰面，但却是有迹可查的第一次。会面标志着他们之间契盟的重要性。父亲李克用曾在 906 年和王镕交战，但李存勖劝告其父应以晋未来的大业为念，而暂时和眼前的敌人媾和。在政治本能上，邦交和睦邻对李存勖个人有着重要意义。十年前，王镕和李存勖那位声誉颇高的养兄李嗣昭互通款曲，导致了梁朝的围攻，通过会面表达对此事的感激之意当然是李存勖希望明示的。最终，那趟旅行让李存勖对赵的好奇心得到了满足，因为赵国以“美女如云”和“金帛如山”闻名，物质和审美都要超出晋许多。他们第一次宴饮被多方描述，席间甚至有晋王出人意料的献唱：

> 王镕对晋甚为感激。第二年，他和李存勖在承天军会面，其间，举杯祝贺李存勖的生日。李存勖因为王镕是父亲的朋友，故对其尊礼有加。酒酣为王镕唱歌，并拔出佩刀割断衣袖以示结盟，还许诺将女儿嫁给王镕的儿子昭诲。

李存勖当时没有几个孩子，所以将女儿许配给王镕的儿子便有了特别的象征意义。许多人知道李存勖喜欢在年轻时献歌给母亲，后来也给他的军队和亲信唱，但献唱给同时代的军阀，却是闻所未闻。王镕很感激李存勖歌咏背后对他的欣赏和谢意，两人利用这次机会建立起了个人和政治上的紧密联系。时年二十六岁的李存勖比王镕年少十二岁，称后者为四十六哥，有效地将王镕提升到虚拟亲属的地位。作为相应的回报，王镕在离开赵的前夕，将小儿子王昭诲交在李存勖——这位未来的丈人手里，于是，王昭诲成了父亲双重的人质。有意思的是，签署这一重要盟约的礼节，不是像以前的唐朝仪式，宰杀一头白马，而是"断衣"。马很可能是沙陀文化中最被珍视的，故通常不会牺牲一匹稀有的白马仅仅派作仪式之用。

晋、赵两国王储的彼此交换庆贺，标志着一个历史的时刻。王镕家族已有五代为一方诸侯，而晋却不过三代。以前的唐朝通过通婚的方式对赵王族表达尊重，同时也经常听取赵对国家相关事务的建议。王镕年少继王，但一直到了二十岁，才有了充分的能力保障他领地的安全，对抗外部觊觎者的入侵。作为一个由来已久的家族，赵王室可以通过亲善和通婚的联系，不顾一切地将合法性租借给晋这个暴发户。同时，晋赵联盟，成为和其他领地首领合作的典范：不是像梁朝那样惯用的恫吓吞并，而是晋那样成熟的并存路径。几个月后，晋王李存勖拒绝再使用梁朝的历法，恢复前唐后主的日历，并将天佑的年号延续下来。通过创造一个虚拟的名号，李存勖开始挑战现存王朝的统治权。据史料记载，定王王处直以一个象征性对抗梁朝的行为加入了李存勖的行列，赵王也顺势而行。于是，三个地方诸侯的军事同盟几乎一夜之间便让晋阳尝到了政治的硕果。不幸的是，当持续几个世纪的关于领土完整和安全分歧的棘手问题在北方再次浮现，东部战争的尘埃便无法落定。

灭燕复仇

实力雄厚的燕国，或称卢龙军，以幽州，也就是以现在的北京为中心、向北延伸到东北的满洲里，占有着一个在面积和政治重要性上都不亚于晋的地域。燕和晋的关系常常随着唐帝国的政策和当地的情况处在变幻不定的状态中。它的前任君王刘仁恭，当初是李克用安插的，但897年和晋反目，九年后因为迫在眉睫的利益需要重新求救于李克用。燕国号称有二十万大军，这还只是一度曾经拥有数量的一半，这样的邻居显然是个极为凶险的敌手，很难轻松地相处。据称晋名下的所有人马要比之少十万。刘仁恭907年被儿子刘守光赶下台，并被软禁。刘守光对河东沙陀的蔑视并不是什么秘密。

刘守光曾一度表达了对晋阳的忠诚，答应一起行动对抗共同的敌人——梁，但最后却又总是言而无信。他的野心在短短的几年中不断膨胀，不久他自立为王。晋王李存勖一直愤恨于刘守光如此张狂。更为糟糕的是，刘守光的行径破坏了燕晋之间一度最亲近的联盟。李存勖的本能反应是马上采取惩戒的行动，但之后却认为要有军事上的策略，并在911年派遣使者去燕，给予诸如"尚父"、"尚书令"这样的空衔，以期能在政治上安抚燕王。但刘守光却根本没拿晋的主动示好当回事，不久更彻底和晋翻脸，不仅将晋的特使投入牢狱，而且宣布自己为大燕皇帝。到了这年的年末，他的军队向南进发攻打定州，这是和晋、赵关系密切的主要地盘。对燕的复仇现在变得刻不容缓。

和以前一样，现成最佳的将领组合仍然是经验老到的周德威和机敏好胜的李嗣源，他们对抗燕国反叛的布阵不久又加入了赵国富有谋略的王镕养子张文礼。战役中晋军投入的兵力据称有三万之众，这也标志着晋军远距离作战的开端。这样的战役，敌方享有着人数和本土地理位置的双重优势，对晋而言，这是兵家之大忌。更紧要的是，晋阳其实是在冒一个风险，因为它把对付南方劲敌

的注意力和资源转向了北部。但李存勖的高参们,像德高望重的大宦官张承业,历史上就支持用铁腕对付燕国,此时的军事干预显然深得他们的心意,所以也就坚定了晋王的决心。但由于各种因素的制约,当时是出兵伐燕最糟糕的时机。公元911年第二个月开始,在天雄军的要地魏州,晋军和梁军有零星的交战,为的是夺取一个更靠近自己领地的地盘。晋王李存勖一开始便亲临督战,在魏州附近小有得手,但终究没能守住这一日渐重要的要塞,这里不久便向梁朝俯首称臣,在随后的几年中一直处在梁的治下。这样的情形部分地解释了为什么晋军延迟到912年年初才到达燕国。

911年年底到912年年初,李存勖没有前去北方战场,而是选择了留在晋阳。梁帝朱温,此时六十岁,已经从复发的疾病中部分地恢复过来,并开始出现在梁朝控制的中心地带,这里正对着晋东部地区,包括魏州和贝州,它们常被梁太祖视为心腹之患。梁太祖也亲自督战了对枣强县——晋同盟者王镕领地的攻打。由于战斗激烈,晋军的人数锐减到了数千人。此地最终在梁军攻打的第三个月陷落。由于数月沉重的损失,惯于报复的梁太祖坚持屠城。此时,李存勖的军队只能通过出其不意的埋伏和突击给敌方以损伤,在策略上则更多地采取骚扰的方式而不是将其击败。对梁而言,由于具备更多的军力,又有虽然年迈但拥有绝对指挥权的君主,明确将晋作为首要目标,因而,易于在多条战线上发起攻击。然而,对晋、梁双方的任何一方来说,击败燕国都没法轻易得手。

在燕国的梁朝代表是招讨使杨师厚,他曾是前晋王李克用手下的校官,后因罪改投梁。开战伊始的情形对晋军并不是十分有利。首先,杨师厚对晋军的透彻了解构成了一个强大的威胁。其次,和他同时抵达燕国的还有梁太祖最好的士兵("悉领梁之劲兵")。然而,912年的四月和五月,晋依然在北上抗梁的战役中稳步挺进。到了六月,晋军的士气大振,因为南方传来了惊人的消息:梁太祖因遇刺伤重而死。

由于内部勾心斗角的加剧,朱友珪,梁太祖的私生子,谋杀了生父,并取而

代之。但朱友珪在位仅半年就因另一场宫廷政变而下台。这一时期梁中心政权更迭频仍的状况，使各地节度使有借口或明或暗地对抗梁朝的指令。梁内部的混乱适时地解救了晋，因为晋军除了北上抗击燕、梁，它在公元912年的整个春季同时经受了来自东部边界梁朝军队的持续侵扰。

燕王刘守光此时既遭遇了因为在南方和梁的单独结盟而导致的国内纷扰，新近又受到了来自西线晋军的进犯，所以开始不停地向晋表示投降意愿，但晋前线主将周德威总是轻蔑地加以拒绝，他甚至玩赏着刘守光卑躬屈膝的景象。这年的八月，配合着开封的骚乱，燕国内部倾向晋阳的反对派，也因此而产生。

朱友谦(？—926)和梁朝始皇帝朱温的结盟超乎寻常。他和梁太祖同姓，后又改了名字，并被梁帝收为养子。他在当地的影响以及和梁宫廷的关系，帮助他登上了河中节度使的位置。河中有着战略上的意义，因为它位于晋南面，同时毗邻历史上的西都长安。和梁朝宫廷的私密关系加上拥有要塞之地，这两点使得谋杀梁太祖的朱友珪对朱友谦疑虑重重，于是在他登基后几个星期就召唤朱友谦赴朝。朱友谦担心这是个借口，就拒绝晋见新帝，转而重新和晋结盟。朱友谦这么做显然是走投无路后的别无选择，但对晋来说却是一笔没费什么力气的意外之财。

但要保持住这笔意外之财却要付出代价，也就是说，需要马上布置晋军去支援朱友谦，因为梁已经集结了数万大军准备进攻河中。晋对河中的军事支援，远在晋阳数百公里以外的西南，越过了黄河折弯处，对惯于在马上作战的晋军来说是个巨大的挑战。但考虑到在未来联盟中河中的价值，晋王李存勖投入了相当可观的人马，并于十月加入了朱友谦的队伍。晋王依靠速度和决断使梁围困者闻风丧胆，转而轻松地打败了敌人。

朱友谦选择让使节传达他个人对晋王李存勖的问候，并提议在靠近两国边境的猗氏县会面。在第一次有记载的会面中，李存勖在自己的私人营帐里设酒宴款待河中节度使，并允许这个醉鬼留宿在自己身边，毫无戒心的朱友谦睡得

鼾声如雷。第二天早上，看着仍在睡梦中的朱友谦，李存勖对亲信慨然而言："冀王友谦真是贵人福相，只可惜手臂短了点。"因为沙陀认为长臂对使用弓箭来说是必不可少的，"长臂如猿"便是理想的弓箭手。但这样的瑕疵并没有影响此时此刻他们对彼此的欣赏。第二天，两位首领在帐篷里继续他们的欢饮，像以往一样，晋王再次以个人的魅力让心存疑窦的朱友谦完全释怀，为此，他甚至谄媚地尊称李存勖为"叔父"，以肯定晋王政治上的更高地位，虽然他还比李存勖大好几岁。李存勖和朱友谦，前者是相对冲动的沙陀晋王，后者是谨慎投机的冀王，他们之间的关系来年会变得更重要，但实际的情形比当初热烈的承诺要复杂得多。

尽管晋阳西南的河中之役很快以胜利告终，但东北燕王刘守光从孤立到陷落却由 912 年的一月开始一直持续到 913 年。因为拥有足够的资源，即使统治者无能，燕国仍然可在绵延的战争状态下苟延残喘。晋军在 912 年的四月攻取了颍，占据了进攻幽州的有利地形，幽州不久便被晋军包围。晋军在前行途中与燕名将单廷珪短兵相接，搏斗中，周德威将单廷珪生擒。在东北另一场主要的败战中，燕将元行钦的军队和晋军有了八次惨烈的争战，最终在和李嗣源的肉搏中被俘获。912 年到 913 年，一拨一拨的燕国将领不是战败就是投诚，造成了对刘守光的强烈冲击，他不得不再次提出休战。

913 年六月，李存勖派心腹张承业和前线总指挥周德威协商对策。对幽州的围城业已一年，晋的资源不断地被消耗，而此时，在赵州一带，梁布置了十多万的精兵正准备对晋内地发起进攻。北伐的迅速结束看来刻不容缓。也许是张承业已从密探处得知刘守光也同时在和北方的契丹直接联络，所以到了当地后，他指责刘守光惯于出尔反尔，峻拒其停战的吁求。因此，是刘守光自己最终吞食了当初的停战提议。另一方面，如果燕国暗中勾结契丹的伎俩得逞，难以对付的契丹军毫无疑问会将战事拉长。

幽州真正的陷落，也就是晋将整个卢龙军收归囊中，看来要到 913 年十一

月到十二月之间。这期间,晋王自两国交战以来第一次现身战场。刘守光要求和李存勖私人会面,李存勖以他成名的大胆方式,没有护卫,单骑到达城门下。两人在城墙边探讨了未来两国的关系,李存勖试图表达他的诚意,而刘守光则以假心假意的奉承来取悦李存勖:"我现在是案板上的肉,任由大王您处置!"李存勖按照沙陀风俗,当场折箭为盟。但之后刘守光却一再推迟践约,显得首鼠两端,李存勖怒不可遏,下令再次围城。

晋军同时四面强行攀登幽州又高又宽的城墙,加之燕内部的反叛,幽州在数日后终被攻克。刘守光开始时带着一妻一妾和一子向北逃跑,但在郊区迷了路,几乎死在野地。十天后,他被抓获,带着枷锁回到历史上第一次被沙陀人占领的都城幽州。这座后被称为北京的都市从此开始了长达四百五十多年的少数民族统治,先有沙陀和契丹,后是女真和蒙古。

"你这个主人怎么能这样匆匆忙忙丢下客人不管呢?"晋王戏谑中在幽州迎接已沦为阶下囚的刘仁恭、刘守光父子。这两人其实都是心胸狭隘、不行正道的卑劣之徒。主要的史料都把刘守光描画成一个有贪婪野心、但无能无品的人。开始,他和其父的一个妃子乱伦,事情败露后,他居然转而对抗父亲,将其软禁了七年之久。其间,他的兄长刘守文也死于这场父子之争。据传,刘守光"不看好读书人",使著名的儒士像冯道、赵凤等弃他而去,从而扩大了晋阳的智库。"刘守光本来就平庸愚钝,之后更是变本加厉",欧阳修在《新五代史》中如此描写他拙劣的领导才能。刘守光也以滥施酷刑出名,他把犯人放在铁笼中,生火于外,然后用铁刷把犯人的皮肤剔下来,直到其断气为止。李存勖曾预言:"暴戾的君王终将为他们的累加的罪责而自食其果。"晋王李存勖的这番言辞,自然会激起人们极大的共鸣。

刘守光作为一个决策者的能力同样让人大跌眼镜。911年,赵国面临梁朝迫在眉睫的进犯,赵王便同时向燕和晋求助。许多刘守光的谋士都主张军事介入,但他以惯常的理由拒绝了:"我们不妨先坐山观虎斗。"也许他肯定梁朝会取

胜,故不愿徒劳无功,也许他想利用赵在目前和晋这样一个双方说说而已的联盟中进一步的衰弱而加强自身的力量。但无论如何,他的推延给了晋一个极好的机会强化了和赵的融合,与此同时,因为赵距离燕不到二百公里,这也使得晋在后来和燕摊牌时获得了一个有利的地形。同一年,如我们早先提及的,刘守光无由头地杀了晋的特使,这无疑加重了日后晋王对他的惩罚。

具有讽刺意味的是,914 年一月初,作为晋的阶下囚,刘守光父子被押解过境赵国。曾被燕国断然拒绝合作的赵王王镕以非常幽默的方式要求会见被俘的燕王父子。父子俩除去了镣铐。在主人新年的盛宴上,昔日不可一世的两代君王被赐座于一个位于主席下方的偏桌,两人坐在那里,活像是动物园中的猴子。但父子俩神色自若地又吃又喝,没有任何羞赧。他们当然不是不知道自己是在被戏谑,但他们可能不晓得晋王和赵王养肥他们,只是为了不久要以惩罚叛节者最适合的方式将他们斩首。

刘仁恭曾于 890 年前后躲藏在晋阳,当时李克用慷慨提供了食宿。所以,897 年刘仁恭对晋的进攻,以及其子刘守光 907 年的背叛极大地触怒了李克用,他甚至将这样的怨恨一直带到了坟墓。李克用死后,他的儿子李存勖终于可以以沙陀的习俗替父复仇。刘守光先行见杀于晋阳。刘仁恭则被带到了代北李克用的墓地,然后“用刺中其心脏的鲜血祭祀先王”。一如前述,李克用在临死前将三支箭交给大儿子:“这三支箭,代表我一生最大的遗恨。”在这份主要敌人的名单上,后梁居榜首,燕位于第二,随后是契丹。

燕曾经一度超过梁朝,成为该地区最大的霸主,所以它的垮台给李存勖成为北方君王增加了砝码,同时也为长期等待的对梁复仇添助了一臂之力。通过整编俘获的燕军,晋军的实力比以前扩大了两倍。此役的成功也使得晋军的攻击力有了全面的提高,像新近加入晋军的前燕国猛将元行钦、赵思温,皆是罕见的忠勇双全之士。在绵延的征战中,晋王李存勖的本性和能力,也都因不断的凯旋而得以被尊崇。

914年一月,幽州得手的半个月后,李存勖任命周德威为卢龙军节度使,随后返回晋阳。途中,他拜会了赵王王镕。去年的盛夏,李存勖和王镕已经在边境小镇田长会晤,现在,他们并不仅仅是为了庆祝胜利,面对此前一个月内梁发起的新一轮对赵不断升级的进犯,他们必须要拿出对策。以前的协议允许晋军驻扎在赵国,这些兵马在史建瑭的统领下。资料并没有显示这些晋军的规模,但实际上即便加上赵军,要驱除号称十万大军的梁军也还是远远不够的。于是,应赵的要求,周德威的兵马从燕调往赵。当时北方绝大部分节度使并不欢迎外来的军队驻扎在自己的领地上,但现在,为了自己的利益,赵国破例接纳了外来者。

按照史学家欧阳修的看法:"赵王王镕懦弱胆怯,从来不敢一马当先,碰到沙陀进攻,常常借助邻近的援军解救,当时,各方诸侯你打我斗,劳民伤财,唯独赵国相安无事。"于是,一个远小于晋的王国可以在最大的可能范围内得到安全和发展。914年年初李存勖和王镕的会面无疑是应后者的要求,王镕此举是为了巩固现在对赵的生存不可或缺的两国联盟。李存勖由北从燕回晋阳,中途折向南在定和赵两地逗留。李存勖和王镕在镇州以北会面,然后享受了半个月的休闲打猎。此间共同的狩猎显现出了两人之间异乎寻常的特殊关系。虽然王镕有回鹘血统,但他的狩猎本领是令人狐疑的,正史描述这位四十二岁的君王沉湎于物质享受,但对二十九岁的年轻晋王来说却迥然不同,李存勖是个敏捷的弓箭手和骑士,打猎和马术比赛是他的两大爱好。所以,尽管有大队的兵马相随,李存勖还是能忙里偷闲去打猎,说明从他执政开始这项活动就具备了优先权,并且对他的征战、治国都有着积极的影响。

几个世纪前,唐太宗就曾把箭术和打猎当作搏斗取胜的关键技能:"朕自小就喜欢拉弓射箭。"又"以弓箭平定天下"。同样,对晋王来说,狩猎和搏斗作为个人的体育和职业的训练,是密不可分的。在此时晋赵两国亲密的联盟中,狩猎甚至有了政治上的意义。在寻欢作乐的间隙,李存勖和王镕也讨论了来年夏

天联合对梁发起试探性进攻的计划，以此作为对敌人一年前进攻的反击，地点选在赵国的南面。

七月，李存勖亲率晋、赵联军，在赵边境以南梁朝的地盘，一个叫邢的地方，发起了进攻。虽然王镕依照自己的性情，拒绝亲自参战，但李存勖和周德威还是在赵的都城赵州和王镕进行了协商。这样，李存勖只好只身带领联军向南到达张弓桥，避开了邢东边的极有实力的梁将杨师厚。然而，一名晋的中层指挥官难以解释地临阵逃脱，使得一向顽强的李存勖匆匆收兵。十六年前，他的父亲李克用也在此地作战，但同样铩羽而归。李存勖看上去似乎无法抗拒这种历史的魔咒。两年中，邢地一战是晋军惟一的一次败退，所以，对晋阳的核心层来说，这几乎影响到他们对李存勖领袖能力的判断。

914年春天，另一个重要事件是晋王李存勖被给予了文官荣誉称号尚书令。定州和赵国的君王在李存勖出访他们的领地时，赞同把此项荣誉献给他。这两个国家现在表现出对晋的一片和谐之声。在三次婉拒后，李存勖最终接受了这个称号。众所周知，二十七岁的唐太宗在登基前夕也曾获得了同样的名号。为了尊重太宗，这个职位后来就一直空缺着。近三十岁的李存勖对这一称号其实是乐于接受的，表现出他有信心以他独特的承诺来续写唐太宗作为统治者和政治家的辉煌记录。李存勖又插手修定了过去三百年来被统治者广泛模仿的政治标准，虽然他后来并没能成功地践行。

马刀声声惊魏州

公元914年的下半年，晋王李存勖的活动据信主要是围绕着家庭，因为除此以外，史书上找不到什么其他的记载。一个传说就发生在这个时期。一次，晋王带着几个随从在晋阳郊野打猎，经过一个池塘时，他勒马止步，在一个搭起的帐篷下小憩。这时，几条躲在附近洞穴里的巨蟒跳进了池塘。过了好一会

儿，一条红白两色，四尺宽的大蟒从池塘中跃起，但随即被跟随的猎手用剑刺中。之后，“四面的山上火光迸发”，大蟒最终倒毙在池塘中。猎手们看到几只死龟浮在水面上，于是剥皮食之，“龟肉吃起来很是鲜美”。当晋王醒来听完整个的故事，坚信他们是目击了一个预兆：被晋的猎手们杀死并享用其美味的便是梁朝。这类人造的神化传说在中国早期的史家那里显得很有魅力，但到了五代便因漏洞百出难登大雅之堂，所以它只出现在遗闻野史中，在宋朝正规编撰的史书中杳无踪影。

这样离奇的故事来年还会更多地出现，反映了晋王李存勖不断增加的知名度，这其实部分是他自己政治操盘手的杰作，部分是不搭界的卜者或巫师的产品。这些卜者和巫师总是对离奇的故事兴致盎然，他们要依靠这些东西来取悦或诱惑当权者。

除了狩猎，李存勖便把其余的时间花在家庭中，随着政务上的成功，他的家庭也在慢慢扩大。914 年后，他的妃子给他生了几个男孩，但晋王对大儿子李继岌情有独钟。李继岌小名和哥，意为“和蔼可亲的兄长”。“继岌”听起来大概是沙陀语，可能是个小名。有趣的是，在汉语中，继岌是“鸡鸡”的同音异体字。李继岌为妃子刘氏所生，史料没记下他的年龄，但据推测当时他很可能十岁不到。李继岌的母亲 904 年左右成为妃子，当时她十四岁。但很快怀孕并产下了第一个儿子，最早的年代应当是 905 年。刘氏十五岁，李存勖二十一岁。她后来没有再生儿子，至少没有成活的婴儿。史料透露，李继岌很小的时候感染了严重的疾病，古称“病阉”，导致一生无法生育。这样痛苦濒死的经历一定加强了家庭之间的联系，特别是父母都会格外地关切儿子的生存。因此，未成年时，李继岌一直没离开过父母的视线。这就是为什么沙陀血统的养子李从义，在李存勖没有自己的嫡亲儿子前，是如何地被宠爱。

李继岌的出生，使王室马上就开始关注作为继承者的文化培养。汉式的教育作为基础，然后沙陀自己的传统被添加其上。因此，这孩子最早进入战场是

在十几岁之后，远远迟于李存勖本人。但在李继岌七岁左右，其父就开始为他寻找一个汉文的家教。两年前，也就是912年，晋王想让一个著名的文人和学者做李继岌的导师。这个学者叫李严，幽州人，最近才因东北一带的动乱而投奔晋阳。他因博学宏辞而得誉，加上对军事事务的熟谙，深得晋王的欣赏。但李严却出乎意料地坚拒担任李继岌的老师，这个拒绝被李存勖认为是大不恭，暴怒之下，预备将他处死。在孟知祥全力劝说后才打消了这个念头。孟的妻子是王室的一个婶婶。这个小事件带有象征的意义，至少从一个方面来说，李存勖决心要给他的大儿子受最好的汉文教育。因为尽管有坚实的古文基础，但根据唐王朝的标准，李存勖的知识背景还是远低于名门望族，欧阳修对李存勖对《春秋》的掌握只给以中等尚可的评价："稍习春秋，通大义。"远低于李存勖的自我认可。但作为唐宋八大家的欧阳修设定的标准显然是太高了。总之，李存勖给大儿子设立了更高的目标。

在另一个方面，这个事件也表现出沙陀对接纳河东精英人物的渴望。只有不断出现的偏见行为能够解释为什么晋王李存勖对这样一个拒绝担任太师的事情大动干戈。未来更加明显地涉及种族和文化的事件还会出现，证实了汉人和沙陀之间一直存在的冲突。李存勖的反应是可以理解的，因为他本身的文化认同和互渗，对种族的现实相当敏感。他残存着一些因偏执形成的挫败感，然而，对来自母系祖先的文化却一直偏爱。不管怎么样，对儿子私人教师的搜寻还在继续。除了家教引起的纷乱外，914年到915年冬天的休整显得风平浪静，李存勖此时没有意识到现在的休闲不久就成为不可再得的奢侈，因为向东进发的机会吸引着他从此长期地离开了晋阳。

天雄军，也就是魏博，在世纪之交包含着六块中等大小的州府。虽然它远不及燕国那样庞大，但它的中心地带位于梁朝的北面、晋的东面，在战略地位上非常重要，一再重复出现的暴乱的名声使这里每二十五年便会出现治安危机。自从899年象征性地归梁朝管理，此地的牙兵（或称押衙）便一再地捣乱，制造不稳定，经常驱赶节度使甚至是他们自己的指挥官。被史料称之为“前恭而后倨”。到了90六年，当地的牙兵被开封消灭，结束了近两百年的自治。六年后，梁再次侵入，驱赶了在当地经营多年的节度使和其随从，将杨师厚任命为魏博的总督。比起以前的地方霸主，杨师厚对朝廷更敏感，在他短暂的执政时期，他又重新恢复了此地的自治，让朝廷的监管者们更加错愕。915年杨师厚的死给了梁朝夺回中央控制权一个时机，就像梁在其他地区的政策一样，军事干预往往得不偿失，甚至引起内部动乱，或是让第三者乘机染指。

现今的梁统治者是其最后一任，史称末帝，他在913年的农历二月登场，是军方和皇亲联袂政变的产物。此前，篡位的朱友珪被清除。二十六岁的末帝是太祖的三儿子，比李存勖小三岁，这以前，他从来就没有被推举为继位者，因此出现在史书中的他显得天真而任人摆布，他对天雄的处理不切实际，无助于加强自己的政策。915年三月，末帝将天雄调整为两军，占有三个地区的魏、博、贝三州为一军，缩小后的田雄军以贺德伦为节度使。这个谋划来自赵岩——租庸使和有影响的姻亲。但这很可能并非他的原创，因为梁朝的始皇帝就曾把此地分割成几块，以加强管理。然而，要取得军事上的全面重整和经济上的力量，朝廷必须具备极大的勇气，但最近的暗杀和清洗却大伤了梁朝的元气。末帝和他的幕僚，阻止了当地武装的重建，同时，派遣了一支六万人的中央政府军恢复秩序，刘鄩临危受命，他不久成了晋王李存勖新的仇敌。

魏州的牙兵叛乱，理由是被朝廷派遣至远离故土之处使得家人离散，故不堪忍受。牙兵因家庭和家乡而不愿迁徙的理由是足够合理的，虽然后来操纵这种抗辩导致了灾难性的结果。牙兵将新节度使贺德伦扣押为人质，之后放纵地残杀了其五百名随从。牙兵甚至还打退了驻扎在附近的梁军，之后，他们的反叛头目张彦逼迫贺德伦和晋阳联盟，对抗梁廷。

叛乱对晋王来说当然是个天大的好事，但他同时也不敢太乐观。他的父亲李克用大概二十年前攻打过魏州，但在随后撤退的骚乱中，却痛失爱子。李存

勖自己在 911 年攻占过这个城市，但不久还是被迫撤退，空手而归。被张彦监禁的魏州节度使贺德伦秘密建议李存勖可以再次行动，于是，晋王率领着一支来自辽州的大军在 915 年的五月向东进发。晋在赵国，位于魏州两百公里之内的驻赵晋军也同时向南布防，没有什么抵抗就形成了对魏州的合围。几天后，在魏州的郊区，李存勖语词严厉地斥责牙兵代表张彦，表面上毫不认可他的叛节行径："我今天率兵前来，目的是安抚此地的百姓，并不是眼馋这里的地盘。"李存勖声称自己是百姓的保护者，而试图避免当地牙兵的责难。他的慷慨陈词想要达到和唐太宗当初进攻隋朝都城一样的道德上的回应。随后，晋王的话锋一转，从过去转到现实，从同情转到军纪。他申斥叛军："你们这些胆大妄为的鼠辈，公然欺辱胁迫你们的主帅，残害虐待当地百姓，这几天中，在我的马前诉苦申冤的不下百人。"

其实，这些诉求和责难最初都来自那位被软禁的节度使贺德伦，他向李存勖揭露了最近几周这些牙兵疯狂抢掠和残杀无辜的场景。之后，张彦和他的主要同伙立刻被除决，但其余五百个牙兵却得以活命。当他们得到晋王不杀的保障后，竟然还在两腿打颤。为了平息这些被赦免的牙兵持续的恐慌，李存勖第二天便招募他们入伍作战，昔日横行乡里的恶棍现在转而为晋王的理想而战。数世纪以前，对被俘者的宽待使得临近左右都归降于前唐朝。李存勖当然意识到了这种行为此时此刻在政治和历史上的象征意义，以及它的远象。他也设法避免疏远这支叛军，防止其惯常的随之而来的哗变，而是尽量让其敬畏而归顺。

915 年六月初，节度使贺德伦刚被叛乱的牙兵释放，晋军便打着被贺德伦邀请的旗号完成了对魏州的占领。得知晋王已有足够的能力安顿城里动荡的军队，贺德伦交出了节度使的大权，等待开始时一度没有表态的李存勖重新启用他。晋王很快安排贺德伦担任大同节度使，但当他在去大同的路上途经晋阳时，却被晋阳总管张承业扣留下来。也许，诡计多端的老宦官本来是考虑在河东以北有更适合贺德伦的职位。但更可能的是，在他会面了这位前节度使和他

混和着将领和幕僚的随从后，对其忠诚度产生了怀疑。

不管如何，李存勖所期待的在魏州和刘郇之间保持平衡的局面并没有出现，而谨慎的梁朝撤退了在当地的军队。于是，晋王很快加强了自己在当地的力量，任命卓有能力的养兄弟李存进，担任军队总指挥和当地行政的第二把手（都部署）。李存进“用严刑峻法整治梁军留下的散兵游勇”。并对占领军设定了严酷、坚定的基调，几天内便使城内恢复了秩序。晋王和其幕僚对李存进的任命进一步肯定了他们直接地派遣晋自己人掌管地方大权的新方式，而不是依然让当地人处在高位。这种晋在获取燕国后业已使用过的方法，看来对敌视的被占领者是完全合适的，那里，不忠诚的头头和棘手的问题需要强有力的手段。

“臣下听说，战场取胜容易，但要守住胜利果实却不容易。”魏征曾如此告诫唐太宗。遵从这则名言背后的智慧，晋王整个夏天待在魏博，希望借助他个人的影响力来帮助当地的行政整合。慢慢地，他抓住了施政措施中问题丛生的部分，比如考核所要任命的官员的品行等。从一开始，李存勖就颁布了强硬的政策重整法律和秩序，“将用谣言蛊惑百姓或抢夺他人一钱以上钱财的人”全都斩首。他甚至杀掉了一名欲同自己梁朝亲戚联络的判官司空颋，其实，这位判官的亲戚很可能只是从梁朝移居魏州的。当然，他的行为在战时状态下是被禁止的，但这样严厉的惩罚对没有恶意企图的人来说还是过于严苛了。晋王如此严厉的做法当然引起了魏博兵士的惊惧，但他们对李存勖还缺乏实在的感知，不像老一辈的士兵还记得前晋王类似的做法。除了严格地加强法律，其他保障晋在当地利益的手段包括将关键的财政和军事位置给予可信任的人，但不限于晋阳派遣的。在这个过程中，矫枉难免过正，因为控制和平息当地根深蒂固的反叛情绪势在必行。

维护魏州的外部控制以及将晋的势力延伸到周边更广大地区这样双重的目的，需要比前任付出更多的时间和精力。加倍的负担，对晋王李存勖几年内，而不是几个月内，在没有家人和晋阳密友的援助下，聚精会神于一项使命，是个

严峻的考验。魏州成为了晋运作大手笔的长久基地，所以李存勖在时间和精力上的投资都是必要的。随着政治和军事上的清理进程一同进行的对当地人才的招募，相对来说，缺少明确的目标，实行起来难度更大。但还是有些人才脱颖而出，比如孔谦，他为晋重整了魏州的财政行业。孔谦后来主要负责征集调拨后唐的钱财，升任为租庸使，就是通常所说的税务大臣，当然，他并不是个显要的人物。后来，甚至邻近魏州的乡镇也游说人才，部分是为了扩大影响，部分是为了管理的需要。最终，晋宫廷内外不少人众口一词，说天雄是"霸府"，应当维持原样，而不应当分割消弱。没有史料记录相关的辩论，但延迟了几个月后才决定改变最近梁末帝的调整，而恢复到早期的行政建制，可以认为之前为此进行了长时间的争执。

得到了魏和博，天雄军惟一剩下的在对方手里的地区便是位于正北方向的贝州。有些人劝说晋王立刻向这一地区进发，以一个狭长地带作为跳板，进攻位于贝州东面的德州和沧州。鉴于贝州和赵国接壤，它的地方官张源德长期和梁朝合作对抗晋，那么，将它作为重要夺取目标有着战略上的价值。总的来说很是自傲的晋王这次却出乎意料地采用了典型的中国兵术：尽量减低风险，先攻其软肋，再取其强。他这样分析道：

> 不行，贝州城坚兵多，不容易马上攻取。德州隶属于沧州且没有防备，如果攻取并坚守住，那么，沧州和贝州就相互隔绝，这样，便可轻取贝州。

之后，晋军在六月末开始向德州进发，不出所料，在少量的抵抗后，德州便告陷落。然而，和贝州的交战持续了一年，证明了李存勖对贝州强大防备的估测是基于可信的情报。夏天开始的时候，另一个地区澶州投降，它靠近黄河，在天雄最南端的延伸部分。这个城市虽然只是夏天在晋的手里，但对其短暂的占领使晋军俘获了梁将王彦章的家人，当时他们住在澶州。晋军随后派遣一个信使前往迫降，但以王彦章斩杀来使告终。后来晋报复性地杀掉了王彦章所有的家人。

915年七月，一些紧张的时刻被记录在案，因为李存勖侥幸逃脱了被俘乃至死亡的厄运。一次，晋王在魏县犒赏军中勇士，带着一百名骑兵秘密启程返回，途中他们偶尔闯入了敌人的营地，这其实是一小股伏兵。以前，这些行动总是巧妙地掌握在李存勖手中，虽然总是有惊无险，或者化险为夷，但其间的危险其实更甚于正面作战，此次极端的地形和天气使得他的队伍极易遭到伏击。很快，几千名来自刘鄩军队中的精兵组成了数重对李存勖及手下的包围圈，不久，有八名卫兵丧命。此时的晋王在这场性命攸关的冲突中表现出了罕见的勇气，他在卫兵夏鲁奇（883—931）的拱卫下，杀出重围。夏虽然身中十几处刀伤，但竟然只手砍倒了一百个伏兵。这个顶级的传奇性勇士，曾在数年前和燕军的交战中协助过周德威，他在很长时间内都是晋王的爱将。“差点落在敌人手里”，勇猛无畏如晋王者，甚至在逃到安全的地方，敌人已经被晋军的另一伙援兵吸引过去后，也几乎不敢回忆当时的险象。

此时，梁朝的谋士看到晋王远离晋阳，便策划了对其都城的偷袭。他们上一次的攻击是在902年的春天，虽然最终没能成功，但已经对晋阳构成了威胁，因为梁军已经打到了晋阳的东郊。这次，刘鄩率领一支一万人左右的队伍七月从洹水县出发，向北前行。一开始，刘鄩军队的开拔并没有被察觉，他精心设计了一个圈套，让一些驴子站在城墙上，旁边是假装的士兵，远远看去不就是兵马皆在吗？几天后，晋军的观察哨才注意到城里没有炊烟的可疑状况。于是，晋军马上调遣了部队由魏州向晋阳进发，但由于恶劣的天气和齐脚深的泥泞道路阻止了他们的速度。不过，一个特别信使抢先到达了晋阳警示张承业。张当时是督察，负责调度现有的力量防御都城。于是，整个晋阳严阵以待。同时，晋调动了一支一千人的来自东北的燕国骑兵，还有，来自汾州的另一支大部队也向北进发。在这样的情形下，燕军对晋阳都城的进攻很快偃旗息鼓了。给养的匮

乏和传染病的流行给梁入侵者造成了沉重的打击,加上晋援兵的迫近,使得刘郇不得不撤退。但刘郇大军离晋阳百里之内,如果没有张承业防御的技巧和附近接应的将领,后果将不堪设想。

李存勖和刘鄩在智谋上颇有相似之处,其实,刘的年龄和经历都和他的父亲相似。"每进一步都要反复思量",李存勖曾经暗示过对手刘鄩在计谋、伪装和隐蔽方面超常的智慧。另一件让晋阳很是震惊的事情发生在接下来的那个月里。有六个探子以和一个叛节者协商为契机,进入了李存勖在魏州的营地。在摸进营地后,他们试图行贿晋王的大厨毒死晋王。但不巧的是,在他们发现愿意合作的大厨之前,阴谋暴露了。由于刘鄩的谋划,甚至晋王的厨房也不安全了。

当李存勖熟悉了刘鄩的特别战术——善于袭击,但弱项是决战,他便利用刘鄩的弱点,准备和他决战。这样的洞察力不久便被一系列的事件所证实。915年夏天,刘鄩想切断联系贝州的运输线,但被周德威击败。之后,当刘鄩的队伍掉头向南奔赴黄河时,他的进攻开始转化为防守了。刘鄩随后屯兵于魏州以南的莘县,由于军队给养匮乏,他不得不开凿一条甬道通向十公里以外黄河南边的友善之镇。在晋军不断的骚扰下,他当然不能安生。除了主动出击外,晋军常常成功地预料到刘鄩的行动,说明他们已经适应了刘鄩对其构成的威胁。

但与此同时,刘鄩的军队也常常在一天之内对晋军频繁骚扰,让焦虑的晋王采取措施,命令他的手下打击敌人的士气和军备。晋军的打击一旦奏效,刘鄩便明显地觉察出来自朝廷的不信任。末帝不断在战略决策上给刘鄩以压力,描述目前的趋势是"既浪费粮饷,又拖累了军队",而刘鄩模棱两可的答复更使得开封派了一名使者前来督察。这样的来自朝廷的训斥和盯梢,限制了梁军指挥官的行动范畴,对其造成了最大的掣肘。"晋军现在风头正健,不可盲目出击。"("晋兵甚锐,未可击。")刘鄩请求道,同时私下埋怨末帝不谙军务,瞎指挥。

刘郇转而利用机会攻击了赵和定——这两地都依附于晋阳，但收效甚微。现在，甚至刘郇自己部队中的下属也都希望快速出击而不是看上去没完没了地突袭和等待时机。不合时宜的内外部压力的混合造成了刘郇对晋王令人吃惊的敏感，而李存勖却已经转换了角色，成了诱饵战术的新能手。

好几个月过去后，李存勖意识到是需要逼刘郇倾巢出动的时候了，理想的是将刘郇引入自己的地盘，待控制中的情形出现后便加以打击。到了916年的二月，漫长的冬季结束了，忍耐也随之到了尽头，晋王向北佯装撤回晋阳，但在贝州附近潜伏下来。对李存勖来说，有史以来最长的十个月一直待在前线，没有返家，现在时值春节，这趟旅程看上去是姗姗来迟。其实，整个行动从头到脚都是诡计而已。但对于梁军而言，他们自以为正好利用晋王不在的时机，于是，近一万梁军匆匆上阵，在一个漆黑的夜晚开始进攻南部的魏州，但他们遭到了李存勖两个养兄弟的顽强抵抗，李存审护卫城墙，李嗣源在城内后备。这时，晋王突然从魏州以北的郊区杀回，刘郇不得不投入了数万常备军和晋军厮杀。晋军从四面进攻梁军，运用重叠的"方阵"大量摧毁了对方的"圆阵"，刘郇最终带着残存的几十个骑兵向南奔逃。蒙羞的刘郇此时面临的就只有来自朝廷的一连串惯常的指责。相反，五月，晋王则真正踏上了返回晋阳的更加心花怒放的旅程。刘妃很可能是过去一年中晋王在魏州惟一的家庭陪伴，所以，在晋阳，李存勖享受到了家庭团聚的欢欣，他得以和他敬爱的母亲，他正在接受教育的大儿子，还有其他妃子给他生的孩子们共度一段平静的家庭生活。

之前916年的二月，晋阳还遭受到了另一场攻击，这次有数万梁军，组织调度有方。梁军是从西南平原进发，也不同于以往来自东部。意料之外的敌军方位和晚冬的时机，震惊了晋阳没有预先情报的城防者。敌方试图包围城市，然后猛烈地攻击它的防堤，这使得监军张承业和李存勖的两个母亲——生母曹氏和养母刘氏的能力遭到了迄今为止最大的挑战。缺乏训练的精兵迫使张承业强征工匠们防卫易守难攻的城墙，同时等待泸州南来的救兵。他进而任命了一

名退役的将官安金全，他曾长期跟随李存勖的父亲，加上石君立——一位王族养兄弟的副手——协同城防。让人惊异的是，在数月之后，晋阳设法打退了入侵者的第二次进攻，并在此过程中，减少了敌方进一步进攻的可能性。

就在晋阳被围困的当头，张承业还顺带处置了贺德伦，一年前这位魏州前节度使的投诚使晋发了笔横财。张承业将贺德伦强留在晋阳，而阻止他前往大同赴任节度使，显然是对贺德伦在这个位置上对晋的忠诚程度有怀疑，这种怀疑随着之后的事件而日益显露。有些贺德伦的手下在最近梁军的围城中投敌，并向梁军暴露了晋阳内部防备的薄弱。张承业选择斩首贺德伦，而不是让他自尽，某种程度上暗示其是同谋者。然而，那时晋王已经在五月到达了脱离危险的晋阳，但贺德伦还是依张承业所愿被砍了脑袋。李存勖在晋阳呆了两个月，然后在夏天返回魏州，指挥了当地的一场战役，并主持了投降一方的谈判。916年九月，他再次短暂地在晋阳逗留，相对轻松地处理了一些公务。重要的攻势仍然在东部战场进行，反映了李存勖不断强化的扩大战场的自信。

在晋王离开魏州的这一个月内，发生了相和贝两地附近的投诚，这个地方是天雄军最后一个拒不合作者。经过一段时间的隔绝，相州平静地陷落了，但贝州还是坚持抵抗了晋军达一年之久。由于城中几乎弹尽粮绝，张源德的手下便希望他投降算了，但张坚决不允，终被部下所杀，于是，贝州陷落。然后，三千降兵的策略是和晋军的首领就地讨价还价，最后，他们被允许保留随身的武器作为大赦的双重保障。"贝州残部三千人出城投降，既而交出了刀枪，但马上被四面一拥而上的晋兵悉数斩杀。"史料如此平静地记叙，但当时惨烈的场面可想而知。

相似的残忍行径在二十年前的贝州也曾出现过，但那是在蛮横凶狠的燕国君王刘守光的手里。这次胜利者屠杀俘虏看起来是意愿所然，而非任意妄为。更有甚者，这次晋占领者的缺乏同情和一年前魏州的前例截然相反，那时，牙兵们得到了完全的赦免。由于晋王李存勖当时不在场，所以现场的指挥官可能是

按照自己的意愿如此处理了。但很可能的是，大屠杀反映了本地的乡绅头领和占领军之间的一种默契。因为贝州的士兵为了能支持长达一年的抵抗，曾经在晚上出城掠夺附近的农庄，对日渐离心的居民造成了极大的破坏。在取胜后的政府和军队的领导人眼里，只有严酷的惩罚可以抚慰老百姓。同时，对难以驯服的敌方军队采取严厉的政策也许得到了晋阳高层的批准，即便不是来自晋王本人。在梁军方面，下层军官按他们的意志杀了他们的最高指挥官，相对于对晋军一年来的抵抗，这看起来也是不可容忍的冒犯。三千降兵受到惩罚，给他处潜在的犯上作乱者一个必要的讯息，按照魏州过去动荡不安的现状，这其实是对此地的一个严厉的告诫。

汉人和"蛮夷"

到了公元 916 年的秋末，晋已经完全控制了整个黄河以北的广袤地区，但不包括魏州的黎阳县，这个通向南方的交叉口仍然掌握在梁朝手里。考虑到强化控制黄河沿线一带地区的重要性，晋王在这年的秋天离开晋阳再次前往魏州。数月前，开封的禁军突发了一起小的哗变，这是一个信号，反映了梁朝在黄河前线一连串的失败已经开始危及了它的统治。

李存勖寻求通过外交手段和梁朝南部地区的王国协议，以期对梁朝造成进一步的破坏，特别是将东面的吴以及处于心脏位置的楚，作为未来可能的插入对手要害部位的两个楔子。虽然在当时，事情的进程尚无足道，但日后他的努力最终会获得应有的收获。

另一方面，当南部边境处于相对稳定状态，晋和北方契丹的关系却突然急转直下。公元 916 年，契丹正式成立了辽朝。在 10 世纪早期，由于在中国十八个边境的游牧民族中最为活跃和富于智谋，契丹就此崛起。它们的头领阿保机(872—926)，"身长九尺"，早在公元 905 年和前晋王李克用就设立了"兄弟之

盟”，但两年后阿保机终止了这个盟约，转而和梁建立起了联系。他还在伤口上撒盐，答应开封暗中破坏晋阳。

这时，因为908年李存勖的继位，阿保机乘机派了一个信使表达他对李存勖失父的悼念，以及对李克用的尊崇，甚至还言及了他们之间的私交。阿保机暗示愿意加强彼此的联系，李存勖以一些象征性的友好行为给予回应，包括间或地就军事行动咨询对方，并尊称阿保机为叔父。这样，李存勖在八年内和契丹建立起了相当友好的关系，与此同时，这位北方的紧邻也加速占据了大片长城以北的领土。

晋最近得手的燕国的不稳定在东北一带形成了一个孤立的状态，同时李存勖全神贯注于南方的内部事务给对方创造出了一个机会。对新的一系列紧张状态，晋阳不得不自食其果，同时，资源的转移和分散也拉长了其薄弱环节。

914年晋安插晋王李存勖的养兄弟李存矩，作为卢龙军西北地区的首脑，以新和武两地为中心，称为新州团练使。当地人很快发现了李存矩滥用权力，燕国的军人们也对正在进行的原燕军的调防愤愤不平。李存矩在年内的一场哗变中丧生，恼羞成怒的晋王立刻杀掉了李存矩手下的一个高官，以儆效尤。

周德威随后接任幽州这个燕国心脏地带的节度使，但这位英勇善战的将军却是位无能的地方官：短期内，他不当地疏远了熟悉辽国事务的将官，他们有的被斩首，有的则被迫逃向了北方的辽国，传达了这个被占领的要地令人不适的现状。根系东北的契丹人视幽州（现在的北京）为自己的后院。所以，幽州的不稳定给他们提供了一个915年到916年进攻边境地区云和新两地的借口。

这是在十年之内沙陀和契丹之间的第一次大规模冲突，晋遭受了数万人的损失。契丹的军事行动显然产生了足够的威胁，使得晋王不得不在916年的九月，中断晋阳的家庭团聚，亲自赶往战火中的边界。契丹人在他到达的前夕撤退，让晋王班师时得以品尝这样的传言：契丹人惊恐于他的勇猛而逃遁。

到了917年的早春，辽国拿出了三十万的精锐部队，对抗晋以及由赵国和

定州组成的盟军。即使真实的数字要比估计的少得多，但结果是契丹军以压倒性的优势在新州大败晋守军。对幽州的围困接踵而至，持续了两百天之久。晋王从魏州的基地，选择了他最有力的两个养兄弟李嗣源和李存审，用以压制敌方的攻势。附近真、定两地的援兵，由心腹阎宝率领，不久便和幽州的李嗣源会合。

李嗣源和他的七万步马杂兵同契丹的数万精骑兵遭遇，但足智多谋的李嗣源沉着镇定。有一种说法称李嗣源军队中步兵和马兵的比例是六比一，而辽军中步兵和骑兵的比例则为四比一。不管怎样，对晋而言，差异是令人胆颤心惊的。李嗣源想方设法增加自己对对方的优势，包括将军队移到山包上，避免暴露在平原上，因为平原显然是契丹骑兵可以完全控制的地方。最终李嗣源和李存审用计谋击败了辽军。他们以灌木丛的大火为掩护，在骑兵攻击敌人前锋时，同时以步兵袭击他们的后部。由于快速的移动和有效的掩护，钳状的攻击产生了双倍的打击力量。李嗣源在激烈的搏斗中砍倒了契丹的一个领头的酋长，借此动摇了敌人的信心。附近战区的救援部队进一步加强了晋军的力量，迫使敌人撤退。虽然如此，契丹现在的军事实力已足以和晋相抗衡。

经验告诉李嗣源，契丹的大部队可以以极快的速度运动，因为他们没有给养的累赘：他们通常指望抢劫当地的村子得到食物，从俘获的敌人那里得到武器和资源。据此，李嗣源在将晋的资源转移，避开契丹掠夺者的同时，再利用对方的弱点。这样，成千上万辽国旗帜下的士兵最后不是被俘就是被杀，标志着晋的全面胜利。

然而，辽军对幽州长达两百天的围攻，证明了晋将阎宝的严重误判，他曾经认为契丹不可能维持在当地的持久战，因为他们缺乏粮食、给养和暗中的支援。显然，李嗣源有着更好的战略眼光以及对敌人的判断能力。他甚至掌握了契丹人的口语，从一个方面可见他对契丹事务的兴趣，这无疑帮助了他军事决定的准确无误和高瞻远瞩。幽州的地方官周德威在将李嗣源安全引入城内后，“握

手流涕”。显示他终于从以前敌人猛攻的悲观情绪中恢复过来。后来，李嗣源被誉为惟一能够驾驭契丹事务的晋军将领，他的成功亮丽地展示了沙陀的智谋和勇猛。李嗣源沿着长城一线的胜利很快在别处引起回响，巩固了晋在中原中心地带的根基。

917年的一整年，晋王选择不出现在东北前线，而是将指挥权全权委托给手下得力的干将。这一反映在他新的督军方式中的自信有其历史的根源："当年唐太宗手下有一员干将李靖就可以击败颉利可汗，今天我有三位猛将，还有什么可担心的呢?!"晋王不无自豪地夸耀。这些话不仅承认了要利用手下完成像对付契丹入侵这样的远距离使命，同时也以早期唐朝的模式作为计划中扩张的边境政策的借鉴。然而，这样夸夸其谈听上去不免有点不入耳，因为他个人生活的现状也被他自己最近古怪的行为所损害。

917年的十月，李存勖从魏州到达晋阳休整。在此短暂的逗留期间，他设法间接向张承业索要国库的钱财以充赌资，引发了和这个国库总管的尖锐冲突，李存勖甚至因为张承业的拒绝而拔剑相向。这些，我们在前一章中已提及。这种不合体的反常行为使得三十多岁的晋王被母亲曹夫人用轻藤条抽打以示惩戒。

说来也怪，916年到917年，是李存勖有案可稽的最紧张的时候，也是远离亲朋好友不寻常的长久年份，所以，他的沉溺放纵和其战场上的胜利看上去没有什么大的关联。其实，按照野史记录，赌博在晋阳是个流行的消遣，远在沙陀人到来之前，就已深嵌在当地文化中，所以，李存勖爱好这种娱乐在他那个时代看上去也是男人惯常的生活方式。另外，张承业这位宦官总管要求的极度节俭看上去似乎也没什么必要，按照当时晋王自己的估算，国库中的钱两那也是常常以百万计算哪。其实，张承业对李存勖的强硬拒绝应当从当时的时代和他个人这两个方面去理解。

最近几年，晋阳已经两次被敌人袭击，最严重的一次就在不到一年之前。

张承业个人承担了对抗入侵者的两次指挥，他比当时不在都城的晋王更敏感地意识到整个王族大业的脆弱性。他的职责扩展到晋阳的财政，要使得有限的资源能够支持双重的消耗：守卫都城和维持一支庞大的军队，军队由于东北新的部署和黄河以南长期的驻扎而扩张。都城没有一个人像七十多岁的张承业那样意识到冷酷的现实：限制晋的力量的就是财政，晋国的军事优势不可能不和它的资源联系在一起。“一旦财源枯竭，军队离散，难道只有微臣自己遭受祸害吗?”他冷静地声明，将军队的忠诚和物质资源直接相关联。进一步说，任何对权力竞逐者的财政清廉，尤其是对晋这样一个资财并不富裕的国度，清晰地分开私用和公费是不可少的。“国家的钱财，并不是臣下私人所有。”张承业提醒李存勖一个古老得如同汉帝国本身的行政原则。

张承业对自己的亲戚也采用了相似的严格方式，他的政治决定和他的个人考虑是泾渭分明的，有时，这样做产生了令人惊震的结果。张承业有个侄子叫张瓘，依赖其叔父在晋阳宫的地位，参与盗窃，曾谋杀了一个贩牛者。张承业立刻下令处决这个侄儿，这是可能有的最严厉的惩罚，虽然后来在晋阳宫的劝解下，减轻了判决，但从此以后，张瓘再也不敢贪财和施暴了。显然，张承业所追求的执法的公正无情，来自于中原帝国最佳的规则，但对沙陀领导人而言，却未免过于残忍。他们习惯于以满足养子或亲戚物质上的欲望来补偿对他们在军纪上的严厉约束。这样，政治和军事策略上的矛盾常常掩盖了晋阳不同民族之间的文化差异。所以，晋王的母亲曹夫人常常对和她有同样文化背景的宦官张承业在处理亲生儿子用钱的问题上表示同情和支持，就很难说仅仅是个巧合。张承业超越个人利益的观念使他非常称职于以独特的方式处理公然的种族纠纷。汉族的伦理在行政事务中起着主导作用，但晋军队里，尤其是将官和中级校官的层面，沙陀和其他游牧民族占据着要职。

对大多数北方的少数民族而言，不能熟练地掌握汉语当然使他们极力贬低让他们深受其害的这种语言，但李存勖则是个例外，他在中原地区长大，某种程

度上更像汉人而非沙陀人。同处晋阳，掌书记卢质曾酒后无礼地称呼李存勖的养兄弟们为“猪狗一般”。

李存勖的父亲李克用不加区别地收养了一批一百多人的“义子”，而这些“义子”常常口无遮拦，行为放荡不羁，招致了不少背地里的指指戳戳。再则，沙陀和契丹常常拥有很多经过训练的狗，这其中，不少是猎犬，因为它们可以用作狩猎和其他的节庆活动，这些时候，人和动物容易产生情感上的联系。有证据表明，更凶猛的狗会被内陆北方人的军队用来捕猎对手，看守俘虏。内陆北方人也喜欢将狗作为家庭宠物，和汉朝贵族喜好以精致的小动物像猫、鸟和金鱼作为宠物恰恰相反。外来者于是会以游牧民族最喜爱的宠物——狗作为彼此交往的契机。甚至，当时的历史还记载了一个遥远北方“狗国”的传说，在那里，人狗交配，“生下来的雄性为狗，雌性为人”。这类传说是为了特别地诋毁北方人，因为相对于汉族人来说，他们有更多的体毛。正由于此，内陆北方人特别忌讳将他们和狗联系在一起的贬低的称谓。

如果不是张承业装聋作哑的介入，李存勖恐怕早就将出言不逊的卢质斩首了。张承业巧妙地将和李存勖的对话从卢质的罪责转移开去：“卢质屡次粗俗无礼，请让我替大王杀了他。”李存勖一下子愣住了，明白了此时此刻所需要的节制：“我为了成就大业，刚刚开始招纳贤才，七哥何以如此言重呢?”张承业起立祝贺李存勖，从这场心怀鬼胎的诱辩引出了他想要的积极的带有训诫意味的结论：“大王能有如此胸襟，何愁天下不是您的!”

这是一个彼此袒露心扉的时刻。虽然种族诽谤的罪责是存在的，张承业借此用激将法套出了晋王本能的反应。李存勖对汉人使用“狗”这个词以及这个词在当时所负载的非正式的禁忌有着足够的敏感。十年后，伶人敬新磨差点被宰，就是因为当他在庄宗殿前奏事时，一豢养在宫中的恶狗突然扑向他，于是他在惊吓之余，将恶犬比之于皇族子女。敬新磨似乎故意想要惹怒他的听众，很少有人能逃脱庄宗盛怒之下的杀机，但敬新磨凭特有的机敏幸免于难。这样，

"狗"在某种场合成了禁语,至少是从汉人嘴里说出来便很可能是犯了大忌。随着越来越多的北方游牧民族掌握了汉语,他们就能体会出这些言辞中微妙的冒犯,和敬新磨的突然冲突也进一步显现了建立在不同文化和种族基础上这些特殊称谓的潜含意义,它们在李存勖称帝之后也没有消失。

南下攻坚

令人尴尬地被母亲鞭挞惩戒后,李存勖并没有在忧闷的泥沼里打滚,而是很快重新把精力集中到黄河边境的事务上来。战斗能让人精神振奋,这是治理国务所无法赋予的,战场就如同竞技场,晋王的独立和英勇总会赢得齐声喝彩。

十一月晋阳得到消息说,黄河由于冬季早寒的天气,形成了大块的冰冻。"我在此调兵遣将数年,就是因为河水阻隔而不能横渡,如今河水居然冰封,可见是天助我也。"迷信的晋王火速地赶往魏州和他的将领们商量,如何利用这样的天赐良机。农历十二月,也就是阳历 918 年的早期,他从一个驻地的东南方向,向黄河进发,表面上是打猎,但既而转向东面急进,越过冰冻的黄河直指杨刘城。此城位于黄河南岸,和博州遥遥相望,附近的河水只有数尺之浅,杨刘城很快以数千人的伤亡被攻破。

不同的资料都显示,晋王背着成捆的芦苇涉过冰冷的河水,和地位最低的士兵分担着一样的劳苦。这一精力充沛、彰显活力的行为对帝王风范而言,有更广泛的象征意义。有目的地蓄意承担风险,从容面对死亡,在长期的过程中,会有可观的成果。李存勖对战斗的激情如同参与对抗性的运动,和唐太宗如出一辙,后者在战斗的白热化状态下,可以连续两天粒米不沾,三天当中盔甲不离身。在最近攻打杨刘的战役中,李存勖和手下背负芦苇填充在城墙的壕堑中,如此,晋的先遣部队在破坏了沿河的栅栏后轻易地攻破了城墙。由于守城的主帅被诱捕,杨刘终于易手,给晋在黄河以南创造了一个重要的落脚点。

晋王继续前行又掠夺了郓、濮两地，然后返回黄河以北。李存勖此举仅仅是骚扰，还是借以试探这两个对梁朝首都安全必不可少的要塞的防御能力？史料没有提供线索，但数月之后，晋军重新返回同样的地点说明了这样做的目的是为了不久真正占据这两个要塞的更高军事行动搜集情报。

晋王的无畏已经让梁朝宫廷措手不及，乱作一团。末帝，绝望中干脆放弃了任何对策，转而花了好几天时间在洛阳南郊进行无谓的祭祀，在听到晋军已经大兵压境，逼近开封时，才匆匆中断仪式，逃回都城。他的幕僚们异想天开于这样的祭祀能够肯定梁统治的至高无上，不可僭越。这样自欺欺人的想法对枢密使敬翔来说，更是一派胡言，敬翔警告末帝这样的弱点很容易让他自己被蒙蔽，进而不明事理和实情，而敌方却恰恰相反：

> 现在晋国日益强盛，而我们梁朝则日益羸弱，陛下您处在深宫之中，和您商量国家大事的人，不是您所喜欢欣赏的，就是您的亲戚，您这么做，难道还能指望振兴梁朝吗？臣下我听说晋国进攻杨刘，晋王李亚子背着材火涉水，身先士卒。

敬翔对末帝只同亲信像赵岩之流和溜须拍马的人为伍感到痛心疾首，他一针见血地指出了末帝的弱点，但对一个既无个人魅力更无军事天分的人来说，这无异于对牛弹琴。

一国之首，如晋王李存勖那样“神勇”，在战场上有敏捷的身手，可以从容地面对险恶的威胁，对已经从武力创立的第一代转为在首都指挥军队而不是亲临前线的第二代的梁统治者来说，根本是不可能想象的。换言之，第二代的梁统治者不得不受制于传统和制度，而非依赖个人望而生畏的魅力。紧随着敬翔的责备，末帝授权手下的将领在早春掘开黄河沿岸的大堤，想孤注一掷地阻挡晋军的进攻。这样卑鄙的行动迫使晋军暂时撤退，但他们重整旗鼓，在来年的夏

天以更大的数量和必胜的信念卷土重来。这次，又是晋王亲自指挥他的部下，他们涉水过河，向守备的梁军再次发起攻击。晋军继续壮大，与此同时，梁朝悲观孤立的军官和疲惫不堪的士兵开始试图放弃无德无能的统治者，这种现象甚至也明显地波及到文官中。宰相赵广丰在他要求告老还乡的请愿中说自己年纪老迈，然而六年后他在后唐政权中再次出山，说明所谓的年纪老迈在当时不过是个借口。

前述梁军铤而走险的计谋并没有消弱晋军的士气，反而激发了他们迄今为止最为英勇的行动。918 年八月，晋王李存勖命令各地大军集结魏州。几十万负有盛名的由步、骑兵组成的大军集聚当地，将近三分之一来自北方的燕兵是在周德威的麾下。大部分军队借道杨刘前进至云和濮两个分别位于黄河南面和东面的要地，准确地说，这两个地方半年前李存勖曾围攻过。十有八九，这一举动还是个试探，一个整装的排演。

梁也重新集结军队，花了几个月的时间挖掘战壕，避免主要的战斗，双方都在乘机估量对方。从一开始，敌军便巧妙地布下埋伏，其中的一个几乎在 918 年的后期让晋王李存勖落网。此次的凶险前所未有：数千敌军组成了十几重的包围圈，将晋王和他的几十个卫兵团团围住。他以通常由极为紧张的险象所激发出的凶猛无畏成功地阻挡了对手，直到援兵的到来。李存勖似乎陶醉于这种险象环生的冲杀。

他们这次被第二次记录在案的侥幸脱险，让近属和朋友很是担心，有些人乘机请求晋王离开危机四伏的前线。他们争辩道，晋王如此不当心自己的安全，以至于常常造成千钧一发的险象。赵国的王镕，李存勖的关键盟友，派遣使者送给晋王措辞恳切的信函："我们王朝的中兴希望都系于晋王您一身，您怎么能这样不注意自己的安全呢？"李存勖机智而略带讥讽地回复道："要取得天下，不身经百战怎么行？总不能就躲在深宫帷房里养尊处优吧？"李存勖过于言重地取笑王镕，同时也含蓄地责备了王镕出了名的总是让别人替他卖命打仗的癖

好。彼此极为私密的言辞反映了两人之间特殊的融洽。

要求晋王加倍小心的呼声在军营中也引起了同样的回应。918年后期的一天，当李存勖在军营准备向前线进发时，指挥着“义儿军”的养兄弟李存审很不情愿地将缰绳送到晋王的手中，并且扣马含泪相劝：“大王您应当为夺取天下而保重自己，那些冲锋陷阵的事，是我们这些做将士的职责。”早先的警示，也包括这次的，开始李存勖都当作耳旁风，直到出现前面所引的让李存审赶来解救的埋伏，才让李存勖稍稍改变了他对这些担忧的轻率态度。李存勖曾经将战场比喻成剧场，当他表演时，他本能地不愿意退居后台。

918年的冬天，见证了另一场沿黄河展开的剧烈冲突，这年也正好是李存勖登基为王的第十个年头。前唐朝的创立者用了几乎不到四年的时间统一天下，918年也正好是唐朝立国的三百周年。两个周年庆对占卜者来说是吉利的，但对李存勖而言，他所感受到的却是更大的压力。所以，李存勖渴望着根本上改变现状。于是，他把目标及时而恰如其分地锁定在对方的都城开封。这年的十二月初，晋军在黄河以南集结待命。

在这个关键时刻，梁军内部的争执和猜忌导致了经验丰富的老将谢彦章被杀，为此，晋王备受鼓舞：“对方的将帅彼此内讧倾轧，我看，梁朝的末日也就快到了。”这样的自相残杀当然极大消弱了梁军的战斗力，但李存勖的自信更来自于对梁朝驻扎在南方的军队不屑一顾的轻视中，在他眼里，这些人不过是乌合之众，一旦他统率大军威严地出现在战场，他们自然会缴械投降。于是，李存勖组织了一场大规模的闪电战，三万军队从附近地区调集，三万军队来自幽州，另三万来自魏、博两地——从目前晋的备战之地刚征集的新兵。这些没有刺青的新兵被称作“白丁”（临时的兵士），他们为日后后唐的动荡埋下了伏笔。

晋王指挥着来自魏州的军队，十二月二十四日在临濮，濮州以南的一个县城，率先开始了第一场主要的战役。梁朝的援军出现在晋北部军队的尾翼加以阻击，消弱了晋军此时需要的进攻动力。看来，晋的军力和出击的时间都有问题，尽管后来的史书说明了整个策略是可行的。晋老将周德威以前就反对过于冒险的行动，尤其是在指挥上。相反，他更主张在全面进攻之前，多方骚扰敌军，使其不得安宁。由于通常的绝处求生的本能，梁朝的精兵可能希望和趋近他们都城的晋北方部队决一死战。另外，他还强调了开封宫廷此时此景下的策略，那就是将军队将校的亲属扣作人质，降低他们叛逃的可能性。周德威还进一步提醒晋王都城晋阳防卫的脆弱，言下之意是，过度地将实力投入到一个单独的战役中就类似于俄罗斯的轮盘赌（孤注一掷）。对周德威的顶撞，李存勖以个性化的语言相回应："现在我们兵临城下却要因怯而退，这绝不是大丈夫所为。"他马上让自己的后卫充任前锋，再次把自己放在了危险的境地。

919 年早期对开封的进发一开始便遭到极大的挫折，使得李存勖不得不躲藏在一堆丘陵中暂避敌方的攻势。那些担负着保护辎重的艰难任务的士兵们，被布防在晋军主力的前面，一遇到附近梁精兵组成的威严阵势便乱了阵脚。他们不是缺乏作战经验便是没有足够的装备，因此，如此糟糕的指挥和部署只会产生一塌糊涂的后果。大量的开小差，以及其他难以驾驭的溃散行为给燕兵带来了极大的负面影响，让人不免怀疑这些新近投诚的士兵在异地作战的有效性。梁军当然乘机利用了这些内部的漏洞竭力阻挠入侵者。周德威和儿子在战场上不幸双双身亡，实际上，这样的牺牲本来是可以避免的，因此，给这出惨败的攻城罩上了更深的阴影。李存勖面对周德威父子的死讯，和诸将恸哭不止，并自我谴责道："我不听老将的劝告，致使他们父子二人双双殒命！"无疑，他的悔恨发自肺腑，但可悲的是，周德威并不是晋王高风险决策的最后一个牺牲者。几乎所有的时候都是这样：李存勖企望于最好的结果，但却没有考虑到最坏的方案，这其实是一个军事家很危险的一个缺陷。我们有个相反的例子，拿破仑是这样说的："我立足于最坏的可能情况来衡量估算。如果说我是谨慎的，那是因为我不想留下任何不幸的可能。"

此时，李存勖考虑收兵回防至临濮，但敏锐的养兄弟李嗣昭警告说，此时不

能给取胜的梁军一个休整的时间，因为这样的话，他们会以日后加倍的力量对晋构成更大的威胁。所以，他不仅主张不退，反称应该动用精锐的骑兵主动出击和骚扰。和李嗣昭一同担当要职的是有着丰富作战经验的前梁将阎宝，他同样指出在如此深入的敌方领地后撤的风险。阎宝的建议使人直接地意识到此时此刻只有硬着头皮坚持的严峻现实。于是，李存勖强行出阵，率领最重要的“中军”沿着黄河南岸西向濮阳县，造成目标仍然是开封的假象。在濮阳的喘息给他的未来奠定了一个坚实的基础，当把为夺取南方而造成的伤亡权且看作一个一晃而过的挫折，这使李存勖感到释然。

919年初冬的战争磨难，让晋王和养兄李嗣源之间的关系进一步紧张起来。李嗣源在与契丹的战斗中表现优异，作为最近梁边境战役的参与者，他在十二月迅急的撤退中将他的队伍带到了相州，这其中也包括了一直不明下落的钟爱的养子李从珂。关于晋王向北撤退的说法也四下传播，这很可能是晋的探子施放的扰乱敌方的谣言。在确切地得知晋王仍继续逗留在濮阳的消息后，李嗣源再次穿过冰冻的黄河在南边和李存勖碰面。在他们的会面中，李存勖奚落李嗣源道：“你不会以为我已经死了吧？你现在渡河过来准备去哪儿呢？”李嗣源即刻叩头谢罪，对一个比李存勖大十八岁的人来说，这真是个让人难堪的时刻。但养子李从珂在整个过程中一直陪伴着晋王，提供了无可取代的缓解作用，因此，他在随后的宴会中受到表彰。他坚定的忠诚某种程度上帮助降低了李存勖对其养父在濮阳反常、平庸表现的暴怒。回到魏州的头一个月，晋王就即刻改组了黄河前线的领导层，命令李存审总领德胜辖区。李存审最近救过晋王的性命，他同时也继承了周德威的职位，成为番汉马步总管。对李嗣源的谴责和对李存审的提拔，反映了李存勖愈发看重将校的忠诚。

一旦回到魏州，晋王面临着遴选阵亡的燕地节度使周德威的继任，重新任命卢龙军，反映了这一地区的重要性。他自己名义上执掌此地的权力。这个行动等同于前些年魏、博两地的先例，只是李存勖并没有迁居此地。他选择了养

兄李嗣昭作卢龙节度使。然而，被委以重任的李嗣昭此时还保留着遥远南方相州的职务，使得他在幽州只是监管而已。因此，宦官马绍闳被选为幽州的监军，地位仅次于节度使，而且并不仅仅是做做摆设。在晋阳宫庭长期的经历，马绍闳因得宠而被赐姓李。由于李存勖和李嗣昭常驻守在别处，所以幽州日常的行政事务其实都移交给了李绍闳。这种任命常常被视为是扩大宦官权力的症候，因为李绍闳就是实际上的节度使。现实来看，宦官一开始便被晋王看好，像在位十年功勋卓著的张承业就是个明证。但有个例外：张承业从未在晋阳以外拥有一个长久的职位，他只是偶然地负责指挥大规模的军事行动。

目睹了他父亲的这些养子的胡作非为，李存勖明智地意识到，在安插这些个养兄弟以扩大自己的权力时，一定要小心翼翼，至少在他当政的前十年是这么做的。李存勖的叔父们此时都已魂归西天，他同辈的弟弟们大都平庸无能，故李存勖聪明地使他们避开要职。二十岁时他有了个不到二十的妻子和好几个小妾，到四十多岁时，便已妻妾成群了，但其中只有五个她们生的儿子是记录在案的，其中四个年纪尚幼。他自己的父亲也是较晚时才有了他这个继承者，当李存勖出生时李克用是三十岁，但李克用身边的女人明显地少于其子李存勖。不管怎样，有能力的男性亲属的缺乏，使得李存勖几乎没有选择地将关键的任务和重要的使命托付给宦官们。对李绍闳的任命也有利于日渐被宠信的郭崇韬，此时他是李绍闳手下的中门副使。郭崇韬也曾是孟知祥的手下，孟是以前的太原守臣和河东的都军，由于其家庭和宫中的婚姻而和王宫关系密切，同时在宫外也很有实力。在这张人际网络中，处在关键位置的宦官对郭崇韬日后的升迁极为重要。在这点上，史料没有记载任何郭崇韬和李绍闳之间激烈的冲突，虽然私下里，他对作为一个阶层的宦官满是偏见，这些偏见不久也会浮出水面。

祸起萧墙

晋王在魏州度过了919年的春天。四月，因德胜辖区的告急，他才现身在南部前线。德胜跨越黄河，北镇在顿丘县（澶渊），南镇在濮阳县一两公里的东南面。由于这两镇都在晋的控制下，所以，梁将贺瑰围攻南镇，企图切断晋从魏州到达此地最近的交叉点的交通线。

梁军布置了十二艘左右用牛皮包裹的大型战舰，它们看上去像是无法攻克的城墙一般。战舰控制着黄河，并将德胜的南镇孤立起来。晋王和他的亲信将领李建及，招募了一些熟悉战舰弱点的人手，从北岸协同，成功地偷袭了这些气势不凡的庞然大物。他们顺流而下，冲向战舰，并拿着可以摧毁舰上设备的火把。当烈火燃起，所有的战舰一片恐慌，几百个披甲戴盔的晋兵按命令从附近的小船一拥而上，用利斧将战船劈坏，推入水中。梁军因此损失了一半的战斗力，据说，名将贺瑰在随后的撤退中也抑郁而终。作为来自北方的占领者，沙陀对这个德胜南城的控制将会持续一段时间。有趣的是，在和强大的南方水军较量后，沙陀晋王没有保留这些战舰作为日后的部署，而是将其统统摧毁。这样的决定说明了晋在近五年的时间内，对南部边境沿黄河水道可能会有的水战漠不关心。

这次战役结束后，李存勖看起来将更多的军事指挥权交给他人，只和相关的副手联系。这样他在七月到九月便有时间回到晋阳和家人呆上一段时间。有一起争执就发生在这一期间，表现出政府的行政系统和军队之间的隔阂。在财政上崇尚节俭的中门使郭崇韬，要求晋王减少宴会时陪侍左右的下级军官的数量以节省开支。可以理解，这样的要求惹火了李存勖，他将此视作对自己的冒犯，同时也是对军队士气的打击："本王设宴招待出生入死的将士居然都不能做主！"李存勖随后威胁要放弃前线的指挥权，返回晋阳。于是，郭崇韬只好命

令随从的书记官(掌书记)冯道起草一份文书,授予军队举行战后安慰宴席的绝对权力。冯道巧妙地回避,让郭崇韬向晋王道歉,同时又劝慰晋王说:

> 大王您刚刚平息河南,安定天下,崇韬所请求的也不是什么大的过错,您不想听从就随它去好了,何必因为这点小事闹得里里外外都知道,如果让我们的对手晓得,他们便会挑唆说我们晋国君臣不和,这对增加您的威望可是没有丁点儿帮助啊。

面对如此深明大义的分析和洞察,郭崇韬不得不向晋王表示歉意,而晋王也乘机收回成命。冯道因此成了晋阳宫廷和朝政之间灵活的调停者。李存勖、郭崇韬和冯道的三位一体看来正在粘合形成,这时张承业已经七十四岁了,这个更年轻的组合中的每一个人在事业上都曾得到过他的帮助和提携。

在晋王李存勖离开魏州的那段时间,一些基础设施的建设正在进行中。他责令养兄弟李存进建造一座连接在德胜的黄河浅水处的浮桥。当地人提醒李存进,本地缺乏造浮桥的竹竿和粘土。但李存进并没有知难而退,他善用当地现成材料,以木筏代替竹筏,以芦苇代替粘土,最终建成了浮桥。他的成功让返回魏州的晋王大为振奋,脱下自己的王袍赐给李存进。这个故事反映了李存勖对许多鲜为人知的技巧的欣赏,这些技艺某种程度上助成了晋的攻城拔池。

等到李存勖回到魏州,他便开始扩展德胜北城,在这项计划中,晋投入了成千上万的士兵和民工。“每天都和梁军交手,大大小小的战役有一百多次,彼此各有胜负。”晋出动了许多年轻的将领,像左射军使石敬瑭、横卫兵马使刘知远等。两人都是沙陀血统,三十岁不到,血气方刚,在以后的数十年里,他们的地位都上升得令人炫目。石敬瑭后来成为后晋的创立者,而刘知远则是后汉的始皇帝。年轻一辈中的俊才猛将对晋王国的扩展愈发重要,成为李存勖在晋阳和魏州整体规划中不可或缺的部分。大量的新鲜血液使得晋王有效地在敏感职

位上实施轮流安置人才的策略。他首先拿魏州节度使的牙兵开刀,它的统领李建及在920年的开年就被撤换了。但这种重要将领的轮换制在许多地方种下了怨恨,虽然愤恨者此时此刻只好忍气吞声。

到了阴历919年的十二月,即公元920年的元月,随着魏州的稳固,晋王又坐不住了,于是,率领着黄河以南的军队向西进发。这次行动的目的看上去是谨慎和可行的:破坏梁军的重要攻击线,并乘机掠夺敌方的土地。但用史家欧阳修的话来说,那就是:"庄宗好战而轻敌。"此言不虚,在凯旋东归的路上,他和他屈指可数的卫兵在濮阳一个偏远的村子被伏兵拦住去路,伏兵有数百人之众。几年前经李嗣源之手而得到的养子元行钦通过旗帜找到了李存勖,接着和对方的一个骑兵缠打在一起,他随身的所有长矛都打坏了,他自己也险些丧命。当那个敌兵被元行钦斩首,李存勖也乘机逃出重围。十几年前,元行钦在几乎一样的情况下救过燕国君王的性命,所以在濮阳县的壮举显示了他对晋完全的忠诚。但这又一次几乎致命的事故并没有让李存勖显现出多少超越命运安排的迹象,而是不顾个人局限的铤而走险。

李存勖拒绝向边界迅速撤离,而是选择了重新编排人马,继续骚扰敌军,甚至也再度攻占了濮阳。梁将王瓒开始时小有所胜,但随后以数以万计兵力的损失而溃败。他马上被开封政府炒了鱿鱼。李存勖在濮阳的劫难后回到兵营,泪水涟涟地抱着元行钦发誓:"日后当与你共享荣华富贵。"元行钦马上被任命为武宁军节度使,开始享受少有的来自李存勖的推崇和亲近。晋王也将大量超出了标准规定的荣誉和奖励颁发给了这位作战中负伤的猛士,显然是为了鼓励各级将士的士气。同时,他也甚是伤悼在濮阳最初对梁的进攻中丧失的大量将校,那些被俘的晋兵大部分遭到就地正法,除了勇猛的石君立。他被递解到开封,几年后作为囚犯死于狱中,但至死没有动摇过对晋的忠诚。

920年的夏天和秋天,另一场危机出现在晋控制的西南地区,"短臂"的河中军节度使朱友谦身陷其中。我们较前提及,912年当梁太祖遭刺杀后,朱友谦便背叛了梁朝廷。晋王甚至动用了军队保护朱友谦免遭梁廷的报复。随着梁末帝六个月以后的登基，朱友谦又恢复了和开封的眉来眼去，同时却冷落了晋阳。但到了 920 年，他驱除了附近同州的节度使，安插了自己的儿子作为过渡期间的首脑。梁朝认为这是非法的行为，恼怒之下，拒绝承认朱友谦儿子的合法地位，并布置了军队进攻通州。

像七年前那样，朱友谦请求晋再次出兵干涉，但这次河中的军队，甚至是朱友谦自己的家人都表现出了强烈的保留意见。当地反对者并不是由于资源的缺乏（河中食少），而是认为河中潜在的叛乱很容易和梁朝的威胁融合在一块儿，基于这样的原因，李存勖毫不犹豫地快速出兵。同州有唐朝皇帝的墓群，另外，晋王既然自诩为唐朝正宗的传承，他理所当然要联合当地的权力经纪人设法保护这些墓群不受间接的损坏或是故意的玷污。

到了八月份，晋和梁的兵马在同州开战。刘鄩和段凝带领梁军，而晋则有杰出的三大将李存审、李存贤以及李嗣昭组成的阵营。晋军袭击了梁军围封城市的营垒，同时声东击西组织了对遥远西边据点如华州的攻击。他们还以狡诈的谋略多次骗过了梁朝的将领。不到一个月，晋军没怎么费力就战胜了梁军。对晋来说曾经难以对付的刘鄩被梁朝廷解职，不久又被偷偷地毒死。和朱友谦因有婚姻的关系，使得刘鄩曾试图通过个人的关系策反朱友谦，但一旦战事兴起，此举便招来了诸多的猜疑，最终刘鄩的计谋都未能奏效。刘鄩冤屈的命运对末帝的影响不用说是恶劣的，梁军中充满了刘鄩的同情者，因此，末帝和他们未来勉强、尴尬的联系可想而知。同时，不少梁朝将领趁机潜逃到北方，他们选择把自己将来的运气押宝在沙陀君王的身上。

力挺旧盟

公元 921 年，在由晋王国向后唐王朝转折的过程中出现了一个主要的力量

重整，其间也穿插了一些预想不到的麻烦。晋最早和最忠诚的同盟者——赵王王镕的死，仿佛一开始就因为他自己的所作所为而被注定。王镕在他的王宫和庭园里竭尽奢侈豪华，数百嫔妃不说，还有各种娱乐消遣，包括长途旅居寻找道家的长生不老术。他宫廷的随从和女人，加上大量的贴身侍卫，有时膨胀到万人，即便以正宗皇家的标准，也是竭尽铺张了。耽于肉欲，长期不理朝政，给宦官干预朝政提供了一个窗口，这其中最臭名昭著的是石希蒙。“宦官石希蒙和王镕同卧同起”，《新五代史》的描述告诉我们这两个男人之间暧昧、亲昵的关系，以及由此而来的石希蒙的过度影响，这使得其他王镕的手下都愤愤不平。赵国人相信，石希蒙积极助长了王镕的放纵行为，他的所作所为甚至激发了军队对赵王强烈的敌对情绪。与此同时，另外的宦官都视石希蒙为赵王娇惯的宠儿，而将怨恨从宫廷发散传播出去。

公元920年，在长达一个月的远行途中，怒火中烧的宦官李弘规会同由苏汉衡率领的亲事军(禁军)冲到赵王的帐前要求杀掉石希蒙。虽然王镕拒绝了，但兵士们仍然在他的眼皮下砍了石希蒙的头。恼怒的赵王返回都城后就以叛乱的罪名杀了李弘规和苏汉衡。屠杀波及到了相关的十几个家庭，王镕还威胁要彻查叛乱，并让大将张文礼负责。一时间，军队中谣言四起，使得禁军的军士们先下手为强：他们在张文礼的诱导下闯入王镕的府邸取了他的首级，此时，王镕还不到五十岁。这是一起五代时期风行的谋反，离心离德的军队在有影响的宫廷亲属或诸侯宠信的煽动下起事。然而，张文礼看起来是最大的忘恩负义者。

赵王对张文礼，这个最终谋杀他的人极为宠爱，认他为义子，赐名王德明。虽然张文礼以前是燕国国君的牙军军官，但却并没有什么军事专长，他对赵国军队的管辖权主要是通过养父的恩赐。张文礼也在联合军事行动中协助过晋王，在自己的王国之外建立起了经验和人脉。史料将此人描述为“狡狯人也”，因为他居然杀了赵王，还将王镕一家斩尽杀绝。作为他僭越王权的前奏，他也残酷地对待忠于王族的人及其家人，比如乌震，但这更加剧了他们的反抗。

张文礼随后要求晋任命他为赵国的留后，虽然李存勖在谋士的劝告下引而不发，同意了这一请求，但他本能的报复冲动并没有减弱。盟友的遇刺让晋王大受刺激，有史为记，他掷杯于地，泪水夺眶而出。李存勖也曾取笑过王镕对搏击的厌恶以及他骄纵的生活方式，但晋王从王镕那里获得了一份真正的情感，他们彼此共享了欢乐，以及对联盟的忠贞。王镕也曾有过不能共患难的恶名，但数年后慢慢地成为晋阳最忠实的支持者。另一方面，李存勖曾答应将亲生女儿许配给王镕十岁的儿子，而王镕的家人却皆遭屠杀，这更加重了晋王的愤恨。压制自己即刻报复的渴望已经够困难的了，所以来自赵国请求干预的要求使得晋王马上制定了作战计划。

此时正在李存勖的手下效力的赵国名将符习顾虑重重，因为他反对谋杀王镕，所以只要回国就会成为张文礼这些谋反者猎杀的目标。于是，他痛哭流涕恳求晋王对叛军采取行动："臣下自从听说故国的政变以来，一腔悲愤却无处述说。曾想引剑自尽，但想想对死去的赵王也没有任何好处。"进一步煽动起晋朝廷出兵的是探子截取的来自张文礼的情报，张文礼在一封信函中请求梁朝和契丹联合增援他。这一可能的合谋最终促使晋王立刻采取干预行动。

对晋来说，幸运的是，张文礼派来商谈未来事宜的支使(特使)李辚(860—947)，把他的主人暗地里出卖给李存勖，偷偷献计献策，说是此举便可以战败张文礼。于是，这种形势很大程度上便简化为晋大将阎宝和史建瑭的任务，他们由忠诚王镕的故臣符习、文官任圜，以及当地投诚官员的协助，在921年八月开始袭击赵州。当晋向张文礼发起攻击的时候，张文礼已死于病疽，但他的儿子张处谨在毗邻的镇州继续抵抗，不久，他的军队取了晋名将史建瑭的首级。没有决定性的胜利，当然让李存勖颜面无光，他也不会对这个和他的政治抱负具有历史重要性的地区听之任之。再说，这个叛乱发生在黄河以北的素来友善的地区，李存勖当然是恼羞成怒，不可容忍，因为此时晋沿着南方的前线节节推进，包括十月大败梁军于沿江地区。

赵国以北的定州留后(北平王)王处直(？—923)让李存勖进攻张文礼的战事变得更加复杂。王处直将晋对赵的进攻看作是对其从间接到直接的控制，并进而会损害他的利益。定州其实最近一直是和沙陀结盟的，军事上的合作因婚姻的关系而加强：王处直的儿子王郁娶了前晋王李克用的女儿，成为李存勖的妹夫。虽然是王处直的亲生儿子，但王郁和父亲并不那么合得来，他住在晋国，在晋的赞助下，做了新州的防御使，这里曾经是燕国的地盘。921年夏天，王处直联络上儿子，告知他要联袂契丹作为反抗沙陀进一步影响的楔子。但这个主意在定州的军队中却应者寥寥，包括王处直的养子王都，他公然监禁了王处直和他的妻子，随即向晋示好。

虽然契丹的头领阿保机颇有智慧的妻子述律后列举了大量的反对理由，但阿保机最终还是决定应王处直之邀进犯定州。阿保机的军队举兵南下定州前，在922年年初进攻过幽州。在接到王都的紧急求助后，晋王率领着一支五千人的精兵由镇地向定州进发。晋王的幕僚中有不少人担心北进势必会从南方正在进行的对抗中吸走晋大量的资源。但郭崇韬否定了他们的悲观论调，他推测，契丹缺乏对联盟的信任，会慑于晋王的威名而撤退。养子李嗣昭，同时从潞州到达。他们的乐观极大支持了晋王李存勖，他以唐太宗将军事使命和建立王朝大业相连的宏图大略自勉，这样说道：

> 我能够成就大业，成为帝王，那完全是天意，契丹怎么能阻挡我！我们曾经以数万的兵力平定山东(此处是谓太行山以东地区)，今天碰到这些乌合之众就退避三舍，那还有什么面目去统治天下！

这里，晋王轻蔑地将契丹视作“小虏”，认为其对实现泱泱大国的雄心不过是个小小的威胁，同时，他认为逼走契丹可以说是获得了统一天下的机会。这番评说透露出李存勖对称雄天下的强烈信心正在付诸于实现，天命毫无疑问是依赖于对唐朝的复辟。梁朝从来就没有真正一统天下，契丹更不可能，虽然它新近刚采用了中国式的君主制度而号称皇帝。

李存勖和他的人马推进速度很快，他们突然出现在幽州南部的新城县，并捕获了阿保机的儿子，这给了契丹人迎头一棒。契丹的大军此时就在定州城外，在远离晋军的南方，于是只好掉头北上望都县，放弃了围城。李存勖以神速震撼了契丹，他们的撤离使得李存勖能够安居南方。李存勖几天后到达定州，受到兴奋的守城将士的欢迎，包括留守王都，他答应将爱女许配给李存勖十几岁的长子李继岌。和契丹的最后大战在望都县展开。晋军大胜。然而，刚刚取胜的李存勖，过于自信，居然又落到了敌人的埋伏中，他千人的禁军遭遇了五倍于其的伏兵。一个下午的近身搏斗中，大部分时候晋王都是亲自应战，之后援兵赶到逼退了袭击者。晋的救援是由养兄李嗣昭带领的。在撤退中，契丹军队又被绵延的大雪缠住了，因为缺乏抢劫的目标，人马皆饥饿不堪。契丹军的困境说明了作战时没有给养供应的弱点。

这是史料第一次记录李存勖在和契丹人直接的交手中战胜了对手，但他也不得不承认对方在用兵战术和作战能力上令人生畏的表现。在评价契丹军队运动的精确和有序，即便在撤退中也能避免混乱时，李存勖甚至语含嫉妒地说："敌寇的用兵如此缜密有方，我们堂堂中原之地怕也赶不上啊。"作为一个战术，契丹军撤退中的井然有序，让他们虽败犹荣。因为退军总是最危险的军事行动。当然，晋可以沐浴在决定性胜利的辉煌中，晋王李存勖也能够品味作为不屈不饶的征服者的滋味。至此，沙陀进一步地巩固了长城以南的边境地区，包括东北重镇北京。

走向后唐

公元921年，晋政治上的节节拓展和军事上的泱泱战果交相辉映。吴和蜀

这两个分别在东面和西面与梁接壤的最富庶的南方王国的国君，早些时候就恳请晋王称帝，因为他们已经公然挑战开封的统治权。他们很可能是认为在以黄河以北为重心的沙陀统治下继续保持自治，要比处于南方汉人的皇权下更有利。这是个看起来合理却并不准确的判断。一月开始，北方相继有总共十个节度使，包括五个养兄弟以及关键的同盟者，像河中的朱友谦、定州的王处直以及赵的张文礼，都有类似的请求。三个接连的请求都遭到晋王形式上的婉拒，之后，晋王才告知他们："让我考虑考虑。"这番声明今天听起来仿佛是犹豫不决的，但对当时的听众来说却是语义明确的。旁观者也赞同对沙陀施加压力，使其成为契丹的对头，因为契丹人在五年前就已经宣布成立辽国。

吁请的时间安排显然和唐玉玺的发现有关，玉玺四十年前在叛乱的长安被窃，有一段时期据说在蜀。后来，玉玺不知怎么通过某种途径到了一个魏州和尚的手里，而魏州目前由晋主理，这真是一个天然的巧合。制作精美的玉玺由玉或金子为原料，通常被誉为国宝，作用相当于古代西方的皇冠，同样象征着帝国的权威。在王朝体系中，玉玺在统治者之间代代相传，它通常被保存在后代王朝的国库内，作为统治权相传的确凿证据。对一个要复辟唐朝的现行统治者来说，玉玺所能给予的便是让其行为合法化。整个事件，从玉玺的失而复得，重见天日，刚巧和大众让晋王晋升为皇帝的吁请吻合，显然被晋王本人或他的心腹精心设计和操纵。

李存勖开始时看上去对这样的联想和煽动表示惊异，拒绝称帝，他提及了二十年前他父亲在位后期类似的请求，以及他父亲慎重的反应：

> 过去王太师曾给先王写信，劝告说，唐朝已经灭亡了，应当乘机自立为王。先王对我说："当初唐天子避难而幸顾石门，我领兵讨伐叛军，威振天下，我如果借机挟天子据关中，昭示天下以篡位，谁也不能阻拦我。但我想到我们世家效忠唐王室，为此建功立业，所以誓死不做这样叛逆的事情。

你以后一定要以复辟唐社稷为目的，千万不要仿效这样下作的行径。”

李存勖对其父祈愿的回顾，据记载是在哽咽中说出来的，目的无非是想要平息那些担忧，比如说他会就此急忙称帝或者另有图谋。他要让世人明白他的所作所为只是为了复辟唐朝。这样的声明也显示了他对临终前父亲李克用更多的个人感念：父亲对唐朝亲和的深度，以及他对朱温深刻的厌恶，因为朱温对唐伪装的效忠其实只是为了篡位。李存勖不得不控制自己的冲动以及自己手下的狂热，同时维护父亲的清誉。不仅如此，对大多数王朝的创立者来说，他们称帝登基的行为在历史上总是恰好和他们在战场上的辉煌业绩相吻合——这是天意神授的固定表达方式，但在921年的历史记载中这样的神谕却并不充分。

庆贺唐玉玺的发现和各路节度使密集的吁请让已经七十六岁、重病在身的张承业坐卧不安。于是，在严冬凛冽的寒风中，张承业乘轿穿越从晋阳到魏州困难的地形，试图劝阻晋王在缺乏对历史状况的鉴别时不要鲁莽地采取行动。张承业想以李克用的所作所为来告诫李存勖务必戒骄戒躁、谨言慎行：

大王您和您的父亲与梁朝血战三十年，本意是想替天下报仇雪恨，从而恢复唐朝社稷。现在元凶尚未消灭，您就要自立为帝，这可不是您和您父亲当初的意愿，而且您这么做会让天下人失望，您可千万不能轻举妄动！

实际上，只要梁朝继续拥有开封，晋称帝的企图便是不成熟的，因为两个并列的王朝自然会留下无法停息的争执。另一个极有说服力的推迟李存勖称帝的原因是晋忠诚于唐的遗产，张承业聪明地反复强调要忠实于唐朝先王的原则：

你看，梁朝是唐和晋的仇敌，遭到天下之人的厌恶。现在，大王若能为天下除去大恶，报了您父亲的深仇大恨，然后按照复辟唐朝的程序而建立

新政。如果唐的后裔还在，谁敢阻拦？如果唐子孙皆无，那么天下之士也无法和您争执。

复辟唐王朝是李克用父子明确既定的使命，这个使命也暗示着最终应将一个合适的唐宗室后裔扶植上皇位。代表着晋王室后继者有限志向的是他们遵守唐历法，而不是采用梁历，或者另行设立一个晋历法。但寻找一个唐宗室的继位者几乎是不可行的，因为唐最后一个皇帝连同数百个皇室家人都已在904年被赶尽杀绝，包括由朱温亲手参与的大屠杀。只是，这一寻找本身可以满足李存勖作为代理人程序上的合法。

张承业对继位称帝事宜的情感，表现出他对唐王朝的忠诚程度。像许多转投晋阳的长安旧臣，侍奉晋阳使得张承业不用承受转事新主的尴尬，同时还能等待唐朝复兴的时机。数十年后，张承业对此幻象依然情有独钟。他意识到，像李存勖所愿意的重新设立新的统治者，便暗示着一个完全独立于唐朝的皇权统治。于是利用唐的名义制造出表面上的沿袭就是一种公然的欺骗。在《新五代史》显然是美化的记录中，张承业回到晋阳，绝食至死，以表示他对李存勖拒绝他提议的怨恨。但在另一处记载中，张承业死于922年的十一月，在他和李存勖交换意见一年半后，显示是拖延的病症的结果。但不管是哪种情况，这位垂死宦官的忧虑在随后的几个月里一定是更深重了，因为进一步的来自魏州的例证显示称帝的行动正在一步步逼近。

921年十一月，以晋王的名义签署了一份传唤唐朝旧臣的文书，预备建立一个皇朝的行政系统。十几年中，晋官员的任命并不经过招聘和审核的程序，因为那样的安排是为了和当时的统治方式相协调，所以，现在从正常的程序来选择官员能收到实际的效果。早期招募的最重要的旧臣为唐礼部尚书苏循，他从晋的主要友邦朱友谦的河中来到魏州。十年前的906年，苏循在梁太祖预备清洗唐朝时便卖身投靠梁朝，但在梁帝即位后却没有任何职位，弃置如敝帚。921

年苏循现身魏州，他对晋王表现出了同样的激情，叩头作揖就像是在皇帝面前一样，当时他将"画日笔三十管"献给冉冉上升的李存勖。晋王看来对这样的谄媚很是受用，没有任何阻止这样不合适行为的表示，而不是像朱温在他称帝前阻止了苏循的下跪。沙陀君王的厚颜无耻让人毫不怀疑他们的勃勃野心。

动荡不止

由于战略重心在最近几个月已转向北方，那么，922 年的开年重新关注南方和梁接壤的边境地区对晋来说变得很有必要。南北城跨越黄河的德胜军仍然处于动荡状态，对应付来自开封的攻击亦有潜在的弱点。初冬时分，梁军的确发起了一场进攻，但晋守军根据预先得到的情报，布置了陷阱，设法击退了这场进攻。据说，梁此役损失了二万多人，反映了梁对主要战略要地的不惜代价。这几个月晋军的抵御战是由养兄弟李存审和李嗣源统领的，他们随后在同一个冬天在晋王缺席的情况下准确无误地指挥了魏州的抵抗。如同早些时候对晋阳的突袭，梁的这次攻击因为现场的指挥官，比如李存审等的全面戒备再次失败。类似的进犯也出现在德胜，据说五万敌军将德胜的北城团团围住，切断了外围的联络和增援。消息传来，李存勖即刻离开幽州的北方前线火速赶往魏州，此时是 922 年农历二月，将近七百公里的行程只花了五天的时间。闻讯晋王即将到达，梁军赶紧撤退。

921 到 922 年，随着德胜地区紧张局面得以控制，紧邻赵州的镇州的情况却日趋恶化。十一月，李存勖亲领军队在镇州作战，但因北方定州的告急而撤离。整个冬天晋对镇州的围攻在阎宝的指挥下继续，他切断了镇对外的补给线，使镇州面临着严重的食品和弹药的短缺。当五百个士兵冲出来乞求食物时，阎宝并没有料到其中有诈。一旦非常接近城墙外护城堤的晋军，这五百个镇州的精兵便和晋军厮打在一起，随后，数千名士兵接踵而至，用火把点燃晋军的装备，同时乘机掠

夺晋的物资。阎宝逃遁赵州，被李嗣昭取代，但后者的遭遇更糟，在到达的那个月的血战中不幸阵亡。在李存勖的养兄弟中，李嗣昭是惟一具备过人的勇猛和行政才能的，噩耗传来，晋王许多天酒食不思。然而，李嗣昭死后，李存勖和他的几个儿子的关系却让人扫兴。一系列的问题使得他在夏秋之交百事缠身。

镇州的动荡迫使李存勖选择养兄弟李存进前往镇压。李存进曾经是"义儿军"的长官，在德胜有着出色的记录，在魏州因公务和李存勖更亲近，他是在那个麻烦的地区恢复行政和军事秩序的干将。922 年九月，一天早上放牧时，他遭到镇州一帮阴谋者的伏击。让人啧啧称奇的是，在搏斗中他仅仅损失了几个受伤的手下便安全脱身。李存审是一年当中镇州的第四个接任者，也是最后一任。李存审在攻打镇州军事领地的过程中，利用叛军的一系列偶然的失误将其击败。饱受凌辱的民众，在被晋军解救后，坚持要肉食叛军首领张处谨，并将他死去的父亲张文礼掘出坟墓，而"尸于市"。

晋为镇州的重新稳定付出了昂贵的代价，包括将校在内的大量损失，但在场的指挥官阻止了预计中更大规模的死亡和抢掠。另外，李存审协助郭崇韬，晋最严格的行政长官，保护了当地的国库，然后，任命了当地的指挥官符习为节度使。但符习以过于沉重的挑战为由加以婉拒，他转而成功地说服晋王自己担任以镇州和赵地为中心的承德军节度使。晋王所肩负的繁重的职责正好符合了大众对一个即将称帝者的期待。

随着人们对他称帝愿望的提升，李存勖决定在安顿了镇州后，将王镕以前后宫中的一百名美女安置在魏州。按照两人之间长期和真诚的友情，这样的举动显得特别地不合适。然而，我们也没必要想当然地认为是李存勖这边的强迫。有些女人可能是因为过去她们的主子将她们凉在一边，而沉湎于宠爱的宦官，现在则转而投向李存勖，有的则是因为在以往数年李存勖经常的拜访中互相调情而乐于委身。看上去，性急的晋王已经不能再等了，他要马上裹上龙袍，享受嫔妃美女的环绕，不管怎么说，这比起他攻占开封的皇宫要快得多。

第三章

复辟唐朝

《唐太宗纳谏图》

复辟盛唐

十五年对李存勖来说可谓是"路漫漫兮",但终于到了可以将四处逃避的梁朝牢牢抓在手里的时刻。十年前,李存勖曾被戏称为"孺子",现在他一脚把这样的蔑视踢到了角落,让残存的怀疑者永远地闭上了嘴巴。公元923年新年伊始,一系列的任命显示了他政治上的敏锐。这其中包括赵州节度使乌震、镇州节度使张宪。赵州和镇州两地是昔日赵国的主要地盘。乌震,曾经是王镕手下的一介草兵,由于严于律己和耿耿忠心,升至赵军中的裨校。叛军在921年谋害了王镕,并恶意地残害乌震的家人,试图逼他投降。乌震却并不理会,而是坚定地将军人的使命置于家庭安危之上,继续作战,此举深深赢得了晋王的欣赏。不久,他就将其提拔,赋予他全新的使命。另一个被任命的是张宪,他在晋阳土生土长,从李存勖执政晋国的早期就在其麾下效命,开始是在晋阳,后来到了魏州。这是个多才多艺的人,通音乐、好文学,同时嗜书藏书。张宪还擅长官场运作,很有为政的才能,加上性情激烈,文辞尖锐,朝中无人能逃出他的鞭挞。

有一个在任命官吏期间发生的故事涉及到魏州的司录(即税收官)赵季良,他和晋王的交锋有着积极的影响。由于自然灾害和行政实施的问题,魏州的税收一直被拖欠,所以李存勖将收税的任务全权委托给了司录。可以想见,在催逼赋税这个具有广泛象征意义的事件上,顶撞志向远大的君主,对一个微不足道的税务官来说,该需要积聚多少令人吃惊的勇气,但赵季良在和庄宗过招时,已准确地洞悉了赋税所具备的多重象征性。他问李存勖:"大王您准备什么时候拿下河南呢?"开始时,这个问题着实让庄宗困惑和恼怒:"你的职责是督察税收,你当做好份内的事,军机大事是你可以插嘴的吗?"小司录赵季良语气铿锵,且语含讥讽:"您如果总思虑着攻城掠地而置百姓于不顾,那么,一旦他们和您离心离德,我担心河北您都会丢掉,更不用说河南了!"赵季良直面的率真让李

存勖在吃惊之余意识到在耗费民脂民膏的战争中，统治者对民众应当担负的政治责任。史书随后点评道：“从此季良深受晋王器重，常常参与国策谋划。”让赵季良每每参与重大决议，显然是夸大其词，但招募赵季良、乌震、张宪是个有力的证据，说明李存勖将重任委以有能力和有信念之人，而非考虑他原先的地位和血统。庄宗也欢迎和采纳所有建设性的进谏。无独有偶，从谏如流和礼贤下士是唐太宗万古流芳的桂冠，而他现在正日益成为李存勖问鼎皇位而刻意模仿的先贤。

公元923年的早些时候，王朝惯常的如宣布任命之类的基础事宜开始逐渐建立起来，一个明断慎言的君主所需要的妥协之类的必行之事也浮上表面。张承业，最有影响的不主张晋王李存勖登基的反对派，三个月前先行去世。官方资料坚称，在得到这位晋阳过去二十年的台柱子过世的消息后，晋王的脾气突然转为愠怒，然后好几天茶饭不思。没有任何人对张承业的过世像曹夫人那样伤悼，对她来说，张承业不仅是她的贴身管家、政治高参，也是一位主要的外交家和宫廷发言人。曹夫人选择以特殊的方式表达她的深切悼念：“马上到承业的府邸表示哀悼，并按照对待儿侄的礼节为他穿孝。”同时，张承业是晋阳内部反对建立王朝最响亮的声音，他的离世让决策层终于可以放胆由着性子去做。由于近来吴王和吴越王都先后得到册封，建立新朝变得更为紧迫。并不是这些南方诸侯的势力威胁到了晋北方的主宰地位，而是李存勖可以成功地控制他们的野心，让这些任性的南方霸主想要以一个欣欣向荣、奋发向上的后唐王朝取代奄奄一息的开封旧朝。二月，各地各处的行政官员都接到了命令，要他们举荐前唐朝的著名学者、官吏担纲新的朝廷事务。不久，省级官员被相继任命，而豆卢革（门下侍郎）和卢程（中书侍郎）分列为左右宰相。

其实，庄宗个人最偏爱的宰相人选，据有关记载，是口碑上佳的卢质。卢质系出名门，兼有才学，还具备了在唐朝宫廷的从政经历，早在李存勖的父亲李克用的门下，卢质就已显现了对晋王室的忠心不贰。卢质以个人原因拒绝担宰相的重任:“卢质性情飘逸无拘,不想事务缠身。”史家如此着墨。无可奈何下,庄宗只好默认了豆卢革担任左宰相,但豆和卢相比,显然是相形见绌。豆卢革在前唐的官职和都市事务没什么关系,据史料,他的胜出,除了血统纯正以外,谈不上任何才华,“不是袖手旁观,就是无能为力”。他看上去尤其缺乏朝廷重臣所应具备的历史知识和推断能力。具备如此能力的重臣当中的出类拔萃者能以史为鉴,洞悉未来。辅佐豆卢革的右宰相卢程,为晚唐进士。他在晋阳也担任过河东节度使推官,这个职位能够对关键的决策者诸如张承业和郭崇韬等献计献策。卢程在经验和能力上远胜过豆卢革,但后者却依然自我炫耀,不可思议地故意刺激对方,永无休止地嫉妒强者。晋王在衡量斟酌后在妥协基础上建立的行政体系最终会给他的统治带来极其糟糕的后果。

阶层(阶级)对文官的意义在于,它可以用来阻挡同时代武人出生的君主——这些在士兵的累累白骨上建立功勋的自我成就者。几年前,当一位功勋卓著的将领王缄牺牲,李存勖选择了冯道,一个文采焕然的行政副手以他的名义起草纪念悼文。冯道官职上逊于卢程,但出身平民的身份却更激起了卢程的愤慨,他语含讥讽地说:“任用官员怎么能不管出身门第而优先考虑农人的后裔!”这样的情绪不久传到李存勖那里,使他压下了对一个出身低微的枢密使的任命。于是,在任命最露脸的朝中大臣时,冉冉升起的君主很多时候不得不将血统出身置于能力之前,个人偏爱放在王朝所需要的正统之后。冯道,由于出身卑微,加上为将死的父亲服丧,他在后唐新体系中所起的作用变得微乎其微。但正是这晋王早期的赏识使得冯道踏入了日后名扬四海的路径,而他在此之前原本鲜为人知。

从一开始,李存勖看起来就完全意识到了他要凸显名声的代价。自我夸耀、自私琐碎而不成器的特征在第一批选出的朝臣中就已见端倪,按照《新五代史》,这样的情形甚至带来了出人意料的喜剧效果:

当时，朝廷刚刚草创，各种体例规章尚未设立，但卢程和豆卢革上任的那天，随从们抬着轿子，一路喧嚣而过。庄宗听到后询问手下，他们回答说："宰相坐着轿子进门了。"庄宗随即登上城楼张望，笑笑说："这不就是所谓的似是而非吗？！"

最后庄宗的点评暗示他的这些装模作样、洋相百出的大臣们除了显现给外界看的炫目血统和学位，根本就是徒有其表。另一方面，庄宗的出语不恭，其实表明他已经心灰意冷地默认这些家伙除了填满花名册以外，几乎没有任何用场，这也部分地毁坏了他对文官的就职典礼——这个最有象征意义的时刻所起作用的期待。

李存勖选择公元923年的晚春，也就是四月的第二十五天，登基加冕，以复辟唐朝。这个事件，对沙陀人来说是开天辟地的头一遭，时间上正巧和晋王父亲去世的第十五个纪念日吻合。选择的仪式地点在近八年来军事行动的基地和政治活动的中心魏州（这里曾是三国时魏国的首都）。登基大坛匆匆忙忙地树立在南墙外马球场，喜好健身运动的李存勖以前常常光临这里。是年，三十九岁的李存勖做了皇帝，他宣布了大赦，采用同光年号，意思是共享和睦荣光。由于"同"和古镜的"铜"是同音字，所以也兼有预示着普天之下有明君的含义。他随后被称为同光皇帝，后世尊其为庄宗。"庄"本意为"孔武有力却难遂其愿"。在选定一个正式的都城前，魏州被提升为东都，晋阳乃为西都。

随后对文武官员进行奖赏，设立皇帝登基的形式规范。然后大赦天下，年纪超过八十的人，他们的一个儿子可以免除官方的服役，另外，略微打破常规的是给予需要照顾老人和多世同堂的家庭以优惠。次级的法规还指示地方官员不要向朝廷报道什么吉兆，这样的活动历来是预示着改朝换代。几个世纪前，唐太宗也禁止了类似的上报，为后世设立了一个异常谦逊的榜样。不仅仅是崇敬唐太宗的作为，同光王朝还担心重演蜀国最近的历史，在那里，有争议的君王

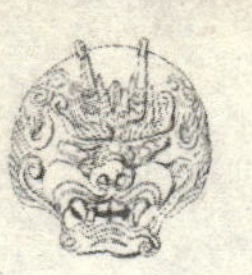

的合法性因四处播散的谣传而遭到质疑。庄宗既不能表现出过于自负，也不可以显得局促不安。

魏州的过渡政权任命了两个枢密使：经验丰富的战略家郭崇韬和大宦官张居翰。由于战争仍在继续，这两个职位比宰相更为关键。两人都是纲常伦理的坚定捍卫者，前者主持宫廷以外的事务，后者则负责宫廷内部的管理。最初的宰相人选卢质接受了翰林院主持的职位，他的同行包括冯道和赵凤。三人在文学和政治领域都有过人的记录。他们相仿的能力体现在对其职位任命上。张宪现被提拔为税务总监，他曾是前魏州看守政府的官员。世事练达的宫廷亲戚孟知祥为晋阳留守，负责王宫——宫廷的母后们和其他重要亲属的居所的一干事务。于是，这些有能力的二线朝中高官在风头上轻易地盖过了他们的上级——由豆卢革领衔的名声狼藉的大臣们。但庄宗这样安排不久便暴露出问题，不仅对他的政治形象而言，在实际的统治效果上也是如此。

数日后，对庄宗故去祖先的追加封号也随之进行，李克用，被加封为武皇，供奉在太祖庙中。同时，将代州北边的李克用坟墓重新命名为建极陵。另在晋阳建起用于举行仪式的庙宇，用来表彰前唐的统治者以及自封为唐朝继承人的沙陀皇家谱系的先人。这个行为将两个不同的统治家族放在一处，有意忽视了来源和种族的历史区别。显然是个巧妙的结构。

在庄宗四月的登基同时，给予皇家母后系列的封号也值得提及。庄宗授予曹夫人，他父亲的妃子、自己的生母为"太后"。他父亲的正室刘夫人收到了"太妃"的封号，按照正统的标准，显得有些降格。在中国帝王的传统中，这一封号并不流行。然而，的确有很多的先例，将自己的生母置于后母之上，修改礼仪的标准，从而反映某些女性对后代的特殊贡献。此时，曹夫人和刘夫人皆住在晋阳，对她们这样的高龄妇人，长途跋涉到魏州显然是太艰难了，于是，卢程作为庄宗的代表前往晋阳主持册封仪式。

对曹太后而言，从妃子的地位一跃而成为太后，这样的转折让她在自己一

生的朋友刘夫人跟前面有惭色。因为她们的相处曾经是那么和睦，现在刘夫人又褒扬了庄宗的功绩以及带给她的终生益处，更让曹夫人不自在。刘夫人这样说："祈愿孩儿能永远享受国君的荣耀，让我能平安地与先君同葬，已经是很幸运了，还有什么好说的呢？"对刘氏来说，死后和丈夫在地下同眠显然要比任何世上的荣誉都更有意义。惟一让庄宗蒙羞的是卢程，他在前往晋阳的路上对手下的官员和随行人员蛮横无礼。当这桩丑闻传到庄宗的耳朵里，他恼恨地嘲笑他是个傻瓜，命他三个月不可上朝。这一事件进一步扩大了庄宗和朝廷主要官吏之间的裂隙，为了政治上的需要，庄宗不得不任用这些在唐朝廷做过官的人，但他个人对他们却从不欣赏。在庄宗和朝中大臣的权力真空中，军事长官郭崇韬成了最大的受益者。

开封崩溃

尽管登基的仪式光鲜盛大，但在公元923年春天，对后唐统治权的挑战继续存在，庄宗和朝臣的组合也显得草率而不成熟。新近成立的后唐王朝控制着近五十个州，而此时的梁朝大概还有三十个州，其中包括都城开封和古都洛阳，所占的地域相当可观。由于内部的漏洞，暴发户似的新统治者后唐也面临着丧失最近所得城池的危险。在魏州的登基庆典同时，发生了一起高层的叛乱，由于发生的时机，此事震惊了后唐朝廷。事情缘起于李继韬。一年前庄宗的养兄弟李嗣昭死于战场，他的儿子李继韬继任昭义军留后（潞州和泽州），此地在魏州向西大约二百公里。李继韬父亲的死被晋王视为英雄壮举，但李继韬获得权力则是通过囚禁自己兄长的不法行为，所以在晋的权力体系里没有名分，无法获得道义上的支持。

李存勖马上会晤了主要的军事幕僚，闻讯后的李继韬慌了手脚，以为庄宗的军队已经向潞州进发。于是他先发制人地投降梁朝。由于别处的分神，包括

最近契丹在幽州的进攻，新帝庄宗决定推迟对李继韬的报复。此时潞州的姊妹城市泽州已被敌军围困，得知守将裴约的赤胆忠心，庄宗即刻派遣养兄李存审于八月率军解救泽州。庄宗在李存审临行前谆谆告知："我不在乎把泽州让给后梁，因为得到一个州并不难，难的是裴约这样的人才。一旦有机会，你一定要把裴约给我带回来。"于是，李存审带着五千骑兵火速赶往这一地区，但此时梁军已经攻陷了泽州，杀掉了裴约，使得庄宗痛失良将。

由于内部背叛和外部进攻的困扰，庄宗在魏州再次召集高级将领策划远景。魏州商议后，庄宗采取闪电行动急攻梁都城以东的郓州，以"斩断后梁的右臂"，这个大胆的行动受到了来自郓州一名降将的启示，他在闰四月到达后唐边境，透露了郓州的弱点：后梁军队数量在此降到了千人，老百姓也颇有怨言。郓州深入梁朝腹地超过五十公里，通常是无法企及的，因为任何越过黄河的行动都会马上被多重的边境巡逻发现。早几年对郓州试探性的进攻都显示出敌方的防守仍然是有效的。但这次因为某些原因，通常的防卫机制失去了效应，可能是前几次晋军的试探中收集到了足够的情报，因此，后唐士兵得以避开梁的边境巡逻向内地深入。另一方面，北方的军师们明智地选择将进攻的力量减少到五百骑兵，借以减少被察觉的机率。这些骑兵由李嗣源统领，最初凭着夜色的掩护从杨柳穿过黄河，白天的阴雨天气帮助了唐兵，他们顺利到达郓州。这里在本月的晚些时候被顺利攻陷，而此前，当地的将领大部分都已经弃城而逃。

初夏，郓州的丢失，使梁的防卫受到重创，却给后唐提供了一个黄河以南的立足点，从这里，后唐可以不用顾虑自己中心城市的安危而实施进攻。突发的气势和冲量激励着同光皇帝通过外交手段加强臂力。据信，他派遣密使去吴——一个通过淮河和梁接壤的王国，提出对抗梁朝的联合军事行动。作为分化手段，后唐第一线的外交活动卓有成效，让人不免联想到梁朝开封南方的薄弱，在那里的边境，过去几十年间一直断不了零星的冲突。

在向黄河以南扩展的关键时刻，庄宗意识到要加强北岸的阵地以防范梁军

的报复。所以，他亲自抵达澶州，同时调遣朱守殷以番汉马步军都虞候的官衔驻守德胜军，两地相距一百公里。朱守殷在庄宗幼时曾侍读左右，后因此得到前晋王的提拔，升为将官。他在二十年前李存勖继承王位的过程中也立下汗马功劳，后来因喜欢揭人隐私、搬弄是非表现自己，继而得到李存勖的宠爱。尽管几乎没有任何实战经历，他居然官至都虞候，统领着一支皇家卫队。朱守殷的能力在德胜经历了考验，之后连他的保护者庄宗也不得不承认朱守殷的对手王彦章要技高一筹。王彦章素有"王铁枪"的绰号，他可以骑在疾驶的战马上挥舞巨大的铁枪，在敌方的阵营中所向披靡，而沙陀兵士中甚至没人能举起百斤重的这杆铁枪。当后唐迫使梁在多条战线作战，铺展开它的人力和物质资源，使其显得异常薄弱，这时，经验丰富的将领就成了梁朝最大的财富。毫无经验的朱守殷被任命在一个关键的边境地区，确实反映了庄宗人才库的欠缺，也暴露了同光王朝偏狭的乡土情结和地方族阀主义。

王彦章预计三天内后唐军队会溃败，所以，出动了六百名身披盔甲的精兵溯流而下，他们的任务是斩断水中的铁锁，砍掉连接南北城市的浮桥上的支撑。对德胜南城的全面进攻随后开始，一如王彦章所料，此城在第三天陷落。王彦章接着继续沿河而下围攻杨刘，他的军队在上万来自段凝的援兵到达后士气倍增。如果不是后唐援兵在最后的时刻赶到，此城无疑又会落在王彦章的手中。朱守殷在德胜军事防备上的掉以轻心，使庄宗火冒三丈，他严词训斥他的爱将："蠢货，真是耽误了我的大事。"李嗣源和其他人请求按照最严厉的军法惩罚朱守殷的失职，但庄宗断然拒绝，殊不知，庄宗的这个决定会不幸成为他终生的遗憾。

庄宗发现杨刘的情况让人十分担忧，于是在六月亲率队伍对维系郓州起关键作用的河段加强防卫，那里，李嗣源的一小批人马急需增援。杨刘一战另外产生的战略转移效果，允许郭崇韬的一万人马可以增加麻家渡口的防卫，这里是在黄河西边的博地和东边的郓州之间一个重要的交叉口。到了六月底，梁军

停止了对杨刘的进攻，不久，梁军也从德胜退兵。其实，梁北伐的军队只是假装撤退，其目的是想重新在别处集结主要的军力。

在杨刘逗留的十几天内，庄宗得知，梁朝杰出的将领和谋士康延孝投奔了后唐。康延孝在晋阳长大，祖先也是游牧民族，他曾在前晋王的手下当过小兵，“因有罪案而逃到梁朝”，但显然这可能只是个不大的过失。他在开封为官一晃就是十几年，后来晋升为左右先锋指挥使。六月康延孝带着一小队骑兵投诚，因为他能够接触到机密的情报，所以对梁朝政治和战略上都构成了危害。康延孝的投诚，之前得到了在郓州的李嗣源的斡旋，庄宗很兴奋地前往边境小城朝城接受康延孝的归顺，“庄宗脱下御衣和金带赏赐给他”。康延孝随后被任命为博州刺史，成为庄宗的义子，赐名李绍琛。康延孝的投诚不仅是重回故里，而且象征着沙陀对北方不同民族的感召力。

两人一拍即合，庄宗马上向康延孝询问开封的军事部署，后者当然是和盘托出。康延孝除了近期对加强南方的立足点郓州的重要性给予建议外，还参与了更广泛的战略策划。他的变节行为在梁最出色的高级将领眼里不仅是大逆不道的，更是不可弥补的灾难。到了十月，梁朝还曾计划过一个大规模伐晋的计划。康延孝接着提出了关键的反制策略，也就是以小股部队先发制人，达到出其不意的效果：

> 梁兵虽然人多势众，一旦分散则开封空虚。臣请求等梁兵分散时，领五千铁骑从郓州直奔开封，乘其空虚，出其不意。用不了十天，则天下大定。

康延孝快速占据汴梁的乐观估计最终奏效。几乎与此同时，针对后唐的突袭已经部署完毕，如箭在弦上，梁朝愿意以它的兵力优势拼死一搏。如果开封的这一行动得以实施，那么，后唐和梁朝这两个宿敌之间的决战将会是惨烈血腥的。

公元923年的夏末，后唐政府所面临的不容乐观的前景不是来自战争威胁，而是财政问题，它的财力已几乎不足于应付随后六个月的开销。不堪税负的农民背井离乡。连绵的战乱，一方面导致了农业收成下降，另一方面，政府的税收也随之缩小。更糟糕的是，整个后唐都是如此，甚至包括刚刚占领的黄河以南地区。九月庄宗召集了战时会议，会场弥漫着悲观情绪。大多数人赞同从南部占领地区完全撤离，以平息梁朝进一步军事行动的可能。极少数不同的声音来自高级幕僚郭崇韬、干将李嗣源和刚刚投诚的康延孝，他们支持继续进攻。在其他将领离开后，庄宗回到帐中，和郭崇韬私下交换了意见，郭崇韬提出扩大对梁朝的进攻是征服梁朝的惟一途径。

随后，郭崇韬又详细分析说，北方军事给养的耗尽最快也是在半年以后，那时正逢下一个收成。他又指出，十年征战，将士疲惫，但同时也期待王朝的建立能带来稳定。从根本上说，新的政治局面的形成必须有军事行动的助动。用他自己的话来说，便是："何况我们后唐已经建立，自黄河以北，老百姓都翘首盼望我们早日击败后梁而好休养生息。"在郭崇韬的估计中，南方梁朝的情形相比较于北方的后唐显然更糟。梁军现在看起来是乌合之众，而且它的督军段凝并非将才，"无足可畏"。

郭崇韬坚定了庄宗的信心，所以，他不仅不从郓州撤军，反而亲自率领军队进驻该地区，以彰显后唐最终征服梁朝的决心。之后，他和在郓州的李嗣源会合，以便造成对开封的猛击之势。根据最新情报，开封的防守已经很松懈。按照计划，郭崇韬同时率领一支联军达到黄河沿线，迫使王彦章分散兵力，然后形成后唐进攻的优势。郭崇韬分析道："如果后梁末帝投降，他的手下将领自然也别无选择。"如此，后唐便得以君临天下。原本郁闷不乐的庄宗一扫阴霾，大声说："这正符合朕的胃口。大丈夫胜则为王，败则为寇，就这么决定了！"庄宗的自信即将经历着前所未有的考验，让人称奇的是，即使庄宗自己对胜利也没有十足的把握。

据史料第一次记载，庄宗将随行的家人，也就是刘妃和未来会接替他的儿子李继岌安排回魏州，宦官张居翰和马绍闳负责护送刘妃和李继岌前往一百公里以外的魏州。庄宗和刘妃临别话语的悲伤甚至超过了对家庭沿途安全的牵挂。在朝城别离时，李存勖特别叮咛刘妃，如果他失败了，“你要将家人集聚在魏宫，然后焚烧自尽”。他想要避免因战败而给至亲带来肉体上的羞辱，这通常意味着对幸存者施以酷刑，对死者开棺鞭尸。从未离开过晋阳的生母曹夫人和后母刘夫人，应该是躲开了开封惩罚的范围。十月一日的月食正巧赶上后唐的军事进攻，使得宫廷占星师（司天）极为焦虑，他们认为这个时刻对军事行动是不吉利的（“岁不利用兵”）。不信邪的郭崇韬将此预言斥之为喋喋不休的无稽之谈，他力阻很容易轻信这类迷信的庄宗不受其惑。

后唐的核心部队迅速地向郓州挺进，与此同时，由李嗣源和助手高行周率领的先头部队乘着晚上的大雨出其不意地横扫了郓州。高行周兴奋地说：“这正是天助我也！后梁在郓州的军队遭逢大雨，毫无防备，我们正好出其不意。”的确，当后唐先头部队已经席卷郓州的时候，王彦章的士兵还在酣睡。王被迫逃向郓州东南的中都。但中都的防卫更加薄弱，使得李嗣源在数天之内发起第二次进攻，王彦章最终兵败并身负重伤。

“王铁枪”是梁残存的智勇双全的将领，此时和数百个手下的将官一起被俘。庄宗坚持独个策马速往中都会面这位闻名的猛将，他对王彦章说：“你常常讥笑我是个不足挂齿的小孩子。”（“尔常谓我小儿。”）在稍稍戏弄了一番王彦章后，庄宗正色询问：“今天你到是服不服输？”显然他对王彦章针对他小时候所谓“斗鸡小儿”的随意揶揄并不在意，而是立即让人给王彦章疗伤。他同时不停地派遣特使试图说服王彦章臣服。但王彦章回复道：“我怎么能早上还是梁将，晚上就成了后唐的臣子！”意谓不能如此违背道德标准去臣服另一个主子。至此，“王铁枪”和他传说中的两万人马全部被杀，部分是作为对后唐与之征战中损伤的报复，部分是有目的的恫吓。这是后唐第一次大规模地屠杀黄河以南对手的

俘虏，借以警告他处的抵抗者。因为，某种程度上，现在导致丧失生命的手段也许最终会解救更多的生灵。

庄宗再次集结他的高级官员，当着他们的面赞美了李嗣源的特殊功绩："今天的成功，有赖于你和崇韬的鼎力相助，如果我听从绍闳那帮人的劝说，我们就不可能成就现在的辉煌。"主宰议程的是下一步的行动。许多出席的将领都提出了相对保守的建议，将现在在郓州的战果扩大到东海——此地在王彦章的继承者段凝的治下，为西进夺取梁都创造时机。但梁降将康延孝以及李嗣源不同意，他们认为再延长后唐军队的疲惫是危险的："沿河布置的军队一直处于对峙状态，除非我们出其不意，否则不可能使重大的决策生效。"就像唐太祖李渊善于冒险的二子唐太宗李世民，李嗣源认定进一步的进攻才是惟一可行的手段，否则将要承担突然撤退的不可估量的危险。于是，他提出了利用已有的线路东进直奔古称汴州的开封，以迅雷不及掩耳之势夺取它：

> 兵贵神速。现在彦章被擒，段凝一定还不知道；即便有人奔走相告，段凝断定真假还要有三天的时间。就算他知道我们的方向，马上发兵解救，但来路也会被黄河阻绝，他们一定要在白马渡口南渡。段凝的军队有数万之众，所需船只短时间内很难凑齐。我们现在所处的位置离梁都开封已经很近了，前面也没有高山险阻，军队可以方阵横行，昼夜兼程，两三夜后就可抵达目的地。那时，段凝还在河上，友贞就已被我们擒获了。

和李嗣源、康延孝同行的枢密使郭崇韬，也一直主张以激进的政策对付边境战争。因此对庄宗来说，没有比这三个人的观点更中听的了。

李嗣源首先派遣密使去笼络当地的势力集团，以加强对后唐的支持，这一招取得了相当的成功。不久，他直接向开封开拔，几天后，庄宗也西进加强开封以东的曹州守卫。为了阻缓后唐军队的前进，梁将段凝显然会破坏黄河的大

坝。这样的做法在历史上曾经很成功地阻挡了进犯者，但有意思的是，这一次，却毫无建树。十月九日，李嗣源到达了开封的城门，数小时后庄宗随后而至。几乎兵不血刃就取得了胜利，如此顺利，简直让人不敢相信，庄宗见到李嗣源异常兴奋，一把抓住他的衣服，以头相触，然后说："我今天得以夺得天下，你和你的父亲功不可没！我要和你同享天下！"横扫开封，除了后唐谋士和幕僚的足智多谋，开封方面严重的误判也不幸发挥了作用。为了维持黄河沿线的抵抗力量，梁在内地基本的防卫都不充分。当开封的城墙上聚集着后唐的兵士时，梁朝的哀悼如同梦魇。

之前，陷在都城中的梁末帝也曾挣扎着传唤救兵，但不幸的是他的信使半途坠马而亡。但这并不是导致梁灭亡的惟一意外。首都的居民，因兵力缺乏被迫充当防御，引发民怨沸腾。在绝望中，有些朝臣建议将都城迁往洛阳，"依靠那里的险阻等待各地的援兵"，但这个设想终因主干道的不安全而被迫取消。宰相郑珏提出了几个拖延的谋略，包括将玉玺送给对手，以表示媾和的诚意。拖延可以给援军更多的时间到达都城，但对后唐更了解的幕僚认为这样做无异于赌博。这种情况下，心灰意冷的末帝只好要求他的护卫——控鹤指挥使皇甫麟将其刺死，他请求道："我和晋是世代的仇人，我不能丧命于对方的刀锯之下，你就把我杀了，免得我落在仇人手里！"皇甫麟执行了末帝的指令，将其和其他至亲斩首，然后从容自尽。末帝死前仅仅数小时，清除了大量的政敌，包括一对阴谋反对他的兄弟朱友谅、朱友能，以及几年以来一直拒绝合作的前晋将官石君立。史料并没有记载其他战犯的命运，但据信有数千人得以活命。

由于末帝的自杀，开封的居民免除了被攻占后通常的羞辱和屠城，同时后唐也躲避了弑君的污名，轼杀前唐朝皇室的恶名一直笼罩着梁朝统治者。然而，据《新五代史》记载，有一个贺王朱友雍之妃石氏因不服庄宗召见，并当面辱骂新帝，被残忍地当场砍头，绝大多数末帝的嫔妃，包括出身高贵、贪婪成性的郭妃，"都哭着迎接拜见新主子"。对宫女的随意奸淫，对皇宫的抢掠，这些事情

对大多数王朝变迁来说都是家常便饭，但在开封的攻占中却找不到证据。对后唐军队克制行为惟一的解释是来自庄宗本人严格的命令。军纪的严明，为后唐由长期征服转为长治久安，奠定了正面的和解基调。

后唐对开封的接管在第二天，也就是农历十月十日的凌晨立刻生效。然而，在彻底胜利的此时此刻，庄宗却感到一种空前的失落："我和梁帝彼此对立征战了十年，却不能让梁帝活着来见我，真太遗憾了！"（"朕与梁主十年对垒，恨不生见其面。"）宣判梁朝的罪责没有采用通常以血还血的残酷杀戮，相反，末帝的尸身按照平民最高的礼节安葬，将末帝的首级油漆保存（"漆其首函之"），供奉在李克用的祭坛前，这应该是一个更好的安慰先父灵魂的方式。按照同时代相应的契丹的记载，将政治宿敌的脑袋装箱封存的仪式很可能是内陆亚洲地区的普遍风俗。

梁都开封很快臣服，因为正像后唐的幕僚们预料的，绝大多数梁的文武官员早已对梁统治者三心二意，所以对主子既没有什么特别的敬畏，也了无热情。大臣郑珏率领文武百官在主干道的左侧迎接新主子——沙陀勇士。主要的迎谒者还包括左龙虎统军袁象先，他十年前曾协助末帝，率领手下击败篡位的朱友珪而登基。他的政治中心戏剧性地向沙陀新政倾斜，当然促使了梁朝那些首尾两端者的归顺。

除了高层官员的背信弃义，北方沙陀和南方人之间延续了数十年的婚姻，对开封的陷落也助了一臂之力。开封的高官（开封尹）王瓒，在稍作抵抗后，打开城门迎接北方沙陀，并献上银两和骏马。王瓒的大表兄王珂，和前晋王关系密切：王珂的妻子是李克用的女儿。所以，庄宗对王瓒表示了特别的礼遇："我们两家世代有婚姻，我知道作为臣子就得服从主人，但作为个人又有什么过错呢?!"王瓒的表兄在梁朝也曾得到过相似的宽恕，但后来梁帝还是担心其和晋的联姻而把他秘密杀害。庄宗力图采取和梁相反的做法，他不仅继续让王瓒当开封尹，后来还升迁他至宣武节度使。相似的情形在前唐初年也出现过，都市贵族和精英之间的婚姻联系给暴发户提供了获得青睐的关键元素。

不日，洛阳在相似的情形下被攻克，洋洋大观的历史建筑没有遭受破坏。洛阳在好几个朝代包括唐朝都是陪都，所以，占领它对后唐新政来说象征意义更大于新近作为后梁都城的开封。出现这样近乎完美的局面，实在是天时、地利、人和。超过五十个出身文官、却和军队有千丝万缕联系的前梁朝节度使，在后来的十几天内表现出了投诚的愿望，包括李茂贞，长安一带的岐王。李茂贞早年也是晋阳的同盟，后来一直像是梁朝喉咙上的一根刺。远离开封都城的将官们在短时间内纷纷放下武器，包括率有五万精兵的段凝。作为对目前投诚和日后保持忠诚的报偿、激励，庄宗馈赠了段凝大量的物品，包括织锦礼服、骏马金币，还赐予他等同于李氏王朝家人的新名。这是个非同寻常的姿态，因为段凝有一个妹妹是前梁王宠爱的妃子，他和末帝之间有着下属和姻亲的双重联系。更有甚者，段凝曾破坏了跨越黄河的大坝，阻延了后唐大军的从郓州开始西进的进程，这个行为理应激起庄宗的恼怒，但奇怪的是，庄宗好像看起来这件事就压根儿没发生过。其实，当时的段凝也许已经有了日后投靠晋的心思，所以对大坝的毁坏并没有想象中的那么严重。庄宗让段凝仍旧指挥他的军队，他属下的将官也都留守原先的位置，体现出全面的宽宏大量和对其忠诚的信任。

总之，军事机制的转换运作良好，所以，看起来，将官的命运比文官要好一些。与此同时，数十个过去深受梁帝宠信的前皇室亲戚，包括他们的亲属以及被认定是对庄宗不忠的人被甄别出来，并悉数处死。庄宗有意让仍然不忘旧时忌恨的降将段凝去执行。另外，九个在都城身处高位的文官被流放。但这样的清洗被控制在仔细斟酌的小范围内，远远没有伤及梁朝统治层的根本。总之，庄宗没有采取任何革命行为，仅仅是被动而象征性地做了一些修补和调整。他当时所没有意识到的是，繁重而庞杂的事务正在前面等着他。

巩固实力

庄宗和他的幕僚们非常看重开封攻陷后此时此刻的象征意义，他们利用一切机会在属下和近臣面前塑造同光皇帝的正面形象。比如，一些降将得到宽恕甚至是以绸缎和银钱为计的物质奖励。因为之前晋的钱财几乎被耗尽，所以，现在后唐国库的大部分来自前梁朝的钱库，还有一些来自周边君主国的国君和献媚的后梁官员们接踵而至的大量馈赠。庄宗马不停蹄地以富有魅力的奚落和调侃来征服梁的降将们。攻陷开封后的第二天，庄宗主持了第一个为叛将举行的系列宴会，奖赏戴思远、霍彦威、袁象先等，一共两百多人。他带来了绫罗绸缎和美酒杯盏，并转而以他锐利的智慧和幽默耍弄他的宾客。这样的做法让他的客人猝不及防，恐惧之下，纷纷下跪谢罪，相关细节，我们在第一章已有所描述。毫无疑问，其他随之而来的宴饮，没有一个像这一次充满了高度的紧张气氛。

对陆思铎的招待尤其值得一书，这位梁将曾将箭射在庄宗的马鞍上。由此，庄宗记住了刻在箭上的名字。当两人终于相见时，庄宗拿出了那把箭，然后抓住并试图安慰瑟瑟发抖的降将。类似的在宫廷宴会上发生的情形还涉及到刘玘，他多年来一直在黄河沿线的前线指挥梁军，曾和晋王好几次近距离相遇。“瞧我们打了那么多年仗，今天总算打了照面了。”庄宗故作轻松、若有所思地说。令人生畏的气氛就这样被他诙谐的机智淡化了。此时的庄宗踌躇满志，因为他和他的父亲是在挖掘自己对手最出色的勇士的过程中夺取天下的。进一步对权力的巩固除了亚洲内陆以及河东勇士的传统之外，需要更宽广的思维和行为。

庄宗对被征服者施加同情的例子莫过于禁止挖掘梁始皇帝的坟墓，以免亵渎他的尸骨。其实在多年的战争中庄宗一直有这样冲动的念头。位于洛阳南

郊伊阙县的梁朝陵墓十一年前就被封闭了，使得其中的尸骨几乎完好无损。洛阳尹张全义请求禁止掘墓，于是，庄宗只是铲去陵墓上的装饰而已，以示他们不再有皇家的身份。庄宗的宽宏大量很可能由这样的事实所形成：前唐朝的始创者对隋朝的统治者也提供了类似恰当的埋葬，而没有采用那种可能疏远曾经的对手的亵渎行为，借以佯装平静地告别过去。这么做不光在道德上得了分，也显示了政治上的机敏，可谓一举两得。

当庄宗授予郭崇韬“铁券”，可以豁免多达十宗死罪时，很可能是怕自己爱卿的家人遭报复。朝廷签署了此类“铁券”是 9 世纪末才开始的，用来保障忠信之人的后世子孙获得安全保障和享受荣禄。在 887 年，梁地的节度使朱温收到了“铁券”，但他随后推翻了唐朝，当然这样的大逆不道行径在接受者当中是罕见的。在随后的十年中，另外的一些节度使包括吴越的钱镠、凤翔的李茂贞和魏博的韩建也得到此券。因为没有人对朱温的行径深究，“铁券”的协议看来显然只是主上宠爱的象征，或是模棱两可的无法兑现的承诺。授予郭崇韬以显示荣耀的“铁券”，很可能是因为他在征服开封过程中的主导作用，庄宗担心他和他的后裔会遭受大量潜在的后梁同情者的报复。随后，“铁券”被授予了其他将领，实际上，如此膨胀的承诺是不可能保证的。后梁的统治者拒绝签署空白的“铁券”，不是缺乏宽宏大量，而是可能意识到没有承诺比起无法兑现的承诺会更好些。

庄宗的赦免对投诚者李继韬最后的决定很快产生了效应。如前所述，李继韬是庄宗养兄弟李嗣昭的二子，在这一年的早些时候，也就是梁朝陷落的几个月前，他以泽、潞两州向梁投降。李继韬两个作为人质的儿子在庄宗攻占开封后被杀。庄宗蔑视他们的父亲，一个对家族背信弃义的人，并在行刑前这样说道：“你们年纪小小就会帮助你们的父亲谋反，长大了，那还得了？”据信，李继韬正考虑投奔契丹，但就在此时，开封的赦令连同上京的指令同时到达。

李继韬的亲信不能肯定庄宗的信用。疑虑重重的弟弟李继远竭力劝说李

继韬打消前往开封的主意,清醒地警示道:"城中尚有不少余粮,不如关上城门,还可以延缓些时日,总比去送死要好。"但李继韬在923年的十一月还是上路了,随行带上了数十万两银子去贿赂庄宗的亲信和刘氏(即后来的刘皇后)。刘氏随后奉劝犹豫不决的庄宗大赦李继韬:"嗣昭是功臣,他的子嗣应当承受皇上的恩典。"这或许是庄宗在杀掉了李继韬的两个儿子后最苦恼的决定,但他最终还是赦免了他。庄宗重新训练李继韬的手下将官,并将其部队列为常备军,还让其参与诸如宫廷狩猎等高级社交活动。李继韬几周后因为受到庄宗其他近臣的诋毁,担心地位不保,便暗地里让李继远兵变,希望借此让庄宗派遣自己前往安抚,重新镇守旧地,但阴谋泄露,终被杀。李继韬在潞州发起的骚乱花费了数月才平息,这个事变使得庄宗对养兄弟及后裔加重了怀疑。

在新王朝大量的政治和军事事务的压力下,庄宗在十月很想和部分的家人团聚。长子李继岌早先因安全考虑已经返回魏州,由太监护卫,宰相豆卢革在十一月的二十日护送李继岌到达开封。在父子团聚后不久,发生了一桩看上去并不起眼的事情,但却呈现出未来宫廷和都市精英之间关系走向的象征意义。事件的主角是庄宗、李继岌以及梁西都留守和河南尹张全义(852—926)。张全义十月末长途跋涉数百公里来到开封,以示效忠。他几乎在一夜之间就投入了新王朝的怀抱。

张全义出身农家,但在前唐升到了洛阳尹的高位,他又因严格治军,发展当地经济而名闻一方。唐灭,他继续为后梁效命,成为中书令,甚至改用皇姓,但后来梁太祖在兵败途中,因病顺道逗留其府上,强奸(古称"幸顾")了他的妻女,导致彼此逐渐疏远。在张全义的一个侄子死于梁太祖一时的心血来潮后,两者的关系更进一步地紧张起来。同时,张全义也因为他的弟弟张全武的好运而倍受冲击,张全武很久以前就投奔了晋阳,被安置在晋阳宫,生活无忧。不断增长的矛盾困扰,使得张全义早就有了"身在曹营心在汉"的念头。

在开封,年届七十,风尘仆仆且"泥首待罪"的张全义受到了庄宗热情欢迎和慷慨许诺，他被重新安置为洛阳留守。张全义则奉献了大量的马匹、金银等资助给朝廷，而这些资助对沙陀新政来说正是求之不得，这样，彼此的交换显出甜蜜的气氛。随后的宴会气氛融洽，庄宗让儿子李继岌和弟弟李存纪对张全义"像对待兄长一样"。这事开始时不过是反映了庄宗和手下亲近、结交友情的渴望，但一个月后，他和刘后访问了洛阳的张全义和其妻褚氏。其间，他居然认了张全义和他的妻子为刘后的"义父母"，尽管张全义竭力推辞。这一喜庆的开端开启了庄宗和张全义以及双方家庭之间频频的走动，之后，张全义的妻妾们随意和正式地不断造访未来皇后的府第。两个家庭的捆绑原因复杂，并不像许多讥世者所言，只是为了积聚财富和巩固权力。庄宗、刘氏和张全义都是白手起家或自我奋斗者，在他们所处的世界里，家世血统更加重要，而刘氏和张全义的出身贫寒让他们都有强烈的不安定感。此外，共同的精神价值给两个家族的联系增加了另一重砝码：刘妃对佛教的强烈信念，李存勖对道教的迷恋，恰好适应了张全义的折衷。最后，张全义被一连串的皇帝所宠信可能是他最高程度上具备了他们所渴望的个人品性，这种品性没有出现在传记作者的笔下，但对这个耄耋之年的政治老人来说，他能够突然上升到同光朝廷的高位，这样的品行却是举足轻重的。

不管庄宗和张全义两个家族联合的原因如何，单就庄宗和下属关系的不拘礼节，当他一旦从一个地方诸侯一跃而为皇帝后，自然会产生无数的谣言乃至丑闻，因为皇帝的每一个行为都具备了象征意义，不仅针对相应的国策，而且还会涉及到历史的先例。对庄宗而言，他完全欣赏自己行动的无拘无束，但当他的行为引起幕僚们关注和担心时，他们通常不是回避，便是直谏。翰林学士赵凤便"向庄宗进言，认为此举很是不妥"，认为没有前例可循。他甚至拒绝起草庄宗对张全义"以父事之"的文书以示抗议，有些操之过急地将皇家的私人事务公开化。但庄宗并没有就此罢休，他以从最近的历史中得到的启示为依托。例如，唐昭宗，曾让两个王子去拜访李克用，并让他们将李克用当作自己的父亲一

样，由于宫廷之间这样的认领并不多见，所以它们也就扩散到平民和宫廷之间。总之，认领的发展成为了更广泛的政治和社交联系的基础。

洛阳尹张全义利用大量和庄宗会晤的机会不停地劝说将首都永久地从开封搬到洛阳。923年的十二月，都城的变迁布置停当。但找不到关于这次搬迁背后的动机和缘由的史料。之前，后唐军队从云州出发，数日之内便打下开封，这使得庄宗的军事幕僚们非常担忧开封的东边缺乏自然屏障的保护，而洛阳西边的群山加上南北的河流，提供了更好的防御，因为根据最近的历史，对王朝的主要威胁不是来自宫廷内部，而是有实力的各地节度使。确定古代都城的象征意义，在于他们必须迎合宫廷的政治敏感。考虑到庄宗对打猎的热情，以及洛阳近郊几个世纪深受帝王们包括唐朝早期皇室喜爱的自然环境，迁都的倡议具备了格外的诱惑。最后，皇室的应允当然来自河南尹的大力推动，他进一步令人信服地说明迁都的可行性。一旦定下迁都，庄宗和保障其安全的关键人物张全义建立更密切的关系便更是顺理成章的了。

迁都洛阳的紧迫和匆忙几乎没有留下任何时间让朝臣们可以拿出一个全面反映支持和反对意见的评估，包括如何解决通过一个由陆路和运河水路组成的路线向远离开封的西面运送食品的负担，因为这些食品要维持成千上万的高档消费者。开封的中心地带靠近淮河，这对于政府而言是个重要的地理优势，因为这一直接位于开封南面的地区是粮食和财政的关键来源。另外，还有大量的迁都费用要考虑，加上那些建造各类房舍、庙宇和活动场所的大笔开支，这些统统是对公共基金不合时宜的消耗。中国历史上，首都的迁徙总是给执政者乃至整个社会带来不可预见的大量负担。同光王朝的迁都洛阳也不例外。

其实在迁都洛阳前，庄宗就寻求进一步巩固和西部有实力的地方诸侯的联系，像给予"短臂"的河中节度使朱友谦以及近年来关键的政治盟友更多的荣耀。他指示皇子李继岌认朱友谦为"兄长"。十一月皇室为节度使举办的宴会显得尤其精美，庄宗赠送给朱友谦大量珍贵的礼物。在祝酒时，醺醺然而热情喷洒的庄宗又对其大加溢美之词:“我能完成今天的宏伟大业,还仰仗着你的大力协助啊!”和庄宗的夸大其词一样让人震惊的是,这番声明反映了他对这位早期倾力赞助他的事业的人特别青睐。所以,他赐朱友谦新名李继麟,和其大儿子的名字相仿,使得两人听上去是名副其实的弟兄。

张全义和朱友谦分别拥有了洛阳和长安附近最有势力的地方人物,他们将这些人收养为自己的手下。张全义曾在前唐时期利用自己的影响让一个屡试不中的手下及第。以后在后唐,他充当中间人将自己的亲信安插在各地,以旧有的熟悉方式有效地建立起了新的网络。这当然是实用的,也得到了年轻君王的默许,一个以黄河以北为根据地的沙陀政权,恩准了南方根深蒂固的地方势力的存在。另一方面,在分配战利品和奖赏将官时的极度慷慨是始于庄宗父亲的一个传统,相对于一个任人唯亲、败坏法律的官僚国家,这种纵容的方式对维持一个小朝廷的稳定是有效的,但对一个正统王朝的长治久安却是有害的。早期统治的部分政治斗争的中心是让尽可能多的旧有方式适应变化了的现实。

对汉人士大夫的遵从,为沙陀作为中原帝国的少数民族统治者奠定了一个基调。历史上看,权力和特权趋向于为少数的当权者而存在,当权者们不仅将其置于当地的多数人之上,也将其从大众中分离出来。没有证据显示后唐对此有任何排斥性的实践。重要的军事使命,在攻占期间被不成比例地给予自己的北方少数民族,但在获取了中原之地后,改变为更广泛的权力共享。近来又有学者认为,由于频繁地越过边界,以及民族间的混合,种族和谐或包容的理想在10世纪使少数民族的统治,也就是沙陀人和契丹人的统治,看上去有显著的特征。后唐庄宗包容的政策有效地促进了权力的整合。如果政府及时分化,种族相对于不同的个性和政策,所扮演的角色就要小得多。

宦官、伶人

从晋阳到魏州，从开封到洛阳，相对于许多的变化，惟一不变的是李存勖提供给伶人（演员）和乐工（音乐家）优先接近他的特权，从此，这样的影响慢慢地散发开来。反映了他对文学的精通，李存勖以格律和抒情的方式填写词曲，少量的还流传了下来，如《歌头·大石调》和《忆仙姿》等。那首《歌头·大石调》，以春天的桃红柳绿，莺啼风暖，夏日消暑时的扇引微凉，觥筹交错，反衬秋冬岁暮戚戚惨惨、人生苦短的愁绪轻叹，是典型的五代词作，全词如下：

赏芳春、暖风飘箔。莺啼绿树，轻烟笼晚阁。杏桃红，开繁萼。灵和殿、禁柳千行，斜金丝络。夏云多、奇峰如削。纨扇动微凉，轻绡薄。梅雨霁，火云烁。临水槛、永日逃烦暑，泛觥酌。

露华浓，冷高梧，雕万叶。一霎晚风，蝉声新雨歇。惜惜此光阴，如流水，东篱菊残时，叹萧索。繁阴积，岁时暮，景难留，不觉朱颜失却。好容光，旦旦须呼宾友，西园长宵，宴云谣，歌皓齿，且行乐。

《忆仙姿》创制了新的词牌名，为许多选本所载录："曾宴桃园深洞。一曲清歌舞凤。长记欲别时，和泪出门相送。如梦。如梦。残月落花烟重。"他的词与其说体现了形式和情调上的因袭，不若说是表现了李存勖在戏剧和音乐上的天分，尤其是经他手谱写的俗曲，当机会允许时，他甚至还亲自表演过。他的许多创作和10世纪的晋阳有关，显然是以当地山西方言写成的民谣，不少是其独创，在随后的一个世纪被视为标准，称为"御制"。庄宗甚至为他的士兵谱写了军歌，这是中国任何汉族和异族的君王都难以企及的成就。

庄宗沉醉于完整的化妆，被演员们簇拥着进行表演，本质上，他就是个演员，而不是观众。这份表演的激情从小蔓延至今，他喜好绘声绘色地和有同好的男性尽情表现（谑浪）的天性让曹夫人非常烦恼，按照史料，以至于她常常提耳警示。因为曹夫人很痛苦地知晓，原本唐太宗的继承者，富有艺术气质的李承乾（？—644）因为和宫廷俳优和游牧士兵过分亲昵的关系——耽好声乐——而导致的悲剧命运。爱演戏的李承乾对突厥的武士文化有着终身的痴迷，他学习他们的语言，穿着他们的服装。李承乾穿异性衣服和其他奇装异服开始时对太宗也许只是个刺激，但真的到了李承乾和一个年仅十几岁的男性歌手的暧昧被发现，唐太宗便有充分理由剥夺了儿子的继承权。整个事件反映了在中国长期存在的职业演员和同性的关系。也揭示了和演员有同性恋行为的既定王位继承人潜在的代价，因为对他们往往有道德和廉洁方面更高的要求。近如公元913年，蜀国君位的继承者因为和演员及乐工的出轨行为——狂饮斗酒和摔跤比赛——而出位。他的出身寒微、由军人起家的父亲王建，对儿子的故弄风雅和不合规矩的社会习惯简直就是嗤之以鼻。

但不管是母亲的责备，还是十年的紧张征战，都不能磨灭李存勖对演剧艺术以及那些男性演员的痴迷。表演在天子的名义下继续，庄宗李存勖的艺名李天下，暗示着他的李氏王朝，彰显着他登基为帝的荣耀。庄宗不仅没觉得年轻时的激情有什么不妥，相反，地位越高，他越欢喜他所拥有的无涉等级的随和关系，也就是能够体现他爱好歌咏和演艺特征的与同性之间的友情。更有甚者，当他因酒失声，因征战而失去了身材，上了年纪的李存勖看上去更热爱那些年轻、美丽和浪漫化身的伶人。史料很少言及有帝王，像教养甚高的隋朝第二个皇帝隋炀帝那样对别的文化偶像感兴趣，比如文伴、文士之流。尽管令人不快地夸耀他自己古代典籍和文学上的技艺，庄宗其实从文化的意义上更喜欢那些勉强受过一些教育的演员。这样的偏爱也许缘自于一些社会理想主义，但就像那些身处两种文化中，却对任何一种都不精通的人，这更可能是反映了庄宗对自己文学才能没有把握的心神不定。做了皇帝后，庄宗不是将这些演员放在通

常宫廷生活中相对不起眼的位置上，而是不顾实际情况，给予了他们相当的政治权力。

《新五代史》的“伶官传”保留了相关的最丰富的独家史料，这些出身微贱的伶人结成的同党在庄宗登基后的显赫让朝臣们觉得这是同光皇帝一个令人反感的污点。欧阳修描述了庄宗在923年后期攻占开封时发现了他欣赏的伶人周匝的狂喜状态，周匝失踪了好几年，一度被认为死于战乱。他馈赠了周匝让人眼红的大量金银绸缎，更成问题的是，还答应将刺史的官职安排给周匝在梁朝时的两位恩人。李存勖做晋王多年，几乎没有做过类似的安排，因此遭到主政的郭崇韬的强烈阻止。一向直谏的郭崇韬这次也同样直言不讳：

> 帮助陛下取得天下的都是那些忠心耿耿、英勇豪爽的英雄。现在您大功告成，还没有对这些人论功行赏，就率先把伶人放在刺史的位置上，恐怕会失去人心，千万不可！

郭崇韬所指的天下是由军人打下的天下，在五代的战争环境中这些武夫实际上已取得了享有胜利果实的优先权。

除了焦虑庄宗此举的象征含义，郭崇韬当然也务实地考虑到这些伶人作为官员的可行性。作为市镇实际的行政长官，刺史拥有实在的权力，由于这些伶人并没有什么教育和从政的背景，所以，毫无经验可言。其实，相似的能力问题也在将校中弥漫，只是过去的一个世纪，刺史的职位通常是通过战功获得。在这种情形下，这一文官的职位几乎没有例外是由缺少文墨的军人占据着。庄宗很可能看到了任人惟亲做法功能矛盾的两个方面。但庄宗已经大量安排了伶人担任地方文官，部分原因是他个人的偏爱，但另一部分原因也是由于合格人才的日渐缺乏。所以，庄宗在半年以后还是再次说服郭崇韬：“你说的没错，但为了我的一言既出，就委屈一下，照我说的去任命吧。”

伶人们最终都捞到了一官半职，然而推迟的任命有助于控制军界的骚乱，因为将校们不久也都陆陆续续地鼓起了腰包，不满的情绪似在慢慢平息中。但此时庄宗不是去安抚接踵而至的各种非议，而是选择了火上浇油的做法，提拔了一个临时的留守担任滑州的终身节度使。虽然此公并非伶人，但其平庸且和伶人走得很近，因此谣言蜂起，说是他大量贿赂了伶人景进而得到了这个职位。整个事件让人感到一个由伶人充当庄宗的代理人安排、操作权力的宫廷结构已经到位。伶人乐官一干人膨胀到一千多，这个数字按历史上的标准或是同时代别处的情形并不为过。但他们的影响力由文官的系统而建立，使得伶人们的权力超过了任何庄宗身边的小集团。宫廷内外不断扩大的裂隙，对作为宫廷对外发言人的郭崇韬而言像是来者不善。

除了担心这些演员愈演愈烈的贪污和裙带关系，高级幕僚们例如郭崇韬也反对庄宗和伶人们的随意结交，因为这会败坏皇帝的形象，也可能给宫廷的安全造成隐患。按惯例，普通男性是被严格禁止进出“大内”的，也就是以后朝代所称的“禁城”。只有宦官们是不受这种惯例约束的，但现在这一特权延伸至数百个伶人。在郭崇韬等大臣眼里，如此的放纵会最终带来庄宗和伶人之间君臣礼节的丧失，这其实是大逆不道的。例如，在一次宫廷的嬉戏中，庄宗和一群演员在一起表演，在一个喜剧的片断中，庄宗喜爱的敬新磨越过了宫廷的规矩，差点酿成大祸。《新五代史》依据传闻轶事，详尽地记载了这一事件。

> 庄宗曾经和一群伶人在宫廷的庭院内嬉戏，当时，他四面看了看，便大呼小叫道：“李天下，李天下在哪里?”于是，敬新磨就上前打了庄宗一个耳光。庄宗马上变了脸色，一旁的侍从都惶恐不安，其他的伶人也惊骇不止，他们抓住敬新磨质问道：“你怎么敢打天子的耳光!”敬新磨回答说：“所谓的李天下，不就只有一个人吗? 除了他自己还能是谁呢?”

敬新磨迅速而机智的回答，使得响亮的笑声在宫殿上回荡，庄宗由最初几乎要杀他，转而给予大量赏赐。对皇上掌嘴即便是其妻或其妾所为都会引其暴怒，遑论普通人。进一步说，缺乏恰当的空间距离，或者没有保持距离的意识，无论在个人举止还是政治行为上都会让这些伶人更加地肆无忌惮、得寸进尺，因为他们知道庄宗的宠爱会保护他们免受惩罚。

尽管没有什么文字证据，喜好音乐和表演在当时沙陀文化中很可能广泛存在，这足以解释为什么两代晋王——李存勖和其父，都会在家人和军队面前一展歌喉而不用担心会被下人瞧不起。文化的差异也可以解释为什么来自中原文化的李存勖之母曹夫人比起其父，更以失望之情来看待李存勖在歌唱和戏剧方面的兴趣。在中国，根据司马迁的《史记》，汉朝和汉以前，伶人们发挥了他们对政治的一些影响。在传统封建社会，伶人和乐工大都来自遭受歧视的家族，这些人被更多地视为工匠而非艺术家。即使在早期的唐朝，有一小部分所谓的“宫廷乐师”享受着比独立的演员更高的社会地位和特权，但在社会上仍然是凤毛麟角。依照传统，天子可以在一定距离内欣赏表演者的技艺，但如果他参与表演的话，就会贬低自己。庄宗体会到朝中大臣们的关切，但他拒绝放弃他的文化认同，拒绝对他喜爱的伶人设立恰当的界限。数个世纪以前，朝官们批评唐太宗在登基后对弓箭手的亲善，认为这样的行为在礼节上是不妥的，而且会潜在地损害他的个人形象。但唐太宗强硬地拒绝改变，这种做法很可能被庄宗借鉴，而对自己的批评者保持沉默或峻拒。

历史上，个体的伶人或者俳优可能通过取悦当权者施加影响，但几乎不可能像在庄宗治下的那些伶人俳优一样作为一个小集团产生决定性的作用。对朝廷非凡的影响力，出入宫廷的自由，加上内在深刻的联盟，所有这些蒙蔽了庄宗对这些伶人弱点的认识，从而昭示我们，相对于通常的庇护者和被庇护者，亲昵的关系更接近于情人的状态。进一步的对帝王和伶人乐工亲密关系的批评来自契丹的首领阿保机。他以自己和乐工之间的谨慎相处来对照庄宗对此无

节制的放纵:“我也有来自各个部落的乐人上千人,但不是公开的宴饮场合,我是不会随意动用的。”由对庄宗“妄举”伶人乐工的谴责,阿保机看上去推崇在性别、情感的交叉点保持正常的界限。值得注意的是,欧阳修用“宫掖”这个词来指代伶人们可以特别出入的宫廷候见厅,这个词通常用来称谓嫔妃的住处。看来,有时伶人们充作庄宗嫔妃的推论是毋庸置疑的。

宫廷内对宠信者的暧昧行为,带给了在教育和知识方面都很有限的郭崇韬特别的挑战。作为具有内阁地位的军事长官——兵部尚书兼枢密使,郭崇韬自占领开封后便在军事和行政两方面都拥有了广泛的权力。然而,按照史料,尽管忠心耿耿,又善于进谏,但他对王朝典章和前朝案例所知甚少。郭崇韬对古典和历史知识的缺乏使得庄宗不得不提拔了一批文职大臣,但目的是为了加强这位兵部尚书的权威,而不是按照前梁朝那样削弱他的权限。作了半年的宰相,豆卢革的毛病显露无遗,以至于朝中官员坚持任命两个并行的宰相,韦说(? —927),豆卢革的密友,赵光胤(? —925),郭崇韬的力挺者。他们的任命发生在923年的十一月。此二人都来自前唐朝显赫的家庭,但韦说很快显出和他声名狼藉的前任一样的无能,两人不久便成为“花瓶”式的角色。赵光胤是同为后唐文官的赵光逢的弟弟,先前曾被认为“廉洁方正”,但做了中书侍郎后,却显现出“轻率任性,惯于沾沾自喜”的倾向,深深得罪了大量的同事,包括豆卢革和韦说。三个大臣之间的不停息的纷争导致了未来宫廷朝臣的彼此疏远。不幸的是,赵光胤一年半后死在任上,使得郭崇韬在朝中失去了强有力的相佐的文官。

但知识有限的郭崇韬看来却掌控了庄宗的决定,促使其任命了两位太监作为军事领域的助手,开始是马绍闳,后来是张居翰。很像已故的张承业,第二代受过良好教育的太监们很清楚宫廷的惯例和前唐朝的朝廷事务运作。他们在监管首都和地方的都市武装力量方面的经验也超过了郭崇韬。按照以往的体制,高层朝臣和太监混合作为军事领导代表了前两个朝代的权力制衡。前唐朝在8世纪开始时,就无一例外地将太监任命在各类监察的职位上。一个世纪后

对太监的大规模清洗允许后继的梁朝恢复将军事监督权授予德高望重的官员，任命的人大都以此为准：道德楷模，兼有些文墨，典型的便是敬翔。与军事官员对行政能力的缺乏并存的是附着在职位上强烈的个性，他们以此勉励自己并逐步形成独立的意志。郭崇韬在同光王朝武断的风格是这种将武官置于文官位置的体制转换的结局。

在作为晋王时，李存勖已经开始同时在高级军事幕僚中使用太监和文官，登基后仍奉行此道。他还恢复了唐代枢密使的命名，目的是提升这个职位的政治传统。但他建立制度粗枝大叶的努力对王朝的行政运作并没有带来积极的影响，可悲的是，对以往相似的或过时的名目的空洞模仿继而扩大到了别的政治活动领域。对应着后宫嫔妃和政府部门的膨胀，都城太监的面孔在来年很快增加，达到了一千人。当然，和 9 世纪晚唐大部分时期大约五千人规模的宦官相比，同光王朝宦官的数量尚在中等程度。此外，庄宗开始时设立了太监不得外派洛阳以外的规定，这个原则在唐朝后期没被采用。但这个限制即便在庄宗自己的统治时期都难以实施。显然，一个在智力上和身体上都如庄宗这般的帝王是不会让自己受制于宦官的，不像一个世纪前的文宗，曾无助不幸地描述过自己受制于太监的境遇，通常，同光皇帝仅仅允许太监以微妙的方式纹饰他对宫廷以外人事的观察。所以，太监们在权力的中心一直没能占上风。

在庄宗能够减少对宫内受宠伶人的依靠之前，需要以考试的形式恢复行政服务的信用测评机构，这个系统在晋的统治时期采纳过。同时，一些南方彼此接壤的王国国君已采用了相似的方式来评估太监是否可以作为心腹和出任使节，证明这是个可以超越统治者个人喜好的有效手段。在现实中，庄宗的首席宦官张承业和张居翰，都拥有了可以匹敌任何大臣（包括郭崇韬）的道德力度和政治眼光，他们个人高尚的品行被广为传颂。在以往清洗中死里逃生的创伤催生了太监们的狡诈。但张承业和张居翰拒绝像往常那样操纵君王或陷害官员，因此这些他们为之服务的君王和官员感受到了其出类拔萃之处。但最终，下一

辈的太监被置于更险恶的环境中。由于不可能像伶人那样如此亲近庄宗，有些太监就过于急切地讨好这些宫廷伶人，另一些则转而极端地鄙视他们。

大多数传统的史家将太监和伶人混为一谈显然有失偏颇，因为受过良好教育的太监很可能对伶人们是蔑视的。相反，有些伶人为了纯粹取悦皇上而有嘲弄朝中大臣的习惯（“辱弄缙绅”），而他们这样轻率的行为也自然延伸到太监身上，因为太监身体的畸形是贬低或嘲笑他们最好的由头。伶人和太监的杂陈造成了一个有先天裂隙的宫廷，同时，因为庄宗和刘皇后对伶人和太监分别护短，也由此将宫廷分裂成两个部分。进一步使得洛阳皇宫内部事务复杂化的是受尊崇而严厉的皇太后曹夫人，她不久和儿子李存勖团聚，直接插手了一些重要的内部问题，包括对儿媳刘皇后地位和礼仪的规范。

家族庆典

公元 924 年一月，庄宗十来岁的儿子李继岌和最小的弟弟李存渥被派往晋阳护送他的母亲和后母至新都洛阳。刘太妃，李克用的正房，婉拒了搬迁，声言本朝祖先和李克用的陵墓都在晋阳附近的代北。她随后又说：“如果我和你们一同离开，一年一度谁来祭祀他们呢？”听起来，太妃对李克用的守节承诺和由此而来的担忧是真诚的，但实际上这只是她不愿搬迁的第二位原因。性格外向而独立的刘太妃当然更担心失去在晋阳众人环绕的熟悉环境，而换成在都城洛阳的形单影只，几乎没有什么盼头的生活前景。她也很可能还残留着对一年前庄宗将她从正房降格至偏房的反感。因此，曹夫人和刘夫人四十多年来第一次分手，按照她们彼此特殊的情谊，可以想象她们离别的酸涩不堪。

庄宗在一年漫长的分离后焦急地等待着母亲曹太后，他早早安排了洛阳西北一百公里的怀州之行，目的是迎接母亲并亲自护送她至都城。当庄宗 924 年准备对母亲的欢迎仪式时，他应该想到十二年前当他出发前往赵国增援时，母

亲充满伤感和柔情的送别。那个时刻标志着他由一个让人狐疑能否胜任的王子走向了皇位竞争者。但他的幕僚认为现在这个时候的任何长途跋涉对皇室来说都是不吉利的，所以庄宗便选择了离洛阳一天路程的河阳去迎接母亲，他的随行人员中充斥了朝中大臣、卫兵、书记文牍官和传令通报的信使。这是李存勖自从升上皇位、曹夫人荣膺皇太后桂冠以后他们之间的首次重逢。

更引人注目的还是在新近命名为"洛京"的洛阳城门举行的庄宗母子相会的盛典。文武大臣盛装列队欢迎皇家人员。整个仪式的精心安排更是为了取悦母亲而非渲染庄宗自己，在此过程中，严冬的寒冷使得每个人都鼻涕不断，直打哆嗦。同样的这群官员不久再次集中，参加宣布庄宗正式名号的仪式。庄宗荣膺"昭文睿武至德光孝皇帝"，这样的名号一般来说是经朝野商议的，但其实是由文官代表皇帝表达谦逊之意。

曹夫人的到来恰逢其时，她得以参见在太庙和南郊举行的神圣的皇家祭祀典礼。远在十五年之前，上一位皇帝主持过类似的郊祭仪式，但前梁朝的末帝从未按计划执行过这样的礼仪。因此，就像后唐王朝所希冀的，作为旧王朝新近的更迭和新王朝奠基的庆典，这个仪式承载了额外的意义。一天后，也就是二月一日，在南郊的典礼中，不到十五岁的长子李继岌直接位居于庄宗之后。处于典礼中心的曹夫人满怀喜悦地见证了儿子和孙儿联袂的完美画面。庄宗在洛阳的皇宫里给母亲专门安排了住处，取名为"万寿宫"，这比之曹夫人在晋阳长期居住的地方要奢华许多。她当时已经六十多岁了，这就是为什么庄宗要抢在任何别的皇家成员之前安顿好母亲。

和皇家祭祀同时进行的，是朝廷沿袭古例的大赦。但有一个颁布的法令突破了惯例，值得在这里引用："对普通人家的女性，凡是被抢走在他处作为婢女和嫔妾的，全部交由家人领回。那些被刺面从军的男性，应发给凭证，放他们回家自谋生路。"在简短的声明中，同光朝廷揭示出数十年的征战对社会的广泛影响，成千上万的未成年男子被强征入伍，那些被奴役的女性也不在少数。政府

的布告还表明他们要通过家庭的团聚和结束对百姓最坏的虐待来重整社会秩序。公众对强征民女的担忧尤其引人注目。庄宗本人最主要的嫔妾刘氏，在孩提时就一点不差地经历过这样的事情。所以，庄宗这样的诏令很可能受到了刘氏的启发和激励。

常规的祭祖和郊祭还承担着对有功之臣的犒赏，这对羽翼尚未丰满的政府来说无疑是个相当沉重的负担，其实，推迟祭奠也许是个不错的借口。但争强好胜的同光皇帝坚持照常进行。南郊的祭祀有一千文武官员参加，每个人都希望能按级别论功行赏。同时进行的庆典和祭祀使郭崇韬在一些细节上和皇室发生了新的摩擦，也是他第一次清楚而直接地发现了一年前登基的同光皇帝政治行为上的好大喜功。

在开封投诚后不久，郭崇韬就从各种地方官那里收到了金银和其他有价值的个人礼物。没有法律禁止郭崇韬享用或挥霍所有这些私产，但在一个公私消费分开的象征性声明中，郭崇韬选择了设立一个特别之用的基金，之后为完成朝廷的典礼贡献了成千上万的银两。但他的个人储备依然不够所需，郭崇韬便请求宫廷使用内府的储积来填补所缺，因为即便在公共财政短缺的情况下，内府也是充盈的。“我在晋阳还有储蓄，可以让租庸官前去取来以贴补不足。”庄宗在沉默迟疑许久后回应道。数百万的金银和绸缎是真的，但这些财富都是前些时候从叛臣李继韬那里没收来的，并不是庄宗自己在洛阳的私产。而将这些财物从晋阳搬到洛阳则要有额外的时间和损耗，这些都激怒了郭崇韬，也让军士们不满，他们认为宫廷比想象的更抠门。如此对财富的分配方式逐渐地形成了后唐新王朝负面的公众形象，这个形象的蒙羞和锈蚀比统治者意识到的要快得多。

在这次颇有争议的典礼后，郭崇韬和庄宗的关系一度紧张，于是他便听取心腹的建议，做出了重大的决策，和中宫——也就是刘皇后的一伙，建立起了联盟。“我辅佐天子取天下，现今大功告成，但这些小人却合起来对抗我。”郭崇韬

出人意料地向一个密友透露自己的担忧和薄弱。他暗示庄宗身边的宠爱,像张全义和其他权位日盛的伶人等素来怨恨他刚正不阿的原则,不断地向庄宗进谗言。于是,二月的一天,郭崇韬请求庄宗将其外放。郭崇韬其实是做个姿态给庄宗看,但庄宗一则不明就里,二则还是离不开郭崇韬的辅佐,便竭尽挽留,并马上采纳了郭崇韬的建议,施行"天下利害二十五事"。达成了眼前的政治目标后,郭崇韬转而又通过支持将刘氏推举为皇后试图进一步加强自己精神上的同盟者。但此举却又不幸为郭崇韬最终冤死蜀国种下了祸根,如同庄宗一味宠信、护短朱守殷却换得他关键时刻的背信弃义一般。长时间配合默契、相辅相成的君臣二人,在这点上,皆令人叹息地成为了悲剧人物。

作为庄宗十多年的主要陪伴者和庄宗长子——未来皇位继承者的母亲,刘氏通过种种手段屏蔽了所有的竞争对手。庄宗在十几岁时是有正室的,被称作韩夫人,但没有男嗣,之前的很长时间内,侯氏和伊氏都得到专宠。越过正室授予刘氏皇后就得要求韩夫人屈就妃子的地位,但这样的角色转换已有先例,加上现在庄宗对李继岌宠爱的优势和他最近类似的不合常规的行为,即为了让自己的生母坐上皇太后的宝座,庄宗不得不将其父李克用的正房刘氏降位为皇太妃。但即便如此,宫廷高层中反对立刘氏为皇后的异议仍然持续了好几个月。

《资治通鉴》认为,刘氏晋升的主要障碍来自于李存勖富有影响力的母亲曹夫人,因为她实在不能容忍这个医巫的女儿最终会越过她成为"国母"。毕竟,就像庄宗的正室韩氏,曹夫人同样来自地位高雅的晋阳之家,所以对这位她和丈夫李克用为儿子选定的正妻,曹夫人怀有一种天生的思乡情结。同时,和刘氏——这位伺候了她八年的女佣,长期住在一起,没有人比曹太后更清楚刘氏的缺点。所以,在曹太后到达洛阳后的半个月,而不是几天后,刘氏的册封才得以进行,这足以说明曹太后一直在相关的议题上坚持她的看法,但最终,她还是被说服了,我们可以从可信的正史以外的史料中得到这样的结论。作为十年前

曹太后在晋阳宫的坚定支持者，郭崇韬对刘氏的适时背书，也是让曹太后改变初衷的重要原因。出身寒微的郭崇韬一直不停地和那些根深蒂固的精英们斗争，反对他们对平民的偏见，所以他立挺刘氏一定有什么难以启齿的隐衷。如前所述，他本以为此举可以换取刘氏的回报，但实际上却是个严重的误判。

为了弥补长期等待的尴尬，刘氏的皇后册封典礼显得特别盛大隆重。二月十五日，第一次正式地宣告了刘氏皇室中的地位。整个典礼充分体现了庄宗的好大喜功："皇后受册封后，乘上用珍禽羽毛和皇家徽记装饰的观礼车，一路吹吹打打，浩浩荡荡奔向太庙祭拜。"太庙的仪式是皇后册封的规定程式，由《新五代史》详尽的描述，我们可以看出刘氏的册封仪式已偏离了常规标准。被取而代之的韩夫人及伊妃当然对刘氏的册封愤愤不平，所以在这年的晚些时候，庄宗给她们加上了淑妃和德妃的名号。为了进一步安抚正室韩夫人，庄宗授予她的兄弟——博学的韩恽，以朝中高位。给予娘家王姓的儿媳妇以封号，要等到来年。定州义武军节度使王都一直深得庄宗的宠信，他的十几岁的女儿和李继岌在 924 年的夏天婚配，分别被赐为魏国夫人和魏王。

庄宗所有其他儿子的加封也推迟了一年，他们都不到十岁，分别为继潼、继嵩、继蟾、继峣。庄宗已婚的妹妹，琼华公主、瑶英公主也都随后受封。前者是庄宗宠信的孟知祥的妻子，后者是排行十一位的庄宗的妹妹。而他的弟弟共有七个，显然庄宗姊妹的数量超过了他的弟弟。925 年的晚些时候，庄宗的亲兄弟才得以册封，以前他们仅仅被授予节度使的空衔。史料没有解释为什么这些册封活动不寻常地推迟了两年，可能性最大的恐怕还是这些仪式需要高额的费用。在别的朝代，主要的皇室成员一般在都城拥有卫兵守候的象征着身份的辖地或出任地方官，所谓"封地"，但庄宗却选择让他们在洛阳依靠津贴生活。这样的想法也许还是来自唐太宗，唐太宗没有给他的亲戚封官许爵，免得增加老百姓的负担("以免劳民")。不得不承认的是，庄宗的亲弟兄中显然都是些既没有军事特长也缺乏行政经验的无足轻重之人，所以给他们发赡养费不失为明智

的做法。总之,血亲的兄弟姊妹相对于那些战功卓著的养兄弟来说,得到的恩宠要少得多,当然是因为后者在建立帝国的过程中所付出的要远远超出前者。和嫡亲兄弟姊妹淡薄的联系,在庄宗登基后对他们的怠慢中显现出来,也帮助解释了他倾向于和没有血缘关系的人建立联系,像战时的英雄以及伶人和太监。但庄宗的偏好却需要承担意料之外的危机。

结善邻邦

在公元 924 年春天进行的各类典礼和册封中,新生的王朝赢得了广大周边王国的认可。来自东部新罗国和渤海国、西部的党项和回鹘联盟的特使们带着他们国王的贺词和礼物(贡贺)到达洛阳。庄宗杀掉了一个软禁中的契丹叛将以换取和辽国的外交往来,在更靠近后唐中心的南方,善意通过来自当地君主的礼品反映出来。东南的吴王杨溥,派遣了带着贡品的使节,这些贡品包括两千两银子、一千两百匹锦绮罗、五百斤细茶、四株象牙以及十个犀牛角。数月前,作为最为富有的南方领地,吴王已经呈送给同光皇帝一份丰厚的登基大礼。额外的慷慨馈赠反映了杨溥急于提升和后唐的关系,和在晋王早期时的态度相比,他完全换了个样子。据信庄宗在和杨溥密使的会面中讨论了一些重要的议题,其中当然也包括了对杨溥准备登基为皇用的皇家礼服的直接不满。因为这样的行为被视为对后唐统治的冒犯。这个消息传到了杨溥的左右手那里,他们劝说他无限期地搁置了称帝的进程。显然,外交为其他的行动,从情报收集到政治压力提供了保险。

作为一个规则,外交对这些最靠近后唐的王国更有效用。楚国君王马殷,他的地盘直接位于后唐的南面和吴国的西面,前一个秋天,他派自己的儿子出使开封。出使的时机和规模都表明了和北方关系的重要性。公元 924 年十月,正巧是庄宗四十岁生日,楚国进献了贵重的礼物,包括一千锭白金。马殷甚至

将以前梁朝授予的都统印上缴，以表明对后唐统治的心悦诚服。楚的地盘略小于吴，处在南北贸易的漩涡之地，所以搞好和洛阳的关系也就是保障了它自己的经济利益。

外交上的故作姿态对南平这个最小的位于宜昌、跨越扬子江的南部王国来说，显然更成问题。虽然从东到西只有数百公里，但南平对唐来说占据着重要的战略入口，因为它的南面可以直接到达楚国，西面可以直抵蜀国。另一方面，楚和蜀是比它大得多的两个国家，因此，相对于任何其他的王国，南平更需要一个外部的联盟以应付它强大的邻国，所以它致力于挖掘和北方的紧密联系是有历史根源的。南平领主高季兴享受了近二十年梁朝对他的认可，彼此之间保持着大部分时间的友善。作为一个坚定的同盟者，高季兴曾经在梁朝对晋王的围攻中给予过象征性的支持，所以，当 923 年秋天新近加冕的晋王主动热情地向高季兴示好，不免让他受宠若惊。

庄宗的诏书包括了让高季兴上朝觐见的邀请书。高季兴的助手们试图劝阻他，把这次开封之行看作是“行为虏尔”，等于是送上门去做俘虏。高季兴还是自顾自在这年的十一月在开封露面，只是随行带了一支全副武装的三百人的卫队。一旦礼节性的会面结束，据说庄宗想要监禁高季兴，但郭崇韬告诫庄宗如此不守信用会导致潜在的反弹：

> 我们后唐刚刚灭了后梁得到天下，应当向世人显示皇上浩荡坚定的信用，现在四方的诸侯相继入朝进贡，但只是派遣亲戚或手下，可高季兴亲自前来觐见述职，成为各地诸侯的表率，理应施恩褒奖，以此劝勉后来者。如果将高季兴羁縻收监，会让天下人认为皇上气量太小，而断绝了各地的朝觐者，所以，皇上您千万不能这么做。

庄宗最终改变了主意，部分是因为郭崇韬的劝说，部分是因为高季兴本人

的直率和落落大放的风度。

在和高季兴会面的过程中，庄宗暗示他要攻打蜀国和吴国，显出对这两个已经或准备接受封号的南方属国的背信弃义。他提及他个人更想先拿下蜀国，但又担心从西北而下的北方骑兵会在秦岭山脉遭遇到危险。高季兴将蜀国描绘成十分富有的目标，潜台词里聪明地点出了后唐正东的邻居南平，没有必要成为进攻的目标。他甚至答应将来南平的军队可以作为牵制的力量辅助进攻蜀国。庄宗对高季兴的建议和可能的军事支援显得兴高采烈，彼此欣欣然的离别前，他在高季兴的背上拍了一巴掌，我们在第一章已引用了有关的细节。但不久庄宗就后悔不该向郭崇韬让步，放走高季兴，所以派了刺客要将其杀死在回家的路上。幸运的是，暗杀没有成功，让双方得以维持表面上的散淡合作，也免去了新生王朝一次可憎的刺杀事件——因为这可能让后唐在其他方面陷入外交上的困境。之后，后唐为弥补彼此的关系，在924年任命高季兴为南平王。作为第一个亲自赶赴后唐京城的南方自治政府的首领，高季兴也是最后一个直接指责庄宗不是的人。这个事件中郭崇韬的明断和洞察也证明了他转变成外交家后在策略上的成功。但与此同时，庄宗却陷入怀疑和阴谋的心态中，显然，这种心态更适合夺取政权而非统治国家。

吴越当时是一个位于中心海岸、面积中等但十分富庶的王国，基于这样的特点，后唐首先启动了和吴越的外交联系。923年五月，庄宗的特使带着包括名马良驹、玉带香药前往吴越的都城杭州。但吴越方面对等的回访推迟了一年多，很可能是因为年老的国王有其他国内的要务要先行处理。924年的九月，当吴越的特使们终于到达洛阳时，为了表示对延迟回访的补偿，他们呈献给后唐皇宫大量精美的珍宝，其中包括锦绮千件。此外，他们还携带了足够安抚后唐朝廷的钱币，这也滋长了随后后唐朝廷上下的贪污。

吴越特使们的慷慨使他们在洛阳皇宫很快结交了不少朋友，但有个请求还是引起了官场的惊愕。吴越王钱镠为了使自己有权力传位其子，要求玉册。庄

宗将此请求转给朝中执掌此事的有司商议，不出意料，郭崇韬竭力反对。他抗辩道，玉册作为天子权力的象征，历史上只限于天子一人专用。同样排他惟一的规则也适用于对手下的任命，这个任命权不应当转给任何第二人。朝臣们视这个事件具有象征意义，但庄宗认为郭崇韬对中国以往惯例的解读过于狭隘，最终把它当作技术层面上的事而应允。之后，金印和玉册被授予“吴越国王”，同时还加赠红袍御衣。钱镠时年已过七十，大庄宗三十岁，庄宗免除了钱镠在和后唐联系时的从属身份，只要钱镠认可后唐的霸主地位便可。这一没有给予其他南方诸侯国的特别优待，常常被认为吴越的特使大量给予宫廷密友的贿赂所起的作用。更有可能的是，庄宗只是欣赏和吴越亲善关系带来的便利，当重点放在对抗它的邻国和常年的对手时，对吴越的做法，使人想起晚唐的政策。对庄宗来说，礼节相对于实际成就的功用要小得多，他的这一战略上的实用主义观念也同样用在了外交事务上。

但后唐和蜀的关系却被更棘手的问题纠缠着。五年前，王衍宣布登基为皇帝。在攻占开封后不久，庄宗试图建立和成都之间的外交联络，但未被蜀国的领导层接纳。随后在924年的春天，后唐第二次出使蜀国，由资深的外交家(客省使)李严率领。李严富有智慧和辩才，他在庄宗还是晋王时便建立起的彼此之间的长期交往无疑会增加他作为后唐发言人的权威。在成都吵吵嚷嚷的会谈中，北方的使节列举了过去几年中诸侯国大量的进贡，以证明后唐王朝在南方横扫一切的威力。一个更广泛的统一王朝是不可避免的，李严正色道，这个趋势蜀国要想抗拒那是再愚蠢不过了。他也端出了最近他的朝廷出台的针对南方近邻的胡萝卜加大棒的政策，并露骨地说：“皇上对归顺者会施以恩德，但对抗拒者只有武力的震慑。”蜀王的兄弟差点将李严当场斩首，因为李严有效地传达了后唐的讯息：除非蜀归顺后唐，否则蜀便会被大军荡平。

李严出使的流产，更激怒了后唐宫廷。同光皇帝原本交给特使李严一些名马想和蜀换取在北方缺乏的珍宝，据说是为了装饰宫殿。但当地的律法，严格

禁止出口当地珍稀物品,李严回程只好带了微不足道的两百两黄金和一堆没用的皮毛,这是庄宗自登基以来最小的一笔贡品。比之无礼地对待他的特使,一个巨富的南方小国如此的吝啬和冷淡,更让庄宗恼怒。在所有和平努力皆不奏效的情形下,他开始下决心进犯蜀国。数月前和南平王的交谈,显示着对蜀先行用兵的倾向,但后唐藐视对方的外交行动却产生了这样的结果:李严的言辞很可能有意识地激怒了蜀国王室,使他们天真地落入了圈套。

庄宗个人急于报复蜀国君主的怠慢,但却和手下的文武官员产生了冲突,他们看上去坚决反对在和梁朝长期战争刚刚结束就开始新一轮的军事部署。公元924年五月的陈情表中,谏议大夫薛昭文提醒庄宗,对抗南方的好斗者将会是没完没了的,因为在那里,存在着大量根深蒂固、三心二意的地方政府。同时,北方本身也不太平,它的军队需要迟迟未能兑现的饷银,农民们在多年的被轻忽和缴纳苛捐杂税的损失后也要求补偿。实际上,中原地带面临着反抗和暴动的双重威胁,任何一项都会动摇后唐王朝。薛昭文所提出的政治上的强化和统一应当先于疆土进一步扩大的思想,显然影响了对蜀国行动计划的即刻实施。而另一个推迟战争的背后原因是日渐火热的京都之内上演着围绕着文化和价值展开的矛盾冲突。

文化角力

同光二年,是庄宗统治中原后第一个完整的年份,但国内事务盖过了外交进程,成为塑造朝廷形象必须优先考虑的。从924年的年头开始,庄宗的统治风格开始逐渐形成,也就是说,他在处理政府事务中主要依赖核心圈子内的几个关键人物,同时,让自己成为最终的决策者。唐代后期那些傀儡皇帝的执政始终被四周各种可见的危险包围着,它们或者来自大量地方节度使的争斗,或者来自宫廷内那些傲视专横的宦官和大臣。有些成功的统治者像唐太宗,在执

政的高峰时期，为后世留下了珍贵的遗产，那便是，最高统治者在处理任何政治议题时都应当在个人强烈的信念和适当的退让的权宜之间找到平衡。受到唐太宗独立执政的启发，庄宗希望自己能定夺大政，而不仅仅是大臣属下手中的橡皮图章。他相信他在战争中的本能发挥，而将治理国家看作是类似于指挥战役，因为他认为两者都要服从于严密的组织纪律。

在一定的领域内，同光皇帝有意识地采用了类似唐朝早期的模式。在确立黄河以北的根基中，他选择采用了四个都城，而不是像汉唐那样的两个都城的方案。第二类都城在魏州、晋阳和镇州形成，作为首都洛阳的补充。因为当时面临着对南方诸国彼此认同，防范北方险象环生的压力，四个都城的方案旨在加强后唐在策略和文化上的联动。所有的二类都城都在黄河以北，这就说明了开封周边缺乏一个位于南方、对洛阳的安全起着策略上关键作用的城市。指定一个城市为都城，除了它政治地位的提升，它还要承担在防卫方面的基础设施和人员素质的提高。在丧失了首都的地位后，开封对后唐的敌人来说变得更易攻击。

除了维持在首都以外的现身露面，庄宗还在都城之内通过和各类有实力的精英阶层的社交活动来显示自己的形象。他的父亲因频繁幸访自己的心腹盖寓而广为传颂。以此传统为基础，同光皇帝在自己的私宅举行了一连串的正式宴会，宴请汉人官员和沙陀将领，以期巩固他的政治基础。其实，他作为晋王时，就曾经用“饮至之礼”来劳军。活动以大量丰盛的食物、美酒和各类娱乐为特征，通常拉长到深夜。皇帝居所的来访者在以前的梁朝时很罕见，而隋朝和早期的唐朝更喜欢在宫殿或者是近郊的风景名胜处欢宴犒劳朝臣。历史上之所以在宫殿举行宴会，皇帝安全是主要的原因，在那里，任何外来者都不得佩带武器，在进殿前要接受全面的搜身。再者，宫廷宴会作为对杰出贡献者的奖赏，看上去是更为隆重的盛典，因此，至少从被奖励者的角度看，宫廷是无可媲美的上乘选择。但庄宗却痴迷于非正式的布置，随意的交流，更不理会安全问题。

在924年的早些时候,他邀请了一些手下最杰出的将士做客。

四个月前,李嗣源刚指挥了最终历史性征服后梁的战役,之后又成功地挫败了契丹人,新近凯旋回都。在后唐定都洛阳后,李嗣源有了一处舒适的住处。给予李嗣源和其他主要将领在都城的住处,除了有助于宫廷的商议决策,同时也是作为监视潜在对抗者的方法。庄宗造访了李嗣源的宅第,欢宴的大部分时间内,彼此分享着展示各自个性的故事,按照史料,这次会面是"在非常欢快的气氛中结束"("尽欢而罢")。然而,九天后,当庄宗继郭崇韬之后授予李嗣源免予罪罚的"铁券"时,至少让人觉得那些快乐并不是无忧无虑的。相关的史料在此事的动机上令人生疑地保持沉默,但私人间的宴会和授予"铁券"的巧合表现出庄宗的担忧,使得这项宣布即便不是完全必要的,也是及时的。李嗣源和郭崇韬共同策划了对开封的攻取,这被视为梁朝崩溃的前奏。所以,他们是未来最易于遭受攻击和惩罚的两个人。说来也怪,李嗣源一个月后请求退役,该是有一些缠绕不已的担忧。924年十一月,兄弟两人在宴会上再次聚首,但庄宗以安抚而非擢升的方式拒绝了这一请求。两个养兄弟,虽然从未亲近过,但在同光统治的开端,却因为他们共同开创帝国的辛劳和甘苦而分享着真诚的关照和友情。

庄宗在924年的五月和九月两次在郭崇韬的府邸宴请对方。虽然被史料描述为纯粹的宴饮,但对神经总是紧绷的郭崇韬来说,和政务无关的享乐是不能想象的。

曾救过庄宗性命,并逐渐成为最为受宠的义子元行钦(李绍荣)在这年的十一月受到宴请。据信,那些能够博取观众注意的摔跤手也在宴请过程中进行了表演。庄宗各种各样的亲弟弟和异母弟弟,其中六个住在洛阳,不久,在他们各自的院落里和庄宗觥筹交错,交杯尽欢。

作为褒奖,庄宗还罕见地在数月间两次拜访洛阳尹张全义。在十一月对张全义郊外别墅的访问中,庄宗还在那里留宿。和朋友一起过夜在庄宗未登基前

很常见，但之后就很少见了。更罕见的是十二月的第二次造访，当时庄宗携带着妻子刘皇后一同出现在张全义位于市区的住宅前。史料记载，刘皇后的现身吓坏了主人，因为没有预先的通知，也就无从准备接待皇后，这样的情形更无任何前例可循。正是在第二次的访问中，如前所述，醉酒中的庄宗指示刘皇后认张全义和其妻为父母（"命皇后拜全义为父"）。这个主意合乎刘皇后的意愿，因为张全义和她一再拒绝承认的父亲同年。无可否认，未成年便在晋阳成为皇家女眷的佣人，使后来的刘皇后未能拥有一个父亲的形象。主要的史料指出是作为洛阳尹的张全义给予了皇家大量的礼物才使得彼此的友谊飞速发展，但在中国古代，表达友情的礼物互赠很少如此让人揶揄，因此，这样的解释多少带有事后诸葛亮式的道德谴责意味。

924 年的年末，同光皇帝签署了自登上权力宝座后的第三份"铁券"。接收者朱友谦以前有数年服务于梁朝的前科，但后投诚，在晋朝上升的转折点上，成为其于河中一带关键的联盟。庄宗赏赐给朱友谦成千上万的现金礼物（巨万的钱币），他的两个儿子被任命为节度使，超过十个的手下门徒也得到地方官的位置。"如此盛大的恩宠，在当时无与伦比。"《新五代史》以夸张的笔调写道。其实，这样的做法是对一个已知忠诚度摇摆不定的盟友，一半物质上的回赠，一半的再保险，相对其日后政治上的潜在回报，朝廷并没有什么破费。在大多数王朝的早期，包括前唐朝，"食封"作为奖励被给予那些异常出色的行政和军事人员。接收者会得到一定的指定区域的税收，连同更高的社会地位。在 10 世纪的早期，还有一些零星的物质奖励，但到了北宋，"食封"便仅仅剩下了礼仪，因而需要替代的方式，以补偿当事人政治上的付出和保障其生活来源。皇家的礼贤下士和"铁券"应当被视为新的变通方式的一部分，这样做代价不大而易行。

在位一年后，当初庄宗建立起来的正面象征形象看起来被他随后一系列过于实际的作为所消弱，因为这些行为频繁地和宫廷长期运作的规则和儒家道德观相冲突。由于死者是最少争议的，故庄宗追授荣誉给七位白马烈士——裴

枢、独孤损、崔远、赵崇、王赞、王溥和陆扆，这些杰出的前唐大臣于906年在白马驿被害，成为梁反叛的前奏。这些荣誉其实早就该兑现的，但庄宗此举还是得到了普遍的赞扬。后唐朝廷还批准纠正了对前唐朝皇室宗亲，包括配偶的不公正待遇，庄宗很快为这些无辜的死难者在洛阳安排了合适的丧礼。他也同时推进了以一品礼仪的庄严重葬前唐朝最后两个皇帝昭宗和哀帝（景宗）的安排，他们在几十年前死于谋杀。庄宗渴望通过这些举动一方面补偿历史上道德不公的遗憾，另一方面颂扬沙陀政权所要与之结合的传统遗产。

庄宗的手下当然也热情肯定了科举考试的恢复。第一场考试设在924年的四月，产生了十四个进士，但随后的一年却仅有四个。这个图景显示在新的行政体系下收紧的标准，虽然前梁朝科举考试的进士出炉每次平均为十五人，后唐的第一次考试也延续了这一标准。两个朝代科举考试的低产出，反映了文人在不稳定的年代参政的矛盾心态，同时也看出长期动荡对教育的摧残。在925年科举考试的进士中，桑维翰格外引人注目。桑维翰出身微贱，外形怪异，因姓桑，和"丧"同音，主考官（主司）心生厌恶，竟然以此把他放在录取的最后一名。由于朝廷鼎立干预，重行考试，才华横溢的桑维翰才终于取得了第二名，并很快成了名闻四方的重臣。这一事件其实也反映了庄宗和其属下在阶层问题上的严重分歧，这种分歧在最初朝臣选择的争执后一直遗留着。即便面临着阶级偏见，庄宗仍然想把政治制度的大门向社会上的普通人开放。这种一定范围内的进展和变革对他的统治仍然是有意义的，但从历史上看，对后唐的历史形象却并没有产生什么重大的影响。按照中国最有知识修养的帝王传统，这个事件还显示了庄宗对考试制度的过度介入。

尽管在一些数得着的事件中，庄宗按照道德的准则采取了积极的立场，但早期同光统治的决策充其量显示出普遍的急功近利和自作主张，而更糟糕的则是被民众视为自私自利。也许，最惨痛的莫过于对处于长安和近郊历代前唐皇陵的盗劫。这个行为被很多人认为是对文化的破坏，庄宗对此表达了正式的愤

慨，转而任命专人守卫和修补陵墓。其中，公众最愤慨的是对富丽堂皇的太宗墓的洗劫。整个陵墓分上下两部分，地下室部分有近五丈高，里面有作为殉葬品的石制仿真生活用具：铁匣子里满是珍本的书籍、字画、笔墨纸砚，加上和棺木相连的各种石床。一连串的流氓混混已经掠夺了陵墓，最厉害的作恶者叫温韬，他是当地权势者李茂贞的门徒。温韬还侵入了长安皇家领地的地库，洗劫了属于前唐王朝家族祭祀专用的金器玉器，从而罪加一等。

在庄宗统一口径对盗墓的行为做出谴责后不久，曾两次出卖过李茂贞的狡猾的温韬，出现在洛阳，以效忠来换取免予起诉，据说对宫廷得宠的人连续投入了大量的贿赂。庄宗以大赦的名义很快宽恕了温韬，理由是温韬曾在抓捕梁朝一个显要将领时施以援手。郭崇韬以他典型的方式抗拒这样的要求："这样的窃陵大盗，不可以饶恕。"其实，庄宗的立场也并非没有原则。他曾经在登基后的923年四月实施了一系列大赦，也叫"大赤"，以动摇潜在的反抗者，在占据开封后的第十个月，实行了小赦，号"德音"。

对温韬单独免予处罚会对他脆弱的信用产生危害，让新近归顺者产生强烈的不满，这样的出尔反尔甚至会危及他的统治，实属得不偿失。是的，在局外人看来，对刘皇后和其他人行贿的传言归结到了正统的话题上：皇上相对于原则，更醉心于贪婪，相对于宫外的意见，更喜欢听取宫内的。为了对庄宗完全公平起见，我们得承认在中国历史的大部分时期，以礼物的形式行贿而谋取自己的利益是政治常规，甚至是必由之路，包括唐朝和梁朝，但聪明而成功的统治者如唐太宗会在登基之初就设定一个原则来成功地遏制过分的诉求。同光朝廷看来并没有明确制定一个反贪政策或设立一个限度，于是给那些钻营者通过都城的代理人或者是各种朝臣而寻找到机会留出了余地。

与此同时，在搬进洛阳新都后仅仅一年，同光帝国的光环就开始减退了。单调乏味的宫廷事务可以让任何最好的统治者深感折磨，但很少在他们坐上宝座后马上显现。庄宗就要结束长达一年的补官：在宫内外所知的历史时刻，建

立体制，劝诱敌手，哄说朝臣，从而符合当时对一个中国皇帝的严格要求。紧张的日程和细致的监督这样头疼的日复一日的“功课”，也许可以解释庄宗对重新连接他自己文化之根的休闲活动的渴望。打猎是他的业余爱好，猎射野鸭和大雁是他的最爱。他像往常那样带着大量的随从出发，外加成群结队的专门饲养和训练、又为他极其宠爱的猎犬。十有八九，在他当上皇帝的第一年也曾狩猎，只是因为时间的短促，所以没有记录在案。同光二年跨越 924 年和 925 年的冬天，这样的远足常常出现，有时是几天，偶然地也有几个星期的，这些接连不断的活动开始让朝官们皱起了眉头。后来的历史学家于是煞费苦心地以类似的谴责意念在同光年的本纪中引用了这些事件。

许多前唐朝的皇帝都爱骑马和打猎，但也许都没有超过令人敬畏的太宗，对他来说，箭术和马术是他认同自我不可或缺的。庄宗同时代的契丹帝阿保机，同样也是一个劲头十足的猎手。但对庄宗来说，没有一次狩猎时没有意外，这种危险可以说是与时俱增。有一个秋天，庄宗前往位于洛阳以东的郑州狩猎，在途经洛阳县时，他和他数千随从轻率地践踏了农民的庄稼地。情绪激动的洛阳县县令何泽鼓足勇气试图劝说和阻止庄宗的行为。要不是随行的伶人巧妙的手段，通过笑话转移了庄宗的视线，将冲突以玩笑带过，化解了紧张，这位地方官恐怕就要遭殃了。在《新五代史》记载这一事件的结尾处，何泽还是被斩了，虽然在《资治通鉴》中，描述了庄宗在怒气消散后感到后悔，并释放了这位县令。

对一个生于晋阳、长于晋阳的沙陀人来说，庄宗和北方游牧文化的联系理所当然是抽象多过具体，使得他将狩猎当作是残存地表达祖先认同的更高象征，这个传统以令人喜爱的方式塑造了他的父亲。但狩猎对中国汉人来说却是奢侈的，为此阻碍农耕便实属不当，特别是对得自天子之手的农田进行糟蹋更是不能容忍，因为天子是农耕国家最主要的守护。前梁朝的建立者朱温通过阅兵表达他好战尚武的一面，即所谓的“讲武”，他这么做之所以合适，是因为这些

做法直接地和作为统治者的职责相关联。同时，阅兵的行为增加了他和普通下属的交流，另一方面，阅兵也可以显示作为帝王的威严和神圣。但奇怪的是，在主要的史料中，我们看不到庄宗有类似的行为。即使在攻打蜀国这场大规模的战役前夕，庄宗也没有视察和检阅出征的军队。

相似的意外出现在十一月，当时庄宗离开洛阳前往南方县城伊阙，此行有一万人马，包括侍卫、助手，甚至还有一些打猎好手。他一开始就击中了一头巨鹿，不用说，他的勇猛震惊了所有的人。然而，一些骑士们在晚间绕山巡视时，意外地坠入山谷致死，一开始令人振作的气氛便转眼消失。但庄宗不是像很多人希望的那样嘉奖死者，暂停狩猎，而是一天后重启打猎，让侍卫分成更小的分队。一旦第二次狩猎所得的猎物数以万计，庄宗便感到了释然，说明之前的意外和手下的不慎有关，和狩猎本身无碍。随后进行的模仿早期唐朝的庆典显然显得不合时宜，"当天晚上，庄宗及其随从返回京城，六条主街道灯火通明。到了半夜，庄宗又将鹿肉分送给群臣属下"。从汉人朝臣的角度来看，皇上在对狩猎的激情中已经显示了对他所仰仗的随从损失的冷漠。一个明智的领袖或许会将活动控制在更小的范围内，或者减少随从，但所有的迹象表明，庄宗不仅没有缩小规模，反而极其陶醉于狩猎的社会层面，视其为一个加强同手下及其朋友联络的自然手段。不管怎样，这样的活动集中在冬季的几个月，在庄宗执掌权柄的第二年达到高峰，但不久，这样的休闲很快变成稀有的东西。

也许庄宗和朝臣最激烈的文化冲突和矛盾起源于毁掉即位坛，即庄宗不到两年前宣称即位的地点。925 年伊始，他呆在魏州，长期的盟友和定州节度使王都前来朝见，儿子李继岌也随之而来。庄宗等不及要招待客人打鞠球。这项运动从北方草原地区传入中原是几个世纪前，当时只在西北上层中间被广泛接受，这一竞技项目逐渐展开成为名副其实的不同种族之间的桥梁。庄宗于是命令正式将即位坛改换成鞠球场。东都副留使张宪，过去在晋王时期长期驻守魏州，同一个张宪在后唐建立前的数月因拒绝和赵地的叛军合作而遭受到家人被

残害的惨剧。他以相应的忠诚进谏道:"即位坛是历代帝王诞生的象征。像汉代鄗南的即位坛,魏繁阳坛,现在都还在。所以,这个即位坛是不能毁掉的。"当张宪开始另辟宫西的一块场地作鞠场,恼怒的庄宗命令手下两虞候毁掉即位坛改建鞠场。"这显然是不祥的预兆!"张宪愤然对郭崇韬抱怨。没有记载郭崇韬个人将此事上诉庄宗,尽管他会毫无疑问地同情张宪。

当庄宗迷恋于早期唐盛行的抽象的道德伦理和规则范式时,却对有形的象征他自己统治的纪念物如此地不珍惜,这看上去似乎不可思议,也很难想象他会在王朝即位坛上竖起一个鞠球场。在魏州度过最艰难十年的庄宗当然对当时作为运动和休闲的鞠球场有着怀旧的情感,但这一情感却完全让张宪困惑。除了统治者和属下的文化差距,这事对张宪和庄宗这两个执拗的人之间的不和也是火上浇油,这样的情形我们随后就会看到。与此混合的是庄宗暴戾的脾气和恶狠狠的固执,常常责骂属下,事后也只是为自己圆场,不像他的父亲在暴怒后出名的悔悟。某次庄宗因为某人一点小罪就威胁要杀人,孟知祥就不客气地警告过:"不能因为自己心情不好就杀人,这样恐怕会失去士大夫们的拥戴。"即便在最亲近的皇室亲戚中,也几乎没有人敢像孟知祥那样坦率直言。

即位坛的风波具有很高的象征性,因为它代表着这位沙陀皇帝整整一年在位后对中国政治和信仰常规惯例反应迟钝的高峰。924年的二月,庄宗赶往雷山,今内蒙古,"赛天神"。在相应的史书中,这被曲解为北方少数民族的习俗("狄夷之俗")。沙陀据言是泛神论者,像许多10世纪的游牧民族一样,精神崇拜在他们的信仰体系中一定占有显著的地位,就像山上的祭祀。雷山象征性地联系着庄宗的宗教根基。这次长途旅行和有争议的祭祀发生在开封和周边地区遭受自然灾害袭击的仅仅二十天之后。郊区的狂风将树连根拔起,毁坏了当地的农田,而曹州附近的瓢泼大雨在许多田里积了几尺深的水。这一自然的浩劫是由人为的力量造成的,也就是说,两年前梁朝军队在撤退中破坏了沿黄河的堤坝。洪水袭来时,庄宗要求宰相豆卢革拿出办法,但他居然以平静的语气

回应道："大水和旱灾，都是上天运行的规律，没什么好担心的。"当雨水更大时，庄宗"将水放在城门口，向火星祷告，以求解灾"。当他的重臣们愚昧无能，庄宗惟一能做的是依靠迷信。解除这样的宰相会让朝廷运作得更好，实际上，一开始豆卢革就没有什么好的个人声望，现在更是有理由将其革职。但让人不解的是，庄宗没有这么做。

庄宗救助于迷信的行为，在持强烈批评意见的欧阳修眼里，是这样的："我只看见他担心自然的灾祸，但却不知道要敬畏上天从而提高行政的道德修养。"当时的官员和后来的史家都相信只有天子在个人、政治以及典礼方面的行为转为审慎小心，自然灾害才会停止，而庄宗这些方面恰好在某种程度上都甚为缺乏。十一月十四日的中级地震影响了镇州。这个事件的七天前，庄宗授予七个新近宠爱的妃子以"夫人"称号，一周以后，坚持在洛阳的西郊打猎，——显得对手下百姓的困境漠不关心。历史上看，无情的自然灾害让庄宗对大量的罪犯和囚犯大赦。大赦应该说可以鼓励农民回到自己的田舍，从最好处说，对受灾地区有间接的帮助。当自然灾害恣肆时，任何措施好过束手无策。让人不解的是，在924年的二月，最惨的灾害发生前，朝廷曾签署了大赦令。但925年却没有赦令。其实，接二连三的大赦也会让人生疑，继而减弱监禁的威慑力。

皇帝的生日，当时所谓的"圣寿节"或"万寿节"，通常是整个国家庆祝的时刻，尤其是在都城。庄宗生于885年十月二十二日。一年前他的生日正巧是对梁朝最后猛攻的时候，所以924年的生日按农历虚岁就是极为重要的四十寿辰，这个年龄也是孔夫子所谓的"不惑之年"。在刘皇后的义父张全义的推动下，庄宗从洛阳出发，用一天的旅程，参拜了闻名的庙宇和僧院云集的圣山——嵩山。他还亲点了一百名和尚，供奉了一个道坛。年末，"驾临龙门佛寺祈求瑞雪"。龙门寺位于洛阳的南端，有摄人心魄的镌刻在崖壁上的全景佛像。他实际上将世俗皇帝的典礼和宗教的祈祷混合在一起，引起一些人的侧目。刘皇后走火入魔般坚定地信佛，和庄宗对不同宗教的兼容，让朝廷那些古板的士大夫

看不顺眼。当庄宗将他们丢在都城里，这些精英领袖们当然会悲叹他们的影响力的进一步式微，毫无疑问，他们的领地被一个曾承诺要将不同种族、阶层和信仰的人都囊括在内的同光皇帝显而易见地缩小了。

到了924年年末，庄宗退却到更小的战时同志和宫廷朋友的圈子里，他和文官们的间隙日趋显著。他象征性的行为是在自己的住所犒劳将领和官员们。当他回顾一生的战争场面，和他们欢宴取乐时，发现元行钦——这位在他作为晋王时舍命相救而后被收为义子的壮士却不在席上。当手下解释说请柬只是发送到大臣和地方节度使，庄宗怒气顿起，接着便终止了宴会。他第二天马上提拔元行钦为宰相，幸顾元行钦的洛阳住宅，以此强调他的意愿。从此，军队的将领单独地受到宫廷宴请，而同时文官们却被故意冷落。一般而言，在庄宗即位的头两年里，主要将官有权优先参拜皇宫，而文官却不在其列，这样极端的开始是对前唐朝士大夫和文人主宰皇上宾客礼单的颠覆。文官的失势不能完全责备当朝的庄宗，这可以回溯到前唐朝那些黯淡软弱的年代，在梁朝的大部分时间也是如此。但同光皇帝并未能扭转最近几代王朝这样的局面，也没能像他所承诺的，以一个有武士背景的文人的魄力团结全民。不幸的是，文官朝臣的理想破灭甚至也出现在决定庄宗的个人安危和政治生存必不可少的军队当中。

兄弟阋于墙

在早年那些关键的岁月里，除了郭崇韬，养兄李嗣源就是庄宗最可依赖的了。924年四月，潞州爆发叛乱，庄宗指派李嗣源和自己的养子，也是他私家宴会的常客元行钦前往镇压。叛乱的首领是杨立，他曾经是李继韬部下的牙将，而李继韬在首都被斩首前曾为潞州节度使。杨立煽动叛乱的理由是朝廷将潞州的士兵调防到偏远的地方，这个不满在别处也有回应，因此有一定的合理性，但另一方面，他的前上司李继韬的死很可能滋生了他与朝廷离心离德的情感。

叛军在李嗣源军队到达的前一天就被镇压下去了，但在“奏平贼”时，他在朝廷那里却获得了大部分的功劳。六月，李嗣源被擢升为宣武，也就是开封节度使，以及多种族的步兵和骑兵的总指挥——藩汉内外马步军总管。这些不同种族混编的部队全都是一色的精兵强将，他们在庄宗父亲李克用执政的高峰时期由他本人亲自指挥，而开封则是之前梁登上权力宝座者的跳板。更多地是由于机缘而非谋划，但李嗣源还是发现自己地位的扶摇直上，难免让朝廷感到不适。

到了 924 年，军事上对后唐惟一产生威胁的是契丹重新开始了对双方边境地区的骚扰，这也是提升李嗣源地位的一个原因。契丹军队早在三月就开始沿着东北边境的进犯一直零星地持续到下半年。由于近年来和后唐的中原主力交战中，契丹人曾被击溃，所以这次他们选择避开对方的主力，拿长城以东和远北地区作为易于捕食的猎物。在这样的策略下，这个地区小规模的游牧部落大都纷纷屈从于契丹的逼迫，只有沿海的渤海国是个例外。后唐这个北方强敌的悍然扩张无意中造成了后唐和它的内陆亚洲根源的隔绝。由于沙陀倾其军力在中原，让契丹得以掠夺北方边境的空闲地带，并且在十二月以幽州为中心，挥师越过长城以南，老将李嗣源被调派指挥一支由禁军组成的两万七千人的军队阻止契丹人的入侵。尽管敌情严峻，李嗣源在不到两个月的时间内就神奇地击退了契丹军队，并俘获了三十名敌军军官。在将其调往北方前线前夕，庄宗走访了李嗣源的家，并同进私宴，在庄宗即位后，惟有两次这两位“割不断，理还乱”的养兄弟之间的宴请被记录在案，他们很可能讨论了边疆事务，以及一些重要的私事。

造成彼此关系紧张的是长期的互相猜忌，最近李嗣源知名度的提高和权力的扩大，加上同时控制开封与北方边境的两支庞大的军队，使两人之间愈发心存芥蒂。在 925 年早期击溃契丹军后，李嗣源返回中原，被重新任命驻守镇州——黄河以北的第二都城。这个任命也许可以使之更靠近北方边境，他留驻此地的临时性据说在诏书中也有说明，但这个调遣和声名显赫的开封前任相

比，显然是降级。据记载，李嗣源此前请求朝廷调任他的一个养子到晋阳以便照看他留在城里的家人。“军政大事我是有通盘考虑的，怎么能为了儿子的私事就来打扰我?”庄宗接到这个小小的请求后却有点莫名其妙地发怒。李嗣源派了一个觐见者前往说明，还试图以奏章的形式解释事情的原委，但当时奏章可能还在朝臣手中捏着，或者被离间者从中作梗而未能上达。总之，庄宗拒绝召见觐见者，而将李嗣源的养子调任他方。仅仅因为李嗣源的卷入，使得这个最简单不过的请求有了很高的象征性。

从庄宗的角度看来，更严重的对原则的破坏，源于 925 年早些时候对契丹的军事行动。924 年年末李嗣源向北方进发，在魏州留守张宪的协助下，给军队分发了一批武器和盔甲。较前我们曾提及，张宪随后和庄宗在拆毁即位坛一事上产生了冲突。给予李嗣源的装备中包括五百件最上乘的盔甲，但并没有事先通知朝廷。在来年的第一个月，当庄宗在魏州出访，听说了这件事，就将张宪的行为视作擅自主张，训斥了他，并竟然气量小到扣除张宪一个月的薪俸，还逼着他亲自从李嗣源那里讨回这些盔甲。由于庄宗这位义兄引人注目的地位，毫无疑问，张宪的行为要遭到额外的盘查，对李嗣源来说，分配上好的盔甲给他的手下看上去是纵容他的军队用皇上的费用来加强对他个人的效忠。一直对朝廷持批评态度的魏州留守正好就被认为是这位养兄的同党。

难堪的勾心斗角根深蒂固，据说郭崇韬就请求庄宗立即将李嗣源召回，并重新部署他的军队。近来历史上召回的通常结果是导致相关高官的哗变，因为这些官员清楚紧接着解职的往往是流放和被处死。郭崇韬私下的请求为两人之间几于崩溃边缘的关系提供了证据。但庄宗拒绝了这一请求，或许是担心触发更坏的结果，虽然有史料认为这是弱者的天真。据说，郭崇韬对一个朋友私下透露他的担心，即皇上并不完全欣赏自己这位义兄的能力和诉求：“嗣源功高权重，皇家子弟也无法与之相比，所以他不会长久地甘居人下。”微妙的言辞清楚地将任何人，甚至包括庄宗在内，归入不能与之抗衡的一类。对庄宗直言不

讳的评价来自《资治通鉴》,实际上是真实地反映了从924年到925年间这两位义兄弟之间跌宕起伏的紧张关系。

许多史料把庄宗塑造成一个善于嫉妒的义弟形象,他个人感到的不安全对彼此关系不断趋恶显然是火上浇油,这就像是唐太宗的哥哥那样。但如果对李嗣源的怀疑更多来自郭崇韬,那么李嗣源在此一年中起伏不定的命运很可能反映了朝廷最高层如何掌控他的不同设想,并不完全是庄宗这一面犹豫不决的后果。如此,在925年初削减李嗣源的权力一定是郭崇韬的功夫,而数月后进一步扩展他的权力一定是来自庄宗本人,他任命李嗣源为北方前线的北面水陆转运使。到了925年的九月,除了从镇州到幽州的兵马总管,李嗣源还控制了东北的财政,更增加了他的实力。如此集中的权力,在李嗣源的时代无与伦比。具有讽刺意义的是,在朝廷那里,李嗣源看上去是太有用了却难以控制,太危险了却无法解除。

华美和奢靡

庄宗和郭崇韬之间在对李嗣源的遏制上所产生的磨擦并不是他们惟一的不和。一年多来,两人因各种财政上草率不清的问题而常常闹得不欢而散。事情始自庄宗一笔勾销了一个粗鄙将官的欠债。段凝,这位前梁朝大权在握的将领,他的投诚帮助后唐最终获得了成功,并很快赢得了庄宗的欢心。在他随后的泰宁军节度使任上,曾经一个月之内就动用了数十万国库的现银,据说这些钱都花费在私人用途上。朝臣们要求段凝偿还债务,但庄宗坚持免除。面对愤愤不平的郭崇韬,庄宗吼叫道:“在你那些个规矩面前,连我都要缩手缩脚!”对段凝个人债务的免除,表现出庄宗任意妄为以及对金融信用的轻视,在他短命的统治期间因此出现了很多问题。总之,和免除段凝债务同时发生的则是盛行的让人反感的做法:国家以高利贷将资金借给私人进而赚取额外的收入。所谓

的“以钱贷民”。这样的做法说明政府其实几乎不能承担反映在段凝案例中类似的财政漏洞。

由于财政的过度支出和不合时宜的优先占用，郭崇韬和庄宗的紧张一直持续到925年年初。庄宗对表演的冲动激发了他对自我夸张的盛大场面的激情。在魏州长期逗留的第二个月和第三个月中，他在黄河沿线从得胜军到杨村和戚城县一带的主要战场进行了一次“皇幸”，这里到处横陈着战争的遗弃物。他爬上城墙的高处，眺望原野，给他的随从讲述战争的细节、战斗的组成以及战术策略。活动以一个庆祝这个城市投降十周年的大型宴会而达到高潮。庄宗的日程可以是充满戏剧性的，在农历三月刚开始的时候，他和刘皇后就没有现身李克用的庙宇，进行一年一度对祖先坟茔的祭扫。取而代之的是，他们在洛阳的郊区举行了象征性的牺牲典礼，让几位仆从代表出席了晋阳以北祖先墓地的仪式。在这些朝拜者中，有一位庄宗女奴傲慢和羞辱人的行为引起了当地代州刺史王建立的恼怒。当王建立按常规鞭笞女奴后，庄宗闻讯反应强烈，差点就杀了王建立，这是又一个本来无足轻重的小事而导致和下属关系形同恶梦的例子。这个事件和十多年来第一次的日蚀重叠，但这一凶兆并没能让这位天子变得谦逊一些。

庄宗在晋王期间养成的赌博习惯曾让他和宦官张承业纷争不断，现在因这一习惯和郭崇韬也产生了无休止的矛盾。到了他登基称帝，庄宗可以一次任意挥霍高达数十万贯钱的现金。更过分的是，他几乎把赌博当成最要紧的事。在和养兄弟李存贤的摔跤比赛(当时称为“手搏”)中，他以一个地方官的官衔为赌注，因为他自己过人的技巧，他并没想到会输。但924年的比赛中，李存贤出人意料地取胜，而果真不久就得到了卢龙军节度使的位置，这是沿着东北边境的战略要地。“陛下我一言九鼎。”庄宗宣称。但将节度使的位置授予一位优秀摔跤手的确让朝臣们大跌眼镜。当然这样在宫中放纵的赌博习惯，老百姓是看不到的。但大兴土木，在京城修建新的宫廷和楼宇的行为，当然就逃不出老百姓的眼睛了。

到了925年的晚春，皇宫里的宦官们开始传布晚上有鬼魂游走发声，是因为宫里人少，缺少人气。“想当初，唐朝六宫自皇后到嫔妃，上上下下有万人之众，但现在我们后唐的后宫却空空荡荡。”他们如此谣言惑众，招摇撞骗。前唐朝某个时期宫廷生活的这一特征很难代表整个唐代，因为早期唐朝的统治者强调减少宫女的数量和宫廷的规模。不顾明智的唐朝创立者的克制，庄宗却和晚唐的皇帝们较真，他招募了三千宫女，由于强迫执行，底下的官吏常常怨声载道。另一个宦官乘机进言道：“鄙臣知道长安全盛时期，大明宫、兴庆宫楼阁超过百座。现在大内府都不如那时一个大臣家有气派。”作为历史上主要的都城，长安在规模和辉煌上当然会超过洛阳，任何在洛阳现时的范围内要复制长安的企图都是徒劳无益的。然而庄宗却硬要加入这一愚蠢的行列中，以夏天的酷热为由在城里竖起一座塔楼。他很可能把这笔费用当作是都市重建的必要部分，但想到郭崇韬照旧会抵制，就让一位信使带话给郭总管，试图平息他的念头。庄宗的口信是这样的：

以前我和梁军在黄河沿线长期作战，历经寒冬酷暑，常年不离盔甲、战马，但却并不觉得有什么辛苦。现如今住在这深宫大院，却感到这热天实在是太难挨了，这是什么缘故呢？

庄宗已经募集了建筑民工，但郭崇韬还是竭尽全力地提醒他应当专注于政务，谨慎于大兴土木之事：

过去陛下您是以天下为己任，现在则只想到朕即天下，艰难困苦和舒适享受的不同，想法自然就改变了。我倒是请陛下不要忘了当初创业时的艰辛，常常到黄河一带去走走，这样，您在宫里觉得的溽热不堪，就会马上烟消云散，而顿觉清凉爽新。

但最终筑楼还是如常进行，庄宗以自己的内库私产弥补建材费用作为妥协。但朝廷为此征召的民工一天就超过了一万人。

因郭崇韬的反对，庄宗将此事降低到建楼费用是出自公款还是私款的预算问题的层面上，而且，对天气的埋怨也不得不住口，因为六月开始无休止地降雨已经取代了炎热和干旱。实际上，从六月到八月间凡七十五天，按照朝廷的记录，洛阳一直被云层笼罩，“罕见日星”。雨水使得洛河的水位暴涨到临界点，严重地损坏了通向都城的主要桥梁。朝廷的日常事务也受到了影响，上朝减少到三天一次，因为大臣们不得不从冗长的水道进入洛阳。虽然筑楼的工程并没因晚夏的洪水而停工，但整个工程对庄宗来说成了一个极大的负担，很可能就没有全面完工过。

整个事件让人联想到隋炀帝，隋朝的第二个也是最后一个皇帝，他不惜工本，在7世纪的早期重建了第二都城洛阳。它的城墙绵延二十公里左右，且每一个局部都是精雕细作，因此，第一次可以和西边闻名遐迩的长安相媲美。隋炀帝不仅写诗庆贺新城落成，收集了数百件雕塑字画装饰宫殿大堂，还准备了大量的乐工和舞者取悦宾客。仅仅十年的工夫，这一工程的负担和其他的奢靡激起了全国上下老百姓的反抗和士兵的叛乱。唐朝的建立者却成了隋炀帝荒淫无节制灾难的最终受益人，他们在人民反对隋炀帝的声浪中一举登上了宝座，隋炀帝为之付出血的代价的宫殿转眼成了他们嬉戏游乐的场所。短短三个世纪以后，当庄宗重新构建、重新装饰那些准确地说就是导致隋炀帝过早覆灭的建筑时，我们很难衡量出庄宗和隋炀帝有什么不同。对天子来说，军事讨伐也好，大兴土木修建亭台楼阁也好，抑或妻妾成群，荒淫无度，究其本质，都是通过对人力和物力的控制显示其强大的权力，并非一般意义上的身体或精神上的基本愉悦。一样地，同光皇帝也无法逃出这样的怪圈。

第四章

暴风骤雨

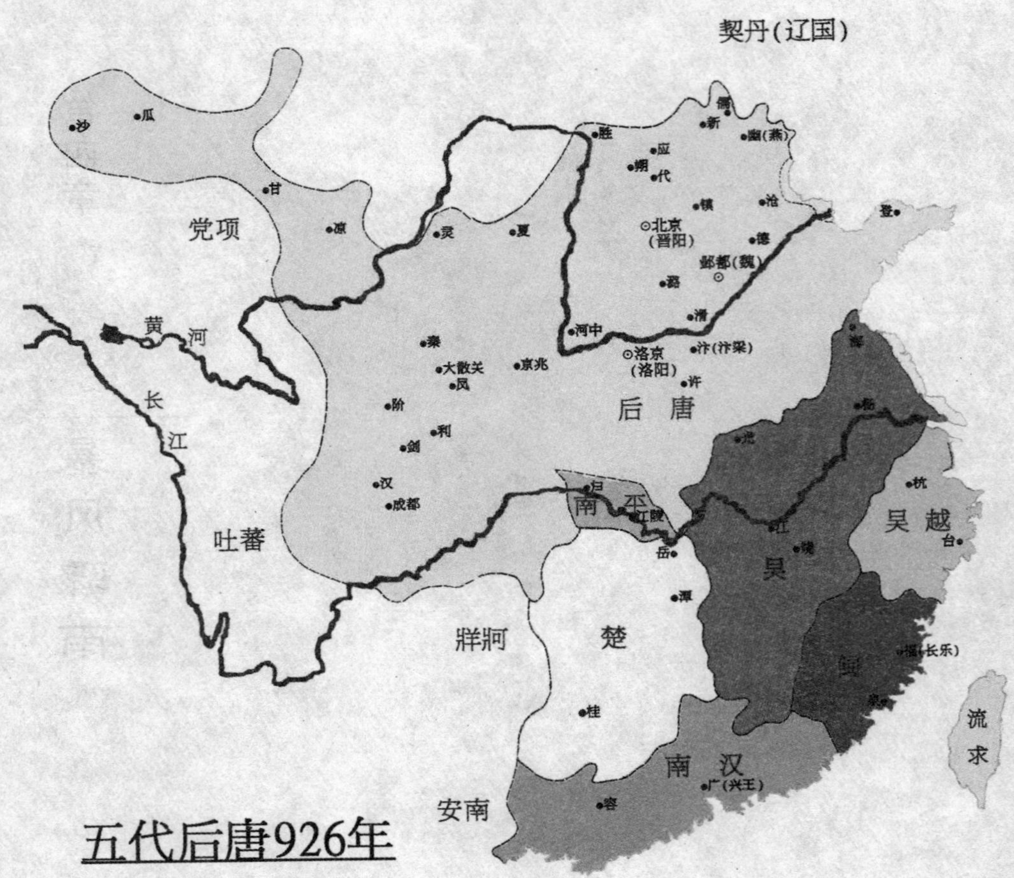

契丹(辽国)
沙
瓜
甘
凉
党项
灵
夏
胜
应
朔
代
新
幽(燕)
镇
沧
北京
(晋阳)
德
邺都(魏)
滑
登
黄
河
河中
秦
大散关
凤
京兆
洛京
(洛阳)
汴(汴梁)
许
长
江
阶
利
剑
汉
成都
后唐
南
平
江陵
吐蕃
岳
吴
潭
杭
吴越
台
牂牁
楚
闽
福(长乐)
泉
桂
南汉
广(兴王)
容
安南
流
求
五代后唐926年

五代后唐 926 年

主不可以怒而兴兵，将不可以愠而致战。

怒可以复喜，愠可以复悦；亡国不可以复存，死者不可以复生。

——《孙子兵法·火攻篇》

同光三年，就是公元925年的年末，政治命运的起伏不定时而让人振奋，时而使人激愤。这个历史性的秋天和同光元年一样重要，从而可以轻易地挑战作为天子的李存勖的命运。开始时刻骨铭心的个人损失，加上随后亲人的背叛，事件由驻扎远方的精兵和所信赖的手下所激化。庄宗九死一生，承负着家族所有的荣耀、情爱和冲突，他曾经顶天立地、叱咤风云，但现在却形单影只、孤苦无援。在此过程中，由于动荡和恶意中伤，他很容易成为被攻击的靶子。又因为他性格和判断力方面的弱点，庄宗理应得到他终结的命运，但也理应得到他家族中最亲近者和亲朋挚友更好的回报；这些男男女女，在他需要的时候，却立马回赠给他最恶的一面，其实本来就是这批人使他越来越放纵。最初的解体始于宫中的一个决定，然后飞快地蔓延播散，导致了最后的分崩离析。

家人之死

在五代之后的历史学家眼里，五代的皇室家族一般都有一个可鄙的形象："纵观整个五代，君臣父子之道乖戾。"梁朝的立国者死在自己的儿子手里，而南方的几个王国一直被弑兄杀弟的劣行所困扰。主要是由于前前后后权力和财富带来的腐蚀性影响，五代许多统治阶层的伦理观念要远远低于庶民。但在李克用治下的沙陀统治层却设立了超过本土汉族的道德标准，至少在他的一生中是这样的。

李克用的遗孀，皇太妃刘夫人，在她长期的同伴皇太后曹氏搬迁到洛阳第二年的五月三十日去世。李克用的这两位夫人四十多年都一直亲密地住在一

起，按照《新五代史》中她们俩共同的传记，刘夫人和曹夫人共同享受着绵绵的友情，欧阳修以诗意的笔触描绘了彼此无可比拟的亲善和信任：

> 刘太妃和曹太后彼此非常友爱，曹太后要搬迁至洛阳，刘太妃和她在晋阳哭别，回到住所后总是思念对方，终于病倒。曹太后闻讯，就想亲自赶往晋阳探视好友。刘太妃去世后，曹太后又希望能去参加她的葬礼，但庄宗竭力劝阻，朝中大臣也都交相请求高龄的太后不可长途旅行，这样，曹太后才不得不打消了念头。

她们之间从没有被通常帝王的正室和偏房的猜忌所缠绕，特别是在妃子的一方有了子嗣而正室不能得的情况下，仍能安然相处。以上的描述中，刘太妃因思念同伴而整年缠绵病榻，在另一处史料中则记载了曹太后自迁移到洛阳后，"经常闷闷不乐"，印证了两人之间完全相互爱怜的情感。

曹夫人曾派遣了好几次御医去晋阳，想要延缓好友病情的恶化，当刘夫人日渐衰弱的消息传到洛阳时，她坚持要亲自前去照料她。"太妃和我如同亲姊妹一般。"曹夫人以强烈的语气向儿子哭诉。庄宗则以五月恶劣的天气和危险的路况为由，力阻母亲去晋阳。而他手下的大臣也以相似的理由劝老太太放弃这趟长途劳顿的旅行。作为妥协，宫中打算派庄宗的弟弟李存渥去探视太妃，但在他启程前，太妃的死讯就已经传到了洛阳。很可能是出于庄宗的怂恿，整个宫廷再次一致劝阻曹夫人出席在晋阳的守夜和魏州的葬礼，因为他本人也没有出席葬礼。取而代之的是，他主持了在洛阳为太妃举行的悼念活动，然后，庄宗选择了五天的"废朝"，这是通常给予朝中重臣的荣誉，但他没有选择用来哀悼父母的"辍朝"。不上朝是一个继子最基本的悼念，其实是应该赠予继母一个合适的谥号，这之间微妙的不同很难归结于简单的疏忽。同样让人不解的是，太妃被葬在魏州，而不是在代州和丈夫李克用合葬，因为两年前皇太妃就要求

死后进入代州的陵墓。史料并没有解释庄宗的冷酷，但也许刘太妃和曹太后之间的亲近让作为儿子的庄宗产生了嫉妒，因为庄宗一直对自己的母亲异常敬爱。情感上的三角关系也可以用来解释为什么在庄宗迁移到洛阳的一个月内，他就坚持把曹夫人接过来，这样便有效地避开了母亲和太妃之间的亲密，而可以独享母亲的亲情。

如果庄宗带着怨气怠慢他的继母，不管是有意无意，这种过度的事后报复只会让他心爱的母亲更加伤悲。太妃死后的第二个月的十一日，曹夫人也跟着离世，显然是失去好友的悲恸所致。“曹太后在刘太妃故去后，痛苦得茶饭不思，一个多月后，也跟着仙逝。”不同的史料都记载了太后的死因。一个年过六旬的老妇，高龄已堪比她的前夫，太后很可能本身就有一些这个年龄常见的毛病，最近的悲伤仅仅只是加速了她的死亡。庄宗的确整个夏天都和母亲待在一起，因为没有任何狩猎之类的体育活动、长途旅行甚至是宴请亲近挚友的记录。皇宫行为的突然改变显示太后的身体状况显著恶化。当太后病重的消息传开后，养子李嗣源请求探访，这也许受到他夫人的鼓动，因为其妻和太后都姓曹，说不定还同出一个祖先。但他的请求不由分说地被拒绝。

尽管母亲的病情绵延数月，庄宗也得以自始至终守候在病榻旁，但她的死对这位极为孝顺的长子来说还是一个重大的打击。史料披露：“同光皇帝过于哀伤悲痛，以至于五天之后才开始动筷子进食。”庄宗以完全不同于他的继母的方式来追悼自己的生母：“母亲死后第十二天，庄宗在长寿宫正式穿上孝服。他手下的文武百官也依次在长寿宫的垂帘外穿孝服，在正殿前肃立，向庄宗表示吊唁。”据《五代会要》记载，庄宗有七天辍朝，二十五天穿戴丧服。按照早期唐朝的皇家奠仪，为在位皇帝父母的服丧期是二十天，现在庄宗的所为显然打破了以往的惯例。之前后梁末帝为亡父仅仅辍朝九天。在此期间，庄宗不得不禁食美食，不事装饰打扮，同时也完全停止饮酒、娱乐和体育活动等等。

文武百官齐集过去曹夫人的居所万寿宫（现在被设为灵堂），再行新一轮的

吊唁。在二十五天的服丧期间，庄宗大概没有离开过母亲的万寿宫，至少是没有超出她所居的皇宫附近。他将朝政推延到次要的位置，使之不干扰对母亲的悲悼。这是他最让人称道的时刻，作为极其孝顺的儿子，母亲的离去让他变得更有人情和人性。这一时刻唤起人们对相应的往事的回忆：十七年前，在父亲去世后，当时的晋王向父亲的宿敌发起猛攻，让悲伤向建设性的方向发泄。这次，因母亲的死而引起的悲恸如同被压制的忿怒，同样需要宣泄。但他看上去忘记了《孝经》中的著名格言："立身之道，扬名于后世，以显父母，孝之终也。"他随后的行动适得其反，损害了其对母亲的怀念。

庄宗母亲死后三个月下葬，被谥贞简。确定一个安葬的吉祥日子通常要花几个星期的时间。为皇太后建立一个恰当庄严的陵墓需要更多的时间，不像前唐，五代统治者和他们配偶的陵墓很少在他们死前就修建，这是由于五代的王朝大多短命，财政状况也很窘迫。墓葬的所在地也是个复杂的问题，但也许特别的敏感吧，这个问题在死者生前并没有在公众场合说明。庄宗本来更中意河东沙陀先人安卧的地方作为母亲最终的安息地，作为当地人，这可能也是曹夫人的本意。临时决定将曹夫人安葬在李克用的身边也解释了为何将皇太妃葬在别处，因为这样可以为这位由妃子转为太后的庄宗之母留出近邻的墓穴。

母亲和儿子都中意的墓地位置不久不得不被放弃，因为中书门下认为皇帝以四海为家，应当选择就近洛阳的地方安葬："臣下窃以为作为君主应当以四海为家，不可以将南北之地区别对待。"中书使指出洛阳不仅是历代前朝的所在地，又有无数的陵墓在此，同时也申明代州会为日后惯常的祭祀带来旅途的不便。他进一步说明，5 世纪的魏孝文帝——来自亚洲北部的中原统治者，特意选择洛阳而不是他的出生地作为墓地。在此劝说下，庄宗安排张全义——洛阳的节度使和皇室的朋友，去监督陵墓的建设。这个决定很大程度上反映了母子之间的特殊关联，为了能够亲近母亲的遗骨，庄宗便有意识地将母亲和她的前夫以及祖地永远地分离。此决定还进一步凸现了庄宗执着于将后唐置于那些人主中原的主流王朝中，将其母安葬在洛阳证明了他的家庭要永久地占据着这片历史的中心地带。据说，他和他大量的后人日后也想葬在这片吉祥的山地，看来，太后曹夫人占据了这么一个让人羡慕的突出的地方。

对王朝前程无法释怀的担忧，混合着丧母的短暂痛楚，使得925年的七月成为同光帝一场没完没了的噩梦。我们在上一章就叙述过，在庄宗母亲去世前，整个北方就一直暴雨不断。很多地方水位已经上升到二十尺，一些西北市镇的城墙无法阻挡洪水，因为附近河流的堤坝接二连三地被冲毁。服丧期间的好几个星期都是雨天，下雨同时也延缓了在洛阳郊区陵墓建筑的进程。朝臣请求庄宗问朝，开始是曹氏死后的第三天，然后是第七天。这种请求其实是前朝延续下来的规矩。对西南蜀国的入侵，在朝臣的压力下推迟了两年，已经从春天的计划变成晚夏的行动，这种任务通常会让武士出身的庄宗激情澎湃，但现在却引不起他的兴趣。

庄宗辍朝一个月后的第一个幸地是寿安——沿着洛河位于洛阳西南的一个县城，他前往察看陵墓的工程进度。仅仅三十五公里的短途旅行因为塌方和初夏通常的大雨而受阻，使得旅程中的人愈发对当地的长官心生不悦。庄宗还处在失去母亲后的失意状态，这可以用来解释降临于县令罗贯身上没头没脑的怒气。罗贯出身状元，他小小的失误并不应该导致皇上劈头盖脸的盛怒。这个事件和随后与郭崇韬的交手，作为庄宗缺乏自我控制和判断力的象征，记录在《新五代史》中，为此，庄宗为自己的政治形象和历史地位付出了惨重的代价：

> 庄宗前往视察太后陵墓建造，一路泥泞，中途又遇上了断桥。庄宗停轿问道："谁是这儿的主管？"宦官回答说："这里属于河南县管辖。"

庄宗立刻传唤了罗贯，罗贯到达后回复道："臣下事先没有受到任何诏书指令，请陛下直接盘问当地的主事。"但庄宗接着责备："这就在你的管辖范围内，我还

用问谁!”罗贯随即被投入监牢,狱卒下狠劲鞭笞罗贯,一时间罗贯体无完肤。一天后,朝廷下令将其处死。

在劝告庄宗的过程中,郭崇韬力主宽赦罗贯,认为罗贯的确有监督修桥不力的责任,但怎么也不应当被处死。庄宗却毫不相让:“太后的灵柩就要出发,而现在天子的往来车辆又遇到断桥。你还要替他开脱,只能说明你们是同党!”郭崇韬语气没有因此而和缓,而是更进一步辩白说:“罗贯虽然有罪,但应当将其移交相应的司法机构。陛下以您天下最尊贵的地位,对一个小小的县令大发怒气,会让老百姓说陛下您司法不公,这样的话,就是我们这些大臣的过错了。”郭崇韬继续和庄宗交火,但庄宗迅速地走进自己的宫殿,并甩手把门关上,言下之意是峻拒退让。罗贯终于在八月二十三日被斩首,并暴尸于他以前任职的官府前。在不许任何申辩的情形下,匆忙宣判处死一个地方官,迄今为止,让宫廷内外清楚地看到了庄宗以喜怒杀人的非理性。

可以肯定的是,罗贯微小的失误远不足以招致残忍的对待乃至死刑,就像郭崇韬所明察的,所以史家倾向于以不可告人的动机来解释庄宗的盛怒,包括盛行于都城的贿赂和腐败在此事中的影响。按《新五代史》记载,张全义,这个大权在握的洛阳尹和朝廷红人,曾和河南县颇有瓜葛:“唐朝时,张全义曾为河南尹,之后,这里的县令多出自其门下,都在他的羽翼之下。”作为张全义旧时地盘的新任县令,罗贯拒绝和张全义同流合污,转而支持郭崇韬力挫张全义在宫廷内外狐朋狗党的投机行径:“罗贯一身正气,奉公行事,对权贵、宦官以及伶人的请求,都堆积在他的案头,均没有回应,而是一一报告给郭崇韬。”后来,张全义设法怂恿宫廷内的密友打击郭崇韬在地方的得力干将,以阴谋战胜了郭崇韬。罗贯的被杀着实让张全义他们一伙出了口“恶气”。

由这个争执似乎可以看出,宫廷一直在等待一个除去阻碍他们腐败的绊脚石的机会,庄宗因桥道问题的勃然大怒,或者是他有意设计的,抑或是被他的亲信火上浇油所致。郭崇韬因替罗贯辩护而被谴责是朋党,反映了庄宗怀疑其建

立在派系联盟上的偏袒，乃至结党营私，所以庄宗开始对其一贯信任的枢密使的信用产生了动摇。然而，不充分地陈述庄宗因个人生活的变故而引起的忿怒也是不公平的，父母的丧失经常会引起无理性的行为，特别是当它发生在越来越强烈地意识到生命大限的中年人身上。作为一个几乎是嗜酒如命的人，突然因守丧而要求全面的戒断，当然会使惯常的脾气产生复杂的变化，何况在最正常的情形下，庄宗的个性就有明显瑕疵。前章我们提及了一个事件，那次一个郑州中牟的县令劝谏庄宗不要因狩猎而践踏农田而差点被杀。郑州和洛阳两个互不关联的案子让我们看到一个庄宗率性而为、缺乏控制的行为态度的图像。到了曹夫人终于下葬的时候，郭崇韬带着新的任命离开了都城。要不然，对庄宗和郭崇韬来说，当他们意识到惟一一个能够让他们重修于好的人已永远地离去，共同给曹夫人送丧的场面将会是个尴尬、遗憾的时刻。

中宫擅权

准确地说，造成庄宗对郭崇韬信任度减低的显著影响，来自那个有着传奇命运的女人，就在一年前，郭崇韬还举荐她为皇后。她同样带有宫廷必备的坚强意志，她的政治和个人行为成为那个时代的传说和样本。对于她的记载，后世的史家大量从笔记小说和逸闻传说中收集材料，改头换面的扭曲难以避免。但如此描绘的价值在于提供了判断那段统治历史的基础，显然，她的印记无处不在。

和李存勖其他出名的嫔妃相比，刘皇后出身卑微，所以在她日后飞黄腾达后对此便讳莫如深。据一些史料记载，她的父亲或祖父，是来自魏州的江湖郎中，带着突出的黄胡须，也是天生的占卜者，刘氏六岁时，在沙陀对当地一次进攻的混乱中与父亲走散。晋军随后把她载到晋阳。她在宫里长大，先做宫女，后来成了晋王李存勖的妃子。915 年在晋夺取魏州后不久，刘父听说他失散的

女儿还活着并且成了宫廷的红人，就赶往附近的魏州寻查，希望能有个悲喜交加的团聚。根据一个二十年前参加过那场战役的军官的陈述，刘父——刘山人的身份已经被当时的晋王李存勖独自确认了。但刘氏此时已经在刻意编造她是一位已故的有名望者的女儿，她觉得现在的地位还极不稳定，不可能接受这么一个赤裸裸地暴露她过去的现实。所以，她毫无良知地谴责这位破衣烂衫的老人："我当初离开家乡时已经略有记忆了，当时父亲不幸死于兵荒马乱，被带走前，我抱着他老人家的尸体号啕大哭。这么个乡巴佬怎敢在这里胡说八道！"于是，卫兵将其父抓到宫门，草草鞭挞了事。不久，任何对刘氏家庭的议论成为禁忌，甚至李存勖越过了禁忌都会有麻烦。

想要戏谑刘氏对出身的讳莫如深以及公开的扯谎，李存勖带着儿子李继岌排演了一场显示出他戏剧才能的宫廷闹剧。这事和那位刘山人出现在魏州恰好同时发生。当穿着老人服装的李存勖进宫时，他一手拿着草囊，一手握着药包，李继岌跟着他，手里捏着个破帽子。李继岌当时可能十岁左右，显然是被哄来的。他们一起来到刘氏住所的门前喊道："刘山人来看女儿了。"周围所有的人包括刘氏手下的仆人和杂役都放声大笑，当然最畅快的要数李存勖。惟有刘氏脸色铁青，羞愤难当，作为惩戒，她狠狠鞭打了李继岌，然后把他赶了出去。因为这场宫廷闹剧而对平日钟爱的李继岌进行体罚当然有些过头，但这是对所有胆敢直接提及刘氏背景的人的警告。刘氏如此的行为让我们看出，她低贱的出身以另外的方式塑造了她。

刘氏性喜敛财常常被归结于她的出身，按照一个从小就在宫廷内做女仆，生活在即便不甚舒服但绝对安全的环境中的人来说，这样的归纳不免让人生疑。富有的人依然会敛财，比如李继韬的母亲杨氏，她在她的时代聚敛了巨大的财富，虽然她不得不花费了其中很大的一部分来解救她政治上败落的家人。刘氏既缺乏杨氏那样对世事变幻的敏锐和大手笔，同时在聚敛财富方面也未能如杨氏那样出手谨慎、有效。在她升任皇后之前，刘氏在魏州曾策划了一个方

案，她出动其密友在市场上以宫廷的名义出售诸如柴火、蘑菇和果肉等物品，想按最好的价格来操控日用品市场。从中可以看出刘氏的琐碎和善于搅和、侵扰的形象，她的行为与其说是违法，不如说是异想天开。这类敛财聚物的情况出自笔记小说，但在正史中记载的另一些刘氏的理财活动却以常识以外的重大方式影响着国家的行政运作。

按照《新五代史》的记载，“天下对朝廷的供奉，要一分为二，一部分进了皇上的腰包，另外的分配给中宫，所以，宫中的钱物堆积如山”。我们在上一章已经提及，做晋王时，李存勖就为自己的花销专设了内府，使各地节度使的供奉大都转为己用。伶人景进后来成了庄宗资产的掌管者，有效地将其置于庄宗随手可及的范畴内。刘氏更进一步要求将地方节度使的供奉的一半放在中宫，给她无节制的消费提供更丰富的来源。如前述，由于南方诸国开始进贡可观的财物，两宫的积蓄一定是明显地增长了。皇上和皇后财产分开，这样的做法无前例可循，故常常被描绘成中宫为了一己私利的发明。但庄宗任意挥霍的习惯已有充分的证明，这可能逼迫刘氏聚敛了大量在他视线以外的财富。后来的事件会证实，庄宗几乎不知道中宫内府的财产数额，这使得刘氏得以有效地加以控制。最终，刘氏对名下财产无条件的控制行为比之新设立的规则更成问题，因为作为一国的皇后，她屡屡表现出缺乏合理调度宫中钱财使用的能力。

另一个以中宫的名义行事的机构称作“教命”，是刘氏用来避开庄宗的监管，和宫外藩镇联络的工具。这其中的大多数人都是刘氏身边的宦官、亲信和族人，“教命”兼有收集情报、指示相关人员行动的功能。来自皇后的指令虽不具备朝廷诰命的形式，但在合适的手下那里能起到同样的作用。更重要的是，这种活动的形式允许刘氏独立地行使行政程序，偶尔，庄宗本人也会被困在冗长的既定程序中。但这种另类的宫廷运行手法，它的结果，无论是好是坏，都完全地依赖于个人的判断。在曹夫人那一代中，她曾经采用了相似的手段指导和提示儿子而没有产生任何不良结果，但最近在西南蜀国，刘氏却因为通过特权

的沟通方法而导致了浩劫。

924年年初的册封,并没有改善刘氏的心虚和不安定,她将李存勖的私人生活置于她进一步的监视下,目的是能以先下手为强的方式挫败可能的竞争者。例如,十一月,她陪伴同光皇帝幸临禁军的头领和义子元行钦的府邸。美酒畅谈间,庄宗表达了对元行钦失去妻子的慰问,然后随便地加了句:"你新近丧妻,是不是要考虑再娶一个?我可以帮你嘛。"刘氏正好坐在最近得宠的另一个妃子跟前。这个妃子不仅美貌而且也为庄宗生了个儿子,这更使得刘氏要想法将她逐出宫去。刘氏马上插嘴,指着那位妃子说:"皇上真的怜惜行钦,为什么不将她赏赐给行钦?"元行钦向前下跪致谢,肩舆便即刻将此妃子抬到元行钦的私人居所,根本不容许庄宗有片刻的犹豫。"庄宗太郁闷了,借口不舒服,好几天都没吃饭。"刘氏有这个能力,在如此精心的安排下,清洗掉皇子的母亲,这位皇子应该就是当时庄宗四个小儿子当中的一个。同时,有效地让庄宗在他近臣的注视下无可奈何让爱妃离开。刘氏再清楚不过,自己从被蔑视的小妾摇身成为皇后,功绩在于美貌加上生育了王子,因为宫中具有如此潜力的嫔妃不在少数,所以造成了她无休止的防御行为。但前代王室的妻室并不需要这样欺诈的手腕,因为她们的贵族背景就可以让他们有信心和安全感。有关元行钦和这位前皇妃的故事在刘氏利用宫廷之外的社会活动保护自己的利益方面进一步凸现出她的机敏。和公众的看法相反,对刘皇后来说,美酒和闲谈不过是为着中宫利益所导演的另一类活动的遮盖而已,的确,她很清楚地看到了这一点。

刘氏又通过共同拥有的宗教信仰来进一步施加她对庄宗的控制力。史料描述了庄宗逐渐被佛教吸引正是刘氏影响的结果,他原先只不过有些泛泛的信仰而已。刘氏以"馈贿僧尼"而闻名,甚至对那些违反宫廷规矩和王朝法律的僧人也倍加关照,殷勤迎合。925年的四月,一个来自于阗的胡僧,在洛阳受到同光帝、皇后,以及包括李继岌在内的皇子的拜迎。皇家倾巢而出在众人面前跪拜一位胡僧的景象,对朝廷的儒家正统而言简直是有失体统。随后这位胡僧又云游晋阳以北布满历史上重要的寺庙僧院以及佛教名胜的五台山，所有费用也一概由朝廷支出，尽管有明文规定不可以有此类的行为。另一起违反宫廷规则的事发生在一年以后，一位据说德行高超的高僧诚惠由庄宗本人一路从魏州护送到都城。其余的皇室成员都在洛阳迎候。皇家尊崇的样子使得几乎所有的士人宰相都下跪迎拜。在前唐朝，为尊重僧人起见，他们在黄帝面前可以免除叩头的惯例，但同光皇帝更进了一步，居然倒过来向一个和尚叩头。而这位哗众取宠的和尚却大大咧咧地安坐不动。一向处事谨慎的郭崇韬独个没有叩头。虽然史料没有披露进一步的细节，但清楚的是，在整个 925 年一系列事务上的分歧，包括宗教和家族的金融财政等，皆以累积的方式继续损害着郭崇韬和中宫之间的关系，到了年底，这一关系已经恶劣到了无可救药的程度。公开地看，中宫并没有什么过度违法的作为，但各种不当的行径累积起来，则遭致了朝中士大夫的厌恶，从而损害了同光政权的道德形象。到现在为止，庄宗依然可以不依赖文人而幸存，只要他可以仰仗军队中的支柱力量，就像五代所有的皇帝那样。

伐蜀前后

同光皇帝傲慢自大和其妻刘氏贪得无厌的结合，促成了自后唐夺取梁朝以来最大的一场战役——夺取西南的蜀国。如果成功，在政治上，它可以进一步保障后唐帝国的合法性，同时财政状况上，也可以更加巩固后唐。因为蜀国包含着大约相当于整个后唐北方领土三分之一的面积，有近十万的常备军，又是在当时最赚钱的茶叶和丝绸的生产中心。北方一致的对蜀国贪婪的进犯只是时间问题，但最终行动还是比预料的要早。

自从 924 年的晚春，后唐大使李严出使蜀国后，蜀王王衍便预料到后唐会进犯西南，并做好了相应的防御。蜀国的军队在边境一带待命，战船也布置在

主要的河道。但到了这年的年末，两国在彼此的都城互设大使，这期间，洛阳一定许诺了继续维持现状，目的是引诱成都，使之麻痹大意，果然，在这样的情形下，蜀国放松了警戒。然而，庄宗对蜀国的进攻计划并没有一丝改变，前任大使李严的话一直回响在他的耳边："只要我大军降临那里，蜀国必定土崩瓦解。"在北方的谋士们看来，昏君弱兵，加之百姓离心离德的致命组合，使得蜀国异常薄弱易取。蜀国同东边邻国南平和楚的关系一直磕磕绊绊，所以在紧急关头几乎没有什么可以求助的同盟。它和北方的邻国也常年处于敌视状态，过去是岐国，现在是后唐。实际上，蜀国广大的地域、优良的自然条件使之在处理边境事务上根本就漫不经心、大大咧咧。

公元 925 年六月，后唐朝廷下令扩充北方战马的储备，把配备给文官的马匹减少到一人一匹，命令显示了重大的军事行动正在进行中。但由于后唐有不止一个潜在的进攻目标，此举似乎并没有显出特别针对蜀国的迹象。宣战是在农历的九月十日，但为了保持突袭的效果，使用了秘密签署的方式。选择初秋的日子进攻，毫无疑问是为了避免蜀国中心地带夏天可怕的溽湿，以及冬天沿着秦岭一直横贯北部边境的严寒天气。后唐的谋士幕僚并没有寻求可能的和南平的联盟，虽然当地的统治者高季兴曾经提议过。况且，他的提议无论如何都不是真诚的，伴随着他 923 年后期觐见洛阳的外交努力的失败，他的小国和后唐任何进一步的合作实际上都没门了。同时，南平单独的挺进会带来风险，等于提醒了敌人后唐军队的进攻。这场对蜀战争的最初缘由，可以归结到蜀国历来对中央政权尊严明显的傲慢和漠视，蜀地的叛逆行为最早可以追溯到前唐朝，而李克用统治的时代，蜀国粗鲁对待晋国使者也让人们记忆犹新。为了强调和蜀国交战的历史根源，洛阳可以将它的出征隐蔽在正义的借口下——以祖先的名义进行的惩罚，而非为了权力和财富的霸权行径。毋庸置疑，一些乐观的幕僚们想象着多米诺骨牌效应：征服蜀国会触动整个南方的归顺，造成在后唐旗帜下大一统的前奏。

宣战的同时也公布了伐蜀的前线总指挥部:太子李继岌为总指挥(都统),郭崇韬为剿匪总司令(都招讨使),工部尚书任寰为总参谋长(参军事)。因为李继岌还不到二十岁,而任寰是个文官顾问,因而郭崇韬拥有在军事领域绝对的指挥权。庄宗显然很认真地考虑过了,他其实更希望能亲自指挥这场战役,如同唐太宗在首次巩固权力的过程中所做的。而当代史家总是对这样的英雄行为兴趣盎然。但先前杰出的帝王大都是出征北方和东部地区,而从未有过挥师挺进有着特殊的地形和气候的西南盆地。而且,大臣们对御驾亲征一般都强烈反对,因为皇上虚席朝廷的危险往往要大于边关亲征所带来的好处。毕竟,后唐内地有十几个投诚过来的将领和地方官,他们对后唐的忠诚让人半信半疑,同时和契丹接壤的北方边境也一直处于危险状态。

郭崇韬有限的实战经验,近六十岁的高龄,和庄宗以及刘氏冲突造成的愈来愈坏的关系,使得庄宗对他的启用引人注目。冷眼旁观者可能将此任命看作是郭崇韬的敌手促使他平静地离开朝廷决策中心的调虎离山之计。但对庄宗来说,很可能是无可奈何的选择。之前,前梁朝的降将段凝曾被庄宗短暂考虑过,但郭崇韬拒绝让一个最后关头一点骨气都没有的败将担当这样的重任。将领们看上去很中意庄宗的义兄李嗣源,他在征服契丹过程中振奋人心的角色得到众人的认可。然而,郭崇韬认为李嗣源对北方蠢蠢欲动的契丹是不可或缺的,故不能将他调防到遥远的西南前线。是郭崇韬提议让太子作为都统从而增加他现在有名无实的权力的砝码,这也被看作是沙陀王子们年轻时在战争中锻炼自己的机会。一直到郭崇韬答应接受辅佐李继岌的招讨使的位置,沉默不语的庄宗才松口答应让大儿子代替自己亲征。

庄宗以自己独特的方式表达了对这次伐蜀指挥部署的真正意图。出征的前夜,他在洛阳宴请主要将领,席间,对郭崇韬举起酒杯,给予他统领远征的大权:“继岌还不熟悉这样的军政大事,你长期跟随我南征北战,这次西面伐蜀,就拜托你了。”数月前,在另一个场合,郭崇韬承认他自己缺乏实战经验,但庄宗提

醒他说，百场战役也不能和你为帝国出谋划策的功绩相媲美。实际上也是如此，成熟的战略家较之善战的将领少之又少，所以庄宗将郭崇韬看作是最出色的军事战略家。将郭崇韬放在这个位置，庄宗重树了对其的信任，甚至超过了最仰重的义兄李嗣源，当然，这样做的目的更是为了维护后唐远方的利益。用如此超级的权力来执行一项需要十分小心的保驾未来皇位继承者安全的任务，是因为这位太子迄今为止一直呆在后唐本土，从未长时间地远离父母。这次战役中忠诚的表现提升了这一使命的风险，并大大超出当时人们的预料。

九月十八日后唐六万大军离开首都，向西前往长安，然后是大散关，五百公里的艰难跋涉后，再转向南行。更重要的是，大概七天前，一支由三千骑兵和一万步兵组成的先头部队在康彦孝和李严率领下已经开拔。康延孝，攻取开封的功臣；李严，曾经出使蜀国，了解当地的风俗民情。先头部队途经长安，当地的官员张筠、王思同将自己的人力物力和智囊增加进去，使之更加壮大。主力带着不到十天的配给离开洛阳，按照乐观的估计，这已经足够深入蜀地，因为从蜀边境到成都的沿途，投降的市镇会自动供给他们口粮。虽然《孙子兵法》早就说过："聪明的将领应当尽量利用敌人的军粮，食用敌方粮食一钟，相当于从本国带来的二十钟。"但这样的认为不会遇到重大阻击的估计还是极其危险的。对远距离作战而言，由于路上的损耗和可能的抢劫，运输费用很让人头疼，所以军需的供应程度便不得不被计划者仔细计算。在其后明宗李嗣源时代再次伐蜀时，据记载，每一石军粮只有一斗运达。后唐军队不断得到援助，让人惊异的是，蜀国的国王王衍自己，却还在成都往北的汉州享受着漫长的休闲。一直等得到唐军入川的消息后，他才匆匆赶回成都，但他不在都城的时候，后唐的远征军已获得了宝贵的时间深入蜀国，其间，几乎没有遇到任何有组织的抵抗。

北方入侵者享有着很多优势，但没有一件像这样让人惊奇。威武承是南部边境第一个落入康延孝先锋部队手中的蜀镇，它的镇守将领在十月十四日投降。康延孝很快释放了一万名投诚的将士，将其当作未来放弃抵抗者的榜样，并原封不动地保留了当地的将官，作为原先秩序的延续，这些方法大都在战役之前就由庄宗设计好了。接着，一连串的从边境开始深入到蜀国一百公里内的市镇纷纷迅速倒戈，有些蜀军甚至帮助后唐军队通过。但二十六日，后唐军队在兴元附近遭到一定规模的抵抗，之后，康延孝杀了五千敌兵以儆效尤。这是在整个进攻中惟一被记录在案的主要抵抗。因此，康延孝先锋部队的成功，使李继岌和郭崇韬率领的大军只遇到一些零星的阻碍。形势依然比预计得好，沿途的供给开始变得越来越丰富，使得郭崇韬的大军可以不需要强征军粮，也不用冒被当地人疏远的风险，总之，伐蜀大军浩浩荡荡继续奋力前进。到了十月底，来自蜀国的报告超过了任何人的预期。按照《新五代史》对前锋将领切实功绩的谨慎记述，"拿下蜀国，康延孝立了头功"。

除了康延孝前锋机敏的行动，最初蜀国战役的胜利离不开给郭崇韬做副手的文官们。例如，李愚（？—935），是个来自唐代贵族家庭赵郡（赵国的旧名）李氏的经学家和古文学者，他曾获得过唐朝最高的学者头衔——"宏词科"。在前梁朝，他官至左拾遗、崇政院直学士。庄宗继位前就任用了他，在同光王朝时期甚至还将其升迁为翰林学士，这通常给予因文章超群拔萃者。郭崇韬和李继岌特别选用了李愚作为蜀国之役的副手（都统判官），标志着他们在所有的辅助人员中承认文官的潜在价值。李愚的身份使得伐蜀的政治使命合法化，即便它只是军队的镀金而已。

虽然是典型的文官，但李愚对军事事务的顾问却像鹰派。他是在策略上尽快地进攻蜀国首都的主要声音，而不是像许多将领更中意先在边境大量集结兵力以凝聚力量。关于征服中的政治重要性他也见解独到，李愚竭力主张："王衍荒淫懒惰，扰乱朝政，国人都怨恨他。我们要乘其仓促无备，突然袭击，优势在于速度，不可延缓。"他的言辞其实是两年前在攻打开封前夕郭崇韬对晋王的建议的回响，同样地结合敌方内部的政治矛盾使其攻击力瘫痪，而不再需要外部致命的一击。当一个重要的将领在边境称病不愿进川，李愚提出正好以他的头

来杀一儆百:“陈乂见有利可图,就前进,见有困难了就止步,现在我们大军遭遇险境,人心动摇,正好可以杀了他,以儆效尤。”作为都统判官的李愚成功地传达了他的思想和原则,他的决断在文官中堪称绝响。

农历十月,依然笼罩在洛阳的殡葬气氛中,恰好和西南远征者的乐观相反。这月的月初,朝中的文官集聚,追授曹夫人为贞简太后。十月三日,庄宗再次出宫至墓葬点,视察了工程的进度,并很可能按照自己的标准做了修正。最终的安葬和在寿安的仪式于十月二十九日举行。这以后不到两天,庄宗不由自主地回到坤陵“号恸”,反映了他依然萦绕不去的思念之情。另一起庄重的仪式是此后的十一月庄宗在城中的太庙内给母亲立了一块牌位,确立了母亲在王朝历史和家族中的荣耀地位。不久,发生了一场新的自然浩劫:十一月下旬,一场大地震在北都魏州和东部的徐州发生。史料没有详述地震的灾祸程度,但如此人口密集地区的强震肯定造成了严重的伤亡。另一方面,迈着小心翼翼的步子,宫廷计划中的活动开始恢复常态。十二月,庄宗有几个短途的狩猎,同月,恢复了宴会中的音乐。去年的生日,庄宗是和大儿子李继岌一起度过的,但今年却因伐蜀而缺席。庄宗在自己四十一岁生日的几周后,招待弟弟和将领,推迟的原因显然是母亲的去世。因为与会者不可避免地沉溺于美酒佳肴,丝竹歌舞,在一般士大夫的眼里,显然这样的宴会是不合时宜的。

得蜀不偿失

925年十一月后唐军队在蜀国的推进,显示了点线进攻到全面占据的转折。因汉州的鹿头关和成都直接相连,一旦康延孝于本月十日攻下了这个战略要地之后,蜀王的密使几乎马上就前来谢罪。代表团成员包括蜀王的养兄弟王宗弼,此公在此前就和郭崇韬暗通款曲,郭崇韬答应给他节度使作为最终谈判调停的交换。王宗弼在北方军队挺进蜀国时就开始了投降准备,并将王衍另行囚

禁在成都西边一个独立的处所，然后大肆掠夺了王衍的财产填充自己的府库，再将许多嫔妃据为己有。驻守附近地区的其他皇室兄弟也都纷纷地投降，可见王衍在他自己的亲戚中间都如此没有分量。是故，后唐军队在十一月二十八日得以兵不血刃地占领成都，并通过这些投诚者恢复了秩序，控制了当地人趁火打劫的恶劣情况。在从洛阳到成都的两个月作战期间，后唐军队所表现出的克制让人回想起数年前占领开封的情形，在这些不同的战役中，郭崇韬为军队设立了严格的行为标准。

蜀国国君王衍在放弃王位的前夕和当地的官员们会面，这是个阴郁悲伤的时刻，几乎所有的官员都是泪湿衣襟。王衍的投降仪式在成都北郊举行，史料对此有精细的描述："王衍坐竹轿到升仙桥，穿着素白的衣服，以草绳系头，袒露上身，口里衔着玉，手上牵着一只羊，后面有人抬着一口棺材。"王衍和手下的文武大臣面向东北，后唐都城的方向，以全身伏拜的方式完成整套程序。李继岌主持了整个仪式，烧掉棺材作为后唐宽待仁慈的象征。之后他在当地的马厩给自己选了二十四良种马，应父亲的嘱托，为他选了三百个当地的乐工和伶人，但对那些像王宗弼一样想获得好处的人所提供的珍宝却没什么兴趣，另一方面，他对王宗弼的所作所为很是鄙夷。这里，太子的谨慎和其贪婪的父母形成了鲜明的对比。

对蜀一役的成果是巨大的，但同时也种下了严重分裂的种子。等距离位于成都和洛阳之间的南平小国领导层，收到了北方军队横扫蜀国的消息后，作出了敏锐的预测："我们不用担心。庄宗得到了蜀，势必更加骄横，他离亡国也就不远了。"他们的这番论断让我们想起唐太宗曾经说过的：巨大的成功足以让胜利者利令智昏（"治安则骄侈易生，骄侈则危亡立至"）。的确，军事上的凯旋导致了同光王朝更加贪婪。宦官向延嗣，925年年底回到洛阳，呈上了来自蜀国的一系列战利品，包括十三万的降军、九千五百匹马、七百万件兵器、两百五十三万石粮食、一千九百二十吊钱、二十二万两的金银、两万珠玉犀象、五万匹的文

锦绫罗。《旧五代史》和《资治通鉴》两者都记载了三万蜀军的投降，但欧阳修在《新五代史》中认为是三十万。《册府元龟·功业二》认为蜀降兵为十三万。所以，欧阳修的“三十万”应该是“十三万”的笔误。另外的解释是，数万的军队其实是三万精兵。然而，朝廷只盯着俘获的财富，却忽视了大量没有记录在案的投降士兵。

面对清单，困惑的庄宗显然很不高兴：“大家都说蜀国富甲天下，我们得到的就这些？”众所周知，十年前成都的一场大火摧毁了一百尺高的百尺楼，这里有王室收藏的主要珍稀古玩和前代传下来的文化珍宝。就在最近唐军攻取成都前夕，王宗弼抢劫了王衍的王宫，把后者王宫内库的金银财宝都搬回了自己家中。报告给洛阳的可能是来自公开的财物，这些应该在成都易手后没有被挪动过。然而，向延嗣没有将这之间的短缺归咎于当地的掠夺，而是指责现场的总指挥郭崇韬和他利欲熏心的儿子们非法地夺取了四十万两金银，仅留下了一部分唐塞朝廷。于是，宫廷内部的一些人开始了诽谤郭崇韬的阴谋，首先谴责他对朝廷的忠诚，认为他截留财富是建立自己独立王国必须要走的第一步。

如果郭崇韬不是同时被自己内部最近的助手的争执所纠缠，宦官在首都歪曲呈报所造成的危害还是能够被掌控的。在随后镇守蜀的过程中，郭崇韬的两个主要副手，经验老到的先锋康延孝和前邠宁节度使董璋之间有了龃龉。作为行营右厢马步军都虞候，董璋在整个战役中和郭崇韬建立了紧密的关系，他们最早的合作要上溯到数年前的魏州。不久，康延孝发现随着战役的进展，他逐渐被排除在关键的决议之外。然而，最让他困惑的是经郭崇韬斡旋，在十二月，董璋被任命为剑南东川节度使。董璋过去是个没受过什么教育的家僮，他设法超过康延孝的方法，部分是讨得郭崇韬的欢心，部分是任人唯亲。而郭崇韬安插关键位置的习惯是着重早期的元老，既然董璋早在晋阳便有战功，在郭崇韬看来，这样的提升便是理所当然的。对康延孝这个胡人来说，郭崇韬和董璋两人共同的汉人背景让他坐了冷板凳。所以，康延孝当面对郭崇韬的任命表示异

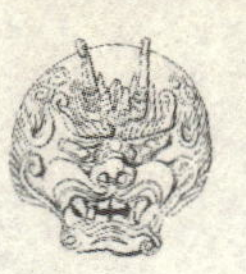

议，而主张选用这次战役中从征的任圜。郭崇韬以尖锐的声音呵斥道："你反了吗？竟然敢违抗我的调度决定！"郭崇韬不可理喻地藐视一个更适合担当蜀节度使的人，可能是认为康延孝在后唐的从政时间太短，而康延孝也因为自己的鲁莽几乎断送了性命。

导致蜀地后唐驻军将领关系进一步紧张的原因来自当地人，像蜀王的养兄弟和后唐占领者的关键联络人王宗弼。此人有着马基雅维利式的诡计，他先是给了郭崇韬大量的礼物、妓女，甚至将他自己成都的居所提供给郭崇韬作为临时住处，指望日后有个合适的职位作为回报。但郭却迟迟不明确回复，显示出食言的迹象。至此，王宗弼和郭崇韬的一个儿子——蠢笨的郭廷诲交好，并乘机操纵他，这加重了李继岌的疑心，也在高层将官中起了破坏作用。这些带有戏剧性的政治伎俩对北方入侵者来说是太精细了，以至于他们难以揣摩。一连串的蜀国旧臣，像军队的首领和王室成员，十二月前夕，纷纷找到李继岌。他们宣称郭崇韬对继续维持蜀地的安全必不可少，请求他留任蜀地的全权大臣，假意支持他，请求李继岌向朝廷请愿。这样，当地煽风点火者的风凉话，毋庸置疑地通过相应的管道直接通向了洛阳。

形形色色要求郭崇韬留任的请愿引起了李继岌的怀疑，他借重新肯定庄宗对郭崇韬的倚重之际，悄悄地考察郭崇韬在此事上的意图："皇上对您的倚重就如山岳一般，朝廷少不了您，怎么能把您长久搁置在这样的蛮荒之地呢？"实际上，后唐的扩大并没有降低郭崇韬作为首都枢密使的价值，但同时，后唐朝廷应更看重他在未来统治蜀地过程中的角色。极为讽刺的是，李继岌最后所说的所谓元老不合此蛮荒之地，就是暗指上一代另一位北方的入侵者王建，最近被废黜的蜀国国君王衍的父亲，他本来是奉唐朝之命征伐蜀地，但后来却把此地变成自己的地盘，以蜀王谢世。受过良好教育的李继岌当然清楚蜀对这些北方将领的吸引力，它的富有会诱惑他们并进而降低他们对中央政府的忠心。李继岌的话不得不以历史的掌故加以修饰，从而谨慎地处理流言和疑问。郭崇韬的教

养不及李继岌,但他足够清楚蜀的历史,因此,便小心地应付当地的阴谋。

至此,魏王李继岌周围的宦官们加深了在别处已经存在的芥蒂和怀疑。早有叛心的蜀王室成员王宗弼,在北方军队抵达成都之前,杀了一帮宦官,人们怨恨他为了成为具有控制权的代理人而违法软禁了王衍。跟随李继岌的宦官们,作为这场屠杀的见证人,自然被这种替罪羊式的策略吓破了胆。由于王宗弼看上去和郭崇韬结成了联盟,所以许多来自洛阳的宦官也就对这位军事首脑产生了戒心。郭崇韬在掌管朝廷和皇宫时公然的威吓策略,是对任何人都不宽恕,但这样的结果似乎是得罪了所有的人。另外,根据某些史料,郭崇韬私下对宦官极为轻蔑,情绪化地要将他们统统赶出宫去。据说,占据蜀国后,一半是庆祝,一半是警告,他对李继岌说:"小王你有破蜀的赫赫战功,班师回朝后,一定被封为太子。当你日后坐上你父亲的皇位后,一定要把所有的宦官都赶走,连骟过的马都不要骑。"这样的声明过于张狂,而要求驱赶阉者的声音让那些偷听到的宦官马上在心里敲响了警钟:不到二十年前的大清洗,导致当时唐朝首都长安七百个宦官以及外地另外一千个太监被杀。郭崇韬对魏王话中的弦外之音也说明,他清楚庄宗对宦官的宠爱,也只有等庄宗死后,将宦官排除出衙门才有可能。

按照后来事情的变化,郭崇韬对宦官无所不能的评估是有先见之明的。十二月十一日,在成都陷落后的仅仅十四天内,郭崇韬指示李继岌授权处死了王宗弼和蜀王的两个亲弟弟,死刑后来波及到了蜀王的远房亲戚。郭崇韬强调这些人抢掠了王宫,随后又为了个人的利益企图诱惑占领军。《新五代史》认为这样的屠杀是当郭崇韬面临了来自内部的怀疑时,为了证明自己对朝廷忠心的一个铤而走险的计谋。这样,郭崇韬可以和当地那些名声不佳的官员们撇清关系,这些人都是竭力鼓动他留任蜀地的领头人。滥用职权,很可能是郭崇韬考虑杀掉这些人的第二个因素。

更重要的是,处死王宗弼以及同伙正好和最近成都后唐驻军的反抗同时发生，因为他们没能得到应有的奖赏。按郭崇韬的要求，王宗弼先前已投资了数万缗钱的巨款犒军以获取统领军队的职位，但却被推延了，这就造成了他的愤怒和离心。有意或无意，王宗弼已经创造了引向哗变的条件，对军纪严厉的郭崇韬来说，不用考虑之前王宗弼的罪责，就此一项，将足以将其处死。面对来自军中的怨恨，后唐的统治层一定会踌躇不定，因为这样的怨恨一般会发生在战败后，而很少出现在巨大的胜利后。分配不均一直是后唐军队薪酬方面值得注意的制度性问题，它延伸到蜀国之后的战役中，这点会在随后的事件中被证实。

在王宗弼死后的第四天，北方占领军将前蜀国名将，位于蜀的西北角的秦州节度使王承休送上了断头台，此举难免和王宗弼之死挂钩，而显得敏感。王承休对成都政权有着模棱两可的忠诚，因为和王建的各种矛盾，在丧失了抵抗入侵军的意志后，他和他的随从在川西边境的蛮荒之地一度流浪，但于十二月返回成都。他原来有一万随行人员，其中大量的文官随从，已经降到了仅仅一百个，在到达成都前两个月的长途跋涉中，由于高原冬天恶劣的天气导致了死亡的直线上升。

李继岌在盘问王承休时质疑道："你曾经占领着重镇要地，又有强兵在手，为什么不抗拒我们大唐军队的进攻?""那是惧怕大王您的神勇。"王承休讨好地说。但这并没有打动李继岌："但为什么后来又不投降?"王承休答曰："因为您的大军没有进入我的地盘。"王承休说的是对的，后唐的军队从南越过大散关，的确并未再向北深入秦州。多次的询问后得知一万军队在毫无目的的行动中丧生，李继岌以此为借口，除掉了王承休，同样残忍地杀了所有的幸存者。"这样可以补偿死去的一万将士了。"李继岌故作姿态地说。当然，王承休被斩，从他服务于蜀国而对进犯的后唐有首鼠两端之意这样的角度看，应该是正当的。此外，和王承休的交手进而让我们看到了李继岌作为军事政治事务仲裁者的成熟，因为他独立处理了从审讯到判决的整个过程。虽然是个娇生惯养、不到二十的小子，但李继岌对处决一个远远年长于他的人没有丝毫踌躇。只是一怒之

下连带着杀掉所有的王承休残部,显得缺乏冷静和宽大,让人看到来自其父严酷的一面。

稳定战后蜀地的领导层成了远方同光皇帝的首要事务,在成都大开杀戒后的几天,他任命了孟知祥作为川西的节度使,当时,西川是以成都为中心,而东川则是现今重庆一带。孟出生于魏州西北的邢州,其父数十年前便和前晋王李克用联手,彼此关系亲近,李克用的大女儿嫁给孟知祥做了正室。除了婚姻和沙陀王室捆绑在一块,孟知祥同样值得夸耀的是和王位继承者李存勖的友好关系,他作为中门使,曾发挥着特别的影响力。923 年李存勖登基前夕,他成为晋阳的监军,之后,当了太原尹,这些位置都和王室家族有关联,所以,在同光统治的大部分时间内,孟知祥被隔绝于洛阳政治中心之外,对未来的仕途似乎不再存有幻想。919 年在其背书下,郭崇韬代替他成为中门使和河东都虞候,更是一度遮蔽了他的政治影响力。925 年,在启程赴蜀的前夜,郭崇韬终于可以报答孟知祥的知遇之恩,他向庄宗推荐孟知祥作为平定蜀国后掌管川西的不二人选:"陛下若要选择镇守西川的将帅,没有人能比孟知祥更合适。"两人在那个时代分享着难得持久的相互尊崇。作为川西的节度副使,郭崇韬希望将权力直接地移交给到达成都后的孟知祥。

洛阳在从晋阳到成都的路上,这样,庄宗得以在孟知祥奔赴西南前,在首都宴请他。庄宗出示了大量珍宝赏赐孟知祥,并设宴款待,更对其褒奖有加,可惜的是,孟知祥大多待在晋阳作为保人的家人错过了这样的场合。在 926 年一月七日的这次宴会上,庄宗的夸夸其谈被记入《新五代史》,其间他依然老调重弹地复述自己的成就,但也表现了一个父亲对爱子在远方战场获胜的骄傲:

继岌前些日子还是乳臭未干的小孩子,但今天能为我平定了四川,真是后生可畏,而我却是徒然老去了。像当初先帝去世时,我们的地盘不断被强敌入侵,最后只剩下一块地方。当时谁能想到我们现在几乎拥有了整个天下，四面八方的奇珍异产源源地流入我们的国库。

庄宗随后抓起一把来自蜀的珍奇玩意，大夸孟知祥为“亲贤”。气氛看上去是盛大的庆典，表明庄宗对这次战役成功的陶然自得，但孟知祥在洛阳逗留了十天，超过了他享用佳肴美酒的时间，显然这两人之间还有其他的会面。在《资治通鉴》的记载里，有庄宗和孟知祥之间秘密的意见交换，也许是很靠近孟知祥启程的日子，大意看上去是对蜀地动荡状况的不同看法：

> “听说郭崇韬有了二心，你到了那里，替我解决了他。”庄宗向孟知祥嘱托。但孟知祥坚持说：“崇韬是国家赫赫有名的老臣，不应该有这样的想法。等臣下到蜀地细细察看，如果没有什么叛逆之心，就将他遣送回来。”

庄宗对郭崇韬异心的猜度最初来自一些风言风语。孟知祥认为自己掌握的证据不足于推出这样的结论，也许，有人碍于他与郭崇韬之间长期的友好，想要讨好他而没有告知详情。让人称奇的是，就在接见孟知祥的几天前，庄宗和李嗣源，这位首先被考虑担当伐蜀大将的养兄弟先行会面。据史料记载，尽管李嗣源不断地提出要求，这两位养兄弟这一年在此之前就没有碰过面。和李嗣源以及孟知祥的商谈几乎在同时发生不能完全说只是个巧合。在每一个可能性上，庄宗加强了准备，要把来自蜀地的不名威胁加以去除。对过去承受了庄宗偏执攻击的李嗣源来说，这次的觐见一定在他心里建立起了眼看失去最忠心的近臣的庄宗异常落寞的形象，也增加了李嗣源面对变化不定的情形易受攻击的敏感。

和孟知祥同赴成都的还有宫廷派出的宦官马彦珪，负责执行对郭崇韬的清洗。宫廷的指令授予其特权：如果郭崇韬以任何诸如迁徙或推延的方式拒绝解职，就可以将其处决。皇帝和皇后在观察和处理这个问题上的意见有着显著的

不同。在正史中，庄宗认为证据不确定，不能莽然执行死刑，所以他对孟知祥的指令是有条件的。但皇后刘氏觉得情况已经很危险，有条件的指令不够，要有朝廷进一步的介入。她的态度明显反映了忌恨的宦官和宫中对手的影响。不能说服庄宗，刘氏便绕过他，从自己的后宫发出一道所谓的"教令"给李继岌，要李继岌立即除掉郭崇韬。马彦珪带着两份指令，孟知祥有着另一份命令，这样，使得他们必然处在冲突中。作为朝廷高级命官，孟知祥有更高的权力，但挟有皇后"教令"的官宦马彦珪则依仗后宫权势，表现出狂热的执著。

严冬漫漫

公元 925 年的冬天看上去似乎没有尽头，一则是年底增加的闰月，二则是横扫中国西部大多数地区无情、严酷的寒冷。农历十二月二十日，也许是急于逃离宫廷的束缚，摆脱眼前的烦恼，庄宗开始了为期四天在洛阳东南部相当大一片区域内的狩猎。他的随从包括皇后刘氏，他的嫔妃、儿子，以及一万禁军。由于大雪和严寒，许多随行人员要么异常虚弱，要么因衣着不够而冻死，而一些卫兵则去抢劫当地有地窖和库房的农户，虽然库房大都空空如也。农田和农家在这些怨恨交加的卫兵手里损失惨重，当地几十个官员纷纷逃往附近的丘陵山区，躲避让人惶恐不安的状况。其中几千名卫兵是来自前魏州的士兵，历史上就有滥用权力的臭名，现在因无法像以前那样满足私欲，行动起来更加肆无忌惮，穷凶极恶。

感觉常常比现实本身更起作用，在占领蜀国后，庄宗对其富有的印象和现实的情形不吻合时，便不免感到沮丧。除去数不清的侵吞和抢劫，蜀国的富有已经慢悠悠地向北流向洛阳。平原一带后唐的农业和商业税收，开始时就因为严重的饥荒和农民的逃离而受到打击，随后的严寒更是进一步降低了收入，并导致物价飞涨。按照一月月末出自真州的报告，超过七千的老百姓被冻死，两

千多人死于饥荒。但许多当地政府居然还继续逼迫民众提前一年缴纳税款。终于,926年的年初爆发了同光年间第一次有史可稽的农民起义,虽然总的来说,规模尚小。常备军的遭遇甚至比农民更差。“士兵们常常饥肠辘辘”,许多士兵甚至到了卖妻卖子、或者成群结队在郊野荒山寻觅食物的程度。庄宗在闰十二月月初间接提及了自然灾害和粮食短缺的双重问题,征集可能解决问题的方案:“本朝希望上至官府,下至平民,都应献计献策,以济国助民,除奸革弊。”依照官方的史料,当时举国震荡,民众普遍陷入沮丧和绝望之中。

同光皇帝采取了进一步的举动,为了强调集思广益的重要性,他用朱红御笔下诏书给主要的大臣们。他也并不想只做做样子,而是希望在接下来的半个月内引起热烈的讨论,以找到减轻灾祸的可能步骤。廷议时,有些官员提议将朝廷迁到开封,解决眼下洛阳居民的负担,但因担心出现铤而走险的情形而没有被采纳。另有人认为在朝廷收入和军队费用之间要有更好的协调。用吏部尚书李琪上疏中的话来说:“古代先贤能够量入为出,同时,根据农业的收成再决定征战与否。所以,虽然有水灾旱情,但却可免除匮乏的担忧。”李琪早就明确地预见到后唐攻打蜀国的不成熟,朝廷的行动缺乏通常资源上的缓冲和支持。庄宗对这些建议并不是没有感应,但随着讨论的进展,他愈发有种挫败感,因为他意识到这些长期的方案不可能在未来的几个月就奏效。假如朝廷还能维持到春天,天气的转好可能会挽救危机。然而,和愿望相左的是,即便大量从蜀国而来的丝绸、玉石和金子在一夜之间可以被拿出来,但也不可能买到短缺的粮食,更无法打动无情的老天。

这场宫廷大辩论之后,庄宗采取了具体和象征性的步骤来弥补过去的无动于衷。他没有在初一庆祝新年的时候接见官员,在这个农历最重大的节日里,通常人们会交换红包和相互拜年。除了担心耗费钱财,这种壮观的场面在现在也会显得不合时宜甚至给人滑稽的感觉。对那些受灾的地区,朝廷免除了过去一年中秋夏的赋税,以常赦的形式宽赦了逃兵和非暴力的罪犯。庄宗宣布暂停

宫廷宴会,对皇族家庭的饮食也采取了严格的规定。但因为一些所谓关心皇上的朝臣的请求,宫廷的减膳措施在四天内就被取消了。这样的出尔反尔显然严重损害了庄宗的信誉。其实,庄宗应该更早一些,至少六个月前,就开始改变对严峻的现实状况的麻木不仁。他也应当赶在愤世嫉俗者聚集在一起形成气候之前,对他的宫廷采取更严格的限制措施,提前大赦,而非迟至 926 年一月五日才发赦文。他只需要看看北方的边境,那里,辽国的统治者阿保机遇到了相似的问题,他就带领军队延长狩猎,找到足够的猎物,最终度过了漫长的冬天。

就在洛阳真挚反省以图凝聚国力的时刻,926 年早期蜀地的情况突然恶化起来。农历一月三日,废黜的前蜀王王衍离开成都。他的随从包括母亲、妻子、嫔妃和孩子,还有更多其他的王室亲戚和之前的文武官员。包括仆佣在内,加在一起,这支队伍共有数千人之众。来自同光皇帝的宽恕诏书,令王衍及其王室其他成员到洛阳,庄宗诅咒发誓地强调保障对他们的赦免:“有日月星辰为证,我必保障你们的生命安全,一言既出,绝无反悔!”于是,王衍怀揣着诏书,欣欣然上路了。庄宗的儿子李继岌甚至在王衍开拔时赶来送行,以证实他父亲的慷慨。随行人员的数量也许就已经解释了它蜗牛般的缓行。走走停停的队伍花了两个月到达长安,按指令停驻,仅仅受到了当地官员的奉旨迎接,并等待来自洛阳新的命令。这一等就是半个月左右,随着时间的推移,焦虑开始在其间弥漫。

包括前王室和贵族的几千蜀国遗民奉旨向北迁徙的四天后,使得加在魏王肩上的任务变得相对简单起来,那便是谋杀十年以来作为后唐帝国堡垒的郭崇韬。宦官马彦珪半个月后先于孟知祥到达成都,毫无疑问是因为他带了一支小小的部队,这样能够赶在孟知祥之前,迅速地公布来自皇后刘氏的“教令”。从以下李继岌和他手下参与蜀国战役的太监头目从袭的对话,还是可以看出不到二十岁的太子在做出决定前的审慎。以下的引文来自《新五代史》,和其他史料只是略有不同:

从袭等手下哭着说："现在我们手上有密令，如果魏王您不执行，万一让郭崇韬知道了，那我们就里外不是人了！"李继岌回应道："皇上没有诏书，只有皇后手令，怎么能就这样把招讨使给斩了？"但从袭等人还是不放过，继续给李继岌施加压力，李继岌最终屈从了他们的意见。

李继岌清楚地意识到他没有正当的权力和理由来杀郭崇韬，他当然也知道马彦珪手里他父亲模棱两可、要他见机行事的指令。所以，他寻求文官李崧等的支持，他们一样对来自中宫的命令的合法性持怀疑态度，最后，他们将此"教令"改造成了一个正式的来自朝廷的指令。他们一起伪造了一份写在宫廷文告专用的黄纸上的文件，用了李继岌的都统印，借以冒充皇帝的印章，他们将此文件出示给军队的将领，希望能借此防止可能的哗变。这是一个政治技巧，比刘氏技高一筹。她的儿子担心她的指令会真相大白，从而引起郭崇韬的先发制人，所以不得不这么做。虽然距离将刘氏和李继岌隔开，但她显然掌控了自己的儿子，能借其手而杀人。对郭崇韬的残杀就发生在第二天一早，在郭崇韬觐见魏王的途中，李继岌的护卫李環用拳头打碎了他的脑袋。公开的行刑会有引起军队反叛的危险。但还是有许多郭崇韬的支持者惊吓坏了，立马逃遁，除了一个学者型的文官张砺，他一声不吭，泪流满面地跪在李继岌的官府前抗议。当他声言失去郭崇韬的严重性时，当时的情形看上去有点滑稽。

郭崇韬的五个儿子也同时被杀，两个在成都的儿子的脑袋被浸在漆器里送到京城。郭崇韬对外宣称是被勒杀，但他居住在外地的妻子和两个小孙子被免于处罚。郭崇韬的某些儿子，比如最出名的郭廷诲，运用其父的地位，扩大影响，获取利益，而令人憎恶。朝廷很快在郭崇韬洛阳的正式居所，连同晋阳的家里，没收了由他的亲戚收藏在隐蔽处的财产。令人称奇的是，这位一贯要求包括皇帝在内的每一个人谨慎节俭的首席大臣，却放任他的亲属谋取暴利。他作

为第一个“铁券”的接受者而引人注目，同样，他也是第一个尽管握有“铁券”、但仍被莫名处死的大臣。对郭崇韬清洗中另一个受害者是其女婿李存乂，他也是庄宗的养兄弟。李存乂被太监告发和手下的将领“捋起袖子，露出臂膀，继而痛哭流涕”，认为对其岳父的处置不公。李存乂的妻子，即郭崇韬的女儿，曾经有特权自由出入中宫，很可能也因此次事件受到株连。婚姻的联盟被用来加固和统治精英的关系，也就此产生了同床异梦者，但具有讽刺意味的是，当紧张局势笼罩着政治系统时，通常所谓的血缘力量却并不起作用。

第二个死于蔓延的清洗的是朱友谦，他同样持有免死“铁券”。这位短臂的节度使和李存乂是十二年前的朋友，在宫廷那些有高度想象力的告密者眼里，朱友谦因 925 年后期对蜀国战役的负面反应，而极有可能为郭崇韬鸣冤。当朝廷要征用河中的军队讨蜀时，朱友谦很高兴地予以配合，但派了一个儿子作为这支雇佣军的总指挥。庄宗听信伶人景进的谗言，认为朱友谦安插他的儿子在讨蜀大军中，是为了逃避朝廷可能的惩罚行动。控罪是荒谬的，但对朱友谦失去宫廷荣耀的传统解释，也就是坚决拒绝贿赂宫廷红人的结论，也是单薄的。不如说，对朱友谦和其他人的惩罚，是清洗郭崇韬和同党的一个部分，更可能是尴尬的庄宗事后认可了郭崇韬被杀的必然后果，而他开始时并没有下决心要除掉郭崇韬。

当朱友谦完全意识到了被宫廷内部造谣中伤的潜在危机，以及庄宗的多疑善变时，他便请求觐见，澄清事实。那时，朝廷刚刚发布了对郭崇韬的公开指控，一夜之间举国恐慌。实际上，朱友谦很担忧，但当他走进都城的时候，却没有带通常的武装随从。和庄宗的会面看起来并没有什么异常，但在随后的饭局中，朱友谦和几个庄宗的亲弟弟之间发生了龃龉。大家互相指责、羞辱对方，在自尊心受挫的情况下，宫廷的宠信们加入了对河中节度使的攻击，他们伪造了控告信，指责朱友谦是郭崇韬的同谋。朱友谦未能离开都城，就在郭崇韬在成都被袭身亡的几天后被暗杀。显然，宫廷没有兴趣通过正常的管道，比如监察

系统，来仔细审查这些对朱友谦的指控。一百个朱友谦的近亲远房惨遭灭绝，连带的还有七个手下的将领和数百个他们的亲属。朝廷派去的军队将河中朱友谦的住宅团团围住，其妻张氏率领族人到来，并从室内取出“铁券”说：“这东西是去年皇上赐给的，但谁知道上面写的是什么！”领兵的夏鲁奇和其他兵士因为这样一件缺少诚信的事情而面面相觑，不知所措。

被李继岌选为代替郭崇韬担任伐蜀总管的是任圜，他仪表堂堂，敏锐善辩，其妻为沙陀人，在蜀也有亲戚。任圜在922年平定镇州叛乱中功绩突出，在本次对蜀战役中担任了李继岌的参军事。任圜升为总管，正好碰到到达成都赴任的川西节度使孟知祥，他负责依靠当地后唐驻军来整顿秩序。这样，任圜的主要工作变为当初入川大军后撤的管理和调度。一月二十六日，大军后撤，为了安全起见，两万殿后的军队由康延孝率领，康延孝曾经是攻打蜀国先头部队的指挥，数天后启程跟随。

在离开成都十几天左右，李继岌收到了一份来自他父亲的指令，让他杀掉驻守在成都往东的朱友谦的一个儿子，作为对其家族的惩罚的一部分。当时李继岌的队伍在成都以北大约两百公里处，虽然康延孝的殿后部队离目标更近，他的士兵装备也很好，但李继岌还是派遣了手下的董璋去执行。由于和郭崇韬过去有过数年共事的经历，康延孝对此怠慢高度警戒，他前不久对最近董璋被任命为川东节度使也是耿耿于怀。还有就是，康延孝的殿后部队中有许多来自河中的雇佣兵，他们和刚刚被杀的朱友谦以及七个属下都有着长期的关系。这些朱友谦的旧部，在听到他无辜被诛的消息后，“在其行营前号啕大哭”，不愿再为陷入疯狂的朝廷卖命。康延孝认为他们说的在理，和他们一样，也是情绪激昂：“西平王朱友谦和郭公都是无辜被杀，且株连族人，等回到朝廷，就该轮到我了。”康延孝采用了先发制人的手法，转而折向南方，并写了一份檄文，号召蜀地的民众联合起来，抗击后唐。

康延孝的起义队伍据说在短短的几天内就一下子膨胀到了五万人，蜀地民

众的反应送出一个强烈反对后唐统治的声音，而就在三个月前，他们还曾拥戴后唐。李继岌让信任的副手任圜和另一位将领沈斌率七千兵马会同驻守在成都的孟知祥的部队一起围剿。任圜和沈斌加上孟知祥的队伍仅仅几个星期就出乎意料地镇压了起义队伍，但从长远来看这次对康延孝的胜利也导致了李继岌最终的兵败身亡：他不得不浪费二月的大部分时间在边境等待南翼危机的解除。当李继岌越过大巴山转向西北地区前，做出了另一个重大的决定，“留下五千精兵强将驻守蜀地”。李继岌主力军的离蜀也对蜀地的安全留下了重大的、当时不宜察觉的漏洞。

康延孝被生擒，之后被用槛车送至汉州，孟知祥和任圜在审讯时问他为什么要做出和他声称的忠心耿耿如此相悖的反叛行径。康延孝以抨击朝廷的行为反击道：“郭公兵不血刃智取两川，功绩无人可比。可却无罪致死，株连九族；像我这样怎么能保全身家性命！”康延孝的声明涵盖了曾经位高权重的郭崇韬和周围的将领官员，包括那些感觉到他话中有刺的人。审讯结束的十几天后，庄宗让太监向延嗣前来蜀地，将康延孝带往蜀边境斩首。向延嗣先下手，是为了避开那些对康延孝充满热情而忠诚于他的人，但其后康延孝的部下还是不惜冒着生命危险将他的首级取回，葬在昭应县的民地。

同一个太监向延嗣还负有第二个使命，那就是杀掉蜀国的前王室成员。之前，伶人景进告诫庄宗蜀地潜在的武装叛乱，他挑拨庄宗说，乘机作乱者会利用被废黜的王室挑起大祸，或者利用王室不在蜀地而制造危害。在这样的情形下，王衍和他的亲属三月中旬在长安被杀。如果同光皇帝的诏书不是被在场的大太监张居翰修改了，大屠杀可能会更残酷，因为朝廷规定的惩罚延伸到没有亲属关系的官员和王室的仆人。张居翰认为，“连投降的人都要杀，这太不吉祥了”。庄宗令人愤慨的不守信用尤其激怒了王衍的母亲，她临终前对着刽子手发出了对庄宗一家的诅咒：“我儿以国家相送作为投降，却反而被残杀，如此的背信弃义，我知道你马上也要大祸临头了！”至此，庄宗作为皇帝的所言所行失去了所有的信誉，各种背叛在蜀和其他地方产生了回应的洪流。

魏州梦魇

在距洛阳两千多里以外的后唐另一个中心地带，同光王朝面临着严峻的危机，此事和蜀国的军事冒险没有直接关系，只不过在某种意义上，是西南战争造成的不安定孕育了遍及全国的冲突。新的火焰在最古老的热点地区——以魏州和博州为中心的天雄军燃起。由于最近的自然灾害，有意地将魏军从它的基地调防到他处，加上一些监军轻率的任命，所有这些同时迸发，使这里曾经出现过一个权力的真空状态。一支怨恨满腹、驻扎在魏州以北贝州的魏军，在926年的早期哗变中，推举皇甫晖为头领，并马上发布了以下反对后唐的檄文：

> 后唐是首先取得了魏州，然后将河北的军队悉数收入囊中，最终才能够打败后梁，一统天下。十多年来，魏军的将士盔甲不离身，战马不解鞍。现在，天下早已安定，但本朝天子并不体恤魏军长久卫戍的劳苦，所以，我们虽然离家只有咫尺之遥，却也很难相见。

就像声明中所说的，庄宗和他的高级幕僚们似乎对天雄军经济和军事上独有的负担漠不关心，这里在王朝建立之前到现在的八年中，一直是晋主要的基地，同时还承受了庄宗923年登基以来魏军镇守他方的兵力消耗。除了一些有限的兵力作为宫廷亲兵，天雄军的老兵常常要长期地驻扎在城市，有时在家乡附近，但有时却远离家乡。事实证明，虽然轮防有益于对军队的检查和监督，但却无助于军队的稳定，因为此举造成了军官和士兵的隔膜。毫无疑问，一些来自天雄的士兵至今还在蜀地服役，远离家园是一个不稳定的因素，也被当地的叛军作为怨恨的理由。

贝州的叛军先是试图逼迫两个将校军官率领他们,但被拒绝,他们杀掉这两人,提着他们的首级放在裨将赵在礼的面前,这样,赵终于就范。这时,有关宫廷混乱的谣言在四处流传,这样的谣言通常用来集合武装力量保护当地的利益,同时谣言的利用者也声称要保护朝廷,守护皇帝。对蜀战役后朝廷的怪诞行为给那些企图报仇雪恨的集团提供了借口。拿贝州来说,由十年前的大屠杀所积攒的怨恨而引起的怒火也许早就该激发反叛了。在第二章我们描述了,晋的攻占者不仅没有对投诚的数千名士兵给以宽恕,反而将他们全部冷血地屠杀。

暴动在二月六日从贝州蔓延到魏州,这样的速度显示了主要地方官不合时宜的缺乏和无所作为。在天雄军担任武德使的,碰巧是伶人史彦琼。如此高级别的职位给予了一位宠信的伶人在当时已有先例,但并不普遍,更要命的是,魏州节度使张宪,最近已调任晋阳,所以,所有的权力都转到了武德使手中。紧接着朱友谦的的被杀,史彦琼接到了一份来自首都的密信,要他处决澶州附近朱友谦的另一个儿子。他在那天夜里离开魏州,没有泄露行踪,可能是为了奇袭他的目标。一个谣言因史彦琼怪诞的行动而起,说是皇后刘氏的儿子李继岌,而不是郭崇韬,在蜀被杀,被激怒的刘氏杀掉了庄宗,自立为皇,她于是急令史彦琼回京商议。这个看似荒诞的谣传私下反映了京城以外人们对皇后刘氏权力的感受,说明刘氏完全有能力步前唐朝武则天的后尘,而武则天是中国惟一被冠以皇帝桂冠的女性。谣传也进一步证实了中宫和那帮宫中伶人之间比料想中更接近的关系,因此,在遇到危机时,刘氏可以转向他们寻求主意。天雄的官兵已经看到了许多事件疯狂的组合,从大地震、水灾,到当地占卜者对末日的预言,然后是一系列来自蜀地的令人难以置信的报告。对公元925到926年的冬天来说,任何事情看上去都是可能的,靠近贝州的叛乱士兵在混乱中看到了机会。

比风传的谣言更让朝廷伤脑筋的是魏州文武官员的不称职。当本地的指

挥官请求兵援时，被负责防范的武德使史彦琼愚蠢地推延耽搁了。因此，叛军得以围攻的形式占领了魏州，史彦琼居然逃回了洛阳，而留下的那个老态龙钟的留守王正言向贝州的叛军投降。史彦琼指挥调度的失误是该判死刑的，但昏庸到无可救药的庄宗居然以个人的原因赦免了他！对史彦琼的放纵和数月前对县令罗贯的严酷形成了鲜明的对比，当时，因为在罗贯辖区的道路泥泞阻碍了庄宗去母亲的墓地，后者居然被残杀。

具有讽刺意味的是，差不多两年前，在潞州的兵变后，宫廷下令不许修复在战争中受损的城墙和护城河（睿隍）。因为以往一个世纪中的动乱几乎都是起源于地方的叛乱，而非外侵。这样做，似乎可以遏制地方州府的叛乱，但却造成了另外的被动，像魏州面对近邻贝州进犯的不堪一击，就正是这种后唐政策的副产品：这样的做法和结果，既反映了后唐王朝对过去历史的肤浅认知，同时也表现出他们缺乏对未来状况的准确判断。十年前有关这个地区的决定，重新纠缠着当时的决策者，当时考虑到后梁分散天雄权力的做法没能成功，故维持天雄作为一个完整的军。但如果采用一个不同的政治结构，将贝州隶属于另一个军（非天雄军），也许就能排除目前的动乱了。作为一个规则，在获取一个地区后，后唐早期的领导层在集权时趋向于避免重组机构和人事，而是通过现存的军事和政治结构施加影响。然而，一个能够加速最终占据的便利计划，按照行政的有效程度，却也产生了可观的消耗。这样做也牵扯到了后唐宫廷的安全，因为作为都城的洛阳、长安和开封都在当地机构的控制下。

同光皇帝挑选了他信任的养子元行钦担当镇压魏州重大叛乱的重任，元行钦被任命为邺都行营招抚使。作为武宁军节度使（宋州）的元行钦，强项是他的勇猛和韧性，但他所缺乏的却是指挥才能。甚至是庄宗自己在询问元行钦有关作战的人员部署后也承认他的能力有限，因为偏狭的元行钦更喜欢任用自己的心腹却并不在意他们在战场上的表现。然而，皇后刘氏却对元行钦另眼相看，她之前和其夫数次幸临元行钦的宅第。刘氏说服庄宗，元行钦对此“小事”正合

适。元行钦带领了两千兵马离开都城，但事实却进一步证明了朝廷对目前形势和哗变的未来意义的重大误判。庄宗的失策完全是咎由自取。因为在登基之前，他连同他的妻子在魏州驻守了八年之久，而刘氏甚至就出生在那里的郊外。宫廷对魏州的认识应当更清楚，当地对宫廷的支持照理应该强得多。

二月十四日，元行钦到达魏州。他一面猛击南边的城门，一面试图用朝廷刻意以安抚的调门写的诏书动摇反叛的军官们，这也反映了庄宗本人希望以协调的手段解决危机的愿望。叛军的首领赵在礼，是个温和的人，以羊肉和酒来款待朝廷的军队，以示友好，然后想要解释魏州牙军这么做的动机。他们的行为从军法的角度看，当然是不正当的，但以人道的立场，却是完全可以宽恕的。赵在礼从城墙上对着元行钦发出的声明听起来颇为乐观：

> 我们这些将士常年离开父母家人，但一直没有得到皇上的恩准回乡省亲，现在皇上已表达他的同情和理解，我们也感到十分后悔！如果您能为我们美言解释，我们当然是可以改过自新的。

赵在礼想要把天雄的事变归咎于朝廷将此地的军队调防到他处，而非军队对王朝离心离德。元行钦发现赵在礼的解释是可信的，答应赦免所有的人，可起义军和洛阳之间的媾和却遭到了士兵们的强硬抵抗，他们撕碎了诏书，然后狂呼乱叫。赵在礼没想到他的手下已经坚定地要把同光王朝拉下马，他知道最好不要去硬逼他们。叛军的所为让随后在都城和元行钦商讨对策的庄宗拍桌勃然大怒。“破城的那天，一个活口都不要留！”庄宗在几天后做出了一生中似乎命定的愚蠢决定，他调派附近的军队，包括由李嗣源统领、驻扎在镇州的兵力。

可以想见，对李嗣源的调防引起了强烈的争论。对这两年以来的第一次战役，庄宗非常想御驾亲征。然而，和庄宗关系密切的主要大臣和将领都劝阻他，在他们心目中，洛阳的安全是首位的：“京师之地，是天下的根本所在，现在虽然各地有变动，但陛下仍应当居守京师指挥平定。作战的事情就交给手下的将官好了，无须陛下亲自参加。”晚唐的皇帝因为军事不稳定而逃离首都的画面对许多人来说都历历在目，毕竟事情刚刚过去几十年。朝廷的幕僚们同样讳莫如深的是几个世纪前当隋炀帝远征时，它的都城被攻下的情形，这准确地解释了为什么后来的皇帝要亲征时都遇到了相似的阻拦。同光皇帝最终听从了手下顾问在军事指挥上的建议，但拒绝了他们调防李嗣源的一再请求。这次庄宗的直觉无疑是准确的，但怀疑的理由依然是基于彼此之间根深蒂固、不断扩大的裂隙，而没有意识到调防李嗣源的最大风险在于会更增添他在军队中的感召力。

925 年的闰十二月，当李嗣源到达洛阳时，他当然没有想要在此逗留三个月之久，但当时的情形已经让他形同人质。李嗣源长期的滞留，使得庄宗有机会派朱守殷，十年前在德胜军弄砸了防务、但和李嗣源一直友好的“混混”，去探测李嗣源的忠诚。朱守殷反而把庄宗的怀疑泄露给李嗣源，力劝他要么回到镇州，要么面临大祸。“我心不负天地”，李嗣源坚定地表示了对庄宗的忠诚。李嗣源拒绝离开都城，一方面是要避免进一步的怀疑，另一方面也是出于安全考虑：最近有目的的草率暗杀和巧立名目的杀戮，使得逗留在洛阳要比踏上没有保护的路途更保险，何况因为担心保镖太显眼，这次李嗣源是只身前来的。

另一个被庄宗选中去窥探李嗣源的，是宦官马绍闳，相似的情形出现了，他也同情李嗣源，将庄宗的意图和盘托出。作为新的枢密使，马绍闳最近频频介入，把李嗣源从宫廷红人的诽谤中隔离。他也用李嗣源近乎完美的胜利记录宣称，李嗣源一个人就能荡平魏州：“李公什么样的城池拿不下，什么样的乱臣贼子摆不平！”最终，调遣功勋卓著的养兄弟得到了富有经验的洛阳尹张全义的关键支持，显然，张全义和宫廷皇家的关系无人能比。张全义把最近北方严峻的形势归咎于李嗣源的缺席。同时，他责备当下二流的指挥官元行钦直到目前为止，也没有任何建树。

庄宗最后也不得不屈从于调派李嗣源，实在是因为找不到可以替代的人。

比如，开始时，他曾考虑前梁朝的降将段凝，但召见他之后，庄宗发现，他缺乏良策，手下的将官皆为党羽。而别的将领二月时都分散在别处的战役中。二月中旬，驻守在魏州以南、来自都城亲军的部队在从马直宿卫王温和几个同仁的率领下叛乱，杀掉了顶头上司(本军使)。虽然这次行动几天后就被皇室的另一些亲军士兵所破坏。但另一起在魏州以北的邢州的暴乱同时发生，那里，四百个驻扎此地的亲军士兵占据了节度使府邸达半个月之久，然后才被赶来的朝廷军队剿灭。这个月，据官方史料，军队中相似的反叛行为在北方区域遍地开花，虽然规模都不大，但它们累积起来的效果却极大地震惊了庄宗。敏锐地感知到这些不忠行为的象征含义，对军纪和自身安全构成的威胁，庄宗准备在平定魏州后彻底地清洗他的亲军。不幸的是，他的信誓旦旦被泄露给了亲军士兵，进一步连累了士兵们对其的忠信。可见，庄宗不是太大意了，就是太信任不该信任的人了。

预见到可能的不利状况，到二月下旬，庄宗才允许李嗣源带兵前往魏州，但条件是在其军队中安插了首都的亲军。这样的安排是为了避免李嗣源和镇州那些跟他有个人关系的兵士更密切的接触，这些士兵当时由霍彦威率领。农历三月六日，李嗣源到达魏州，但就是亲军，准确地说是那些被认为是忠于皇上的人，在几天之内转而兵变。一个下级军官，张破败，取得了那些心怀不满的士兵的支持，暗杀了他们的上司，以宣泄仇恨。

魏州郊区也是有一些当地的武装是忠于朝廷的，但他们在人数上要逊于叛军，所以，叛军逼着李嗣源和他们谈判。彼此之间的交涉，始于李嗣源对其直接的谴责："不管怎么说，你们都是天子手下的亲军，怎么能追随乱臣贼子呢!"叛乱的士兵们列举了一大堆对庄宗的埋怨，集中在其对导致魏州兵变的特殊情况的漠不关心。实际上，这些来自都城的兵士之所以同情当地的牙兵，是因为皇上不公正和无情的条令：

> 魏州城中的人何罪之有？我们驻守在外的这些兵士想念家乡却无法归省！天子不仅不体谅我们的苦衷，反而要剿除我们。我们还听说，魏州攻陷后，来自魏、博两地的将士都要被活埋。其实，我们当初并没有反叛之心，就是怕死而已！

显然，要屠灭魏州叛军的威胁使得这些亲兵与之产生了共鸣，因为在王温事变后，庄宗已经发誓要对亲军还以颜色。

魏州叛乱的亲军想要李嗣源成为黄河以北地区的新帝，让庄宗仍旧统治南方。看上去有些离奇的建议却反映了自从庄宗将都城搬迁到黄河以南后，北方人对他越来越多的疏远。当初除了洛阳以外设立多个都城（指晋阳、魏州和洛阳）的方案是为了加强南北的联系，但庄宗至少五年没有去过晋阳了，因此，造成了他对河东一带掉以轻心的印象。踌躇万端的李嗣源试图对这些亲兵晓之以理，但他们刀枪在手，将李嗣源团团围住。李嗣源面临着不是当即入伙、就是死在他们手里的局面。在这样非此即彼的两难情形下，李嗣源最终选择了入伙。于是他立即停火，和现在统领叛军的赵在礼合作。这样的局面，虽然已被当时的历史学家们修饰，将李嗣源打扮成一个随波逐流、无从选择的无辜者，但肯定还是有一些基于过去一个世纪在魏州的历史经验和五代隋唐的军事政治的特点。事实上，如果回溯到早期的唐朝，肇事的军官们习惯于以兵戎相见迫使谨慎的上司接受他们的要求。

在认同反叛后，李嗣源和朝廷任命的副手霍彦威进入魏州。和赵在礼以及他的手下在城里举行会师宴，与此同时，李嗣源从都城带来的部队，主要集结在城外，因为主帅的离开，而人心惶惶。当最初的肇事者张破败被斩后，许多士兵都逃掉了。丧失了军队主力的李嗣源现在意识到，要依靠魏州当地牙兵的善意。但并不是所有的人都像赵在礼一样热情地欢迎他。几天后，那些逃散的来自镇州的士兵重新聚集在安重晦和石敬瑭的大旗下，而后者是李嗣源的亲信。

霍彦威和李嗣源在魏州起事后,和之前溃散的镇州军队中的手下将官取得了联系,于是,成千上万的散兵游勇被重新集结在一起。自此,李嗣源有了一支忠于自己的军队。

也许镇州最出名的由观望转而起义的要算符习了。三年前,符习匍匐在庄宗的脚下,发誓为了替赵王王镕报仇,将永远忠于晋王。他巨大的转变可以说是因为李嗣源和霍彦威个人的请求,但他的背信弃义也可见一斑。另一个转向李嗣源的重量级人物是李从珂,李嗣源的养子,就连庄宗也很欣赏他,曾称赞道:“这小子,和我一样骁勇善战。”但在魏州到了转折关头,李从珂很自然站到了养父一边,为叛军提供了关键的骑兵援助。但也并不是所有的政府军和李嗣源的亲信都参与了叛乱的。一个李嗣源手下的将官舍弃他的同事,没有随从,只带着几个同谋者从魏州一路冒险赶到洛阳。当这位叫侯益的将官到达时,庄宗不禁感动得流下眼泪。可怜的庄宗,他不变的忠诚者这时已经大大缩小了,而他的对立者李嗣源却得到源源不断的支持。

等到李嗣源集结起一支军队,当时有两个不同的选择。一个上乘的选择是向镇州进发,这里是赵王曾经坚守的地方,被称之为“铁城”。李嗣源最近也在此做过节度使,所以,镇州可以提供最安全的基地,以便和洛阳讨价还价。但幕僚们更倾向于一个中间的地点,在魏州稍稍偏南,黄河以北。最终,李嗣源采纳了幕僚们的建议,向相州挺进,那里,他可以召唤故旧老友。此时,每天都有好几个信使从相州出发前往洛阳,希望可以在朝廷和李嗣源之间调停,据说都被元行钦截取了。正史记载,元行钦在叛乱后就逃回魏州,他害怕自己的胆怯暴露后受到军纪惩罚。这样在几天之内,李嗣源没有收到任何朝廷的回复,他就将这样的沉默理解为负面的回应。而常常事与愿违的元行钦很可能不理解这样的对话和协商有可能产生积极的效应,也就没有想到他的行为所产生的恶果。因为根据他的一生,他其实对庄宗一直是忠心耿耿的。

在不能得知庄宗对事变的看法,也无从知晓他可能采取的报复形式的状况

下，李嗣源最大的担心就是他家人的安危了。四个亲生儿子中的老大李从璟，原名李从审，在都城做皇家亲兵的金枪指挥使。作为人质，他的价值倍增，朝廷正好有理由可以随时杀了他，但他终被当作向其父亲施压的筹码。由于李从璟出色的记录，庄宗对这个在年龄和脾性上相似的人相当尊重，所以当他释放李从璟时，以安抚的调子说："你的父亲对国家曾立下大功，朕相信他的忠孝之心是不变的。现在他被乱军逼迫，你应该代表我向你父亲表明我的诚意，不要有任何怀疑。"庄宗微妙的言辞表明，他宁愿将李嗣源视为军事阴谋的牺牲品而原谅他。尽管缺乏直接的联络，但庄宗将手中惟一的抵押品——李从璟释放，显然是为了显示对李嗣源的信任，或者是强烈地寄希望于李嗣源的回心转意。但他人对李嗣源父子的信任却远非如此，这包括前线指挥官元行钦，他在魏州的南部截留了李从璟和陪同的宦官，逼着他们返回都城洛阳，使他们空手而归。李从璟表明了忠于朝廷的心迹，深受感染的庄宗将其收为养子，并赐以新名李继璟。

除了担心大儿子的安危，李嗣源同时还面临着来自手下将官的压力，对他们来说，加剧反抗是惟一的出路。许多人相信，由于元行钦和朝廷中的小人，包括皇后的联盟，他会继续给调停设置障碍，而罔顾庄宗本人的愿望。此时，更大的挑战放在李嗣源的面前：反抗有罪的假定，抓住历史的机遇。石敬瑭既是李嗣源的女婿，又是近十年的门徒，表达了一个冷冷的忠告："从没有听说一个总指挥手下的人在执行任务时叛乱，而他本人可以幸免于惩罚的！"作为李嗣源的近亲，石敬瑭提出了重新部署力量的建议：指挥军队立即攻打离相州以南约二百公里的开封。占领开封势必会加强李嗣源的力量，使其更逼近洛阳。

亲近的将领霍彦威和军师安重诲也都赞同石敬瑭的提议，最终三人说服了非同寻常保持沉默的李嗣源。其实，以李嗣源惯常的个性来推测，他这么做，或许是考虑到自己的形象，或许只是一种故作姿态罢了。一旦决定猛攻开封，李嗣源便设法将在朝廷手中的亲戚解救出来。在他停留相州的十天间，他的特使

秘密地联络了几个军的地方守臣和节度使。他们的使命是必须让这些高级行政官员保持中立,可能的话,就哄骗他们,必要的话,就强迫他们。最关键的联络是在镇州,李嗣源正妻曹氏以及大量妾室和子孙的住地。运气来了,王建立,镇州常山的一名军官,杀掉了他的上司常山监军,从而保护了李嗣源的家眷。据称,此监军是忠于朝廷的,而王建立则和李嗣源有着长期的职业上的联系。同样的情形发生在开封,那里,当地的衙门将李嗣源的女儿(其夫为深受李嗣源信任的石敬瑭)保护起来,等待着李嗣源的到来。在全国四个不同地方联络的成功给了李嗣源一个有利的援助网络,特别是在中级军官的层面。但庄宗却在临近的城市,如通向洛阳的门户开封,失去了后援。同样的网络还使得李嗣源的亲信们可以截留大运河上运送税收物资的船只,以便给从相州蔓延到南方的起义提供经济援助。

众叛亲离

926 年春天,同光王朝在军中威信急剧降低的状况,可以归结到二者在薪酬和战利品分配方面紧张关系的加剧。二月魏州的起义发生不久,由豆卢革领头的一帮大臣请求庄宗将内库中的金银绸缎拿出来,作为对士兵的奖励。坚决为他们的行动背书的是庄宗信任的租庸使孔谦,在他的鼓动下,宰相率百官进言:“国库已经枯竭,但宫中的银库尚有节余,现在将官和兵士连自己的家室都不能保全,如果这时还不出手相援,恐怕会使他们更加离心离德。”甚至宫廷的占星学家也劝告庄宗给最近身的亲兵发放特别的奖励,以避免他们对他生命的威胁。这类的进谏说明,士兵单靠薪饷根本就无法生活。在现代之前的大多数军队系统中,薪水问题普遍存在,不同的是,洛阳无理由地阻碍了以奖金形式发放的必要补助。让人诟病的后唐薪金结构并不是突然冒出来的,但随着这个漫长冬天的到来,更是拖长了对这个问题的解决。对一个长达十年和战士们肩并肩

作战的帝王，漠视手下兵丁的生存条件让人难以想象，惟一的解释是庄宗并没有努力地用及时有效的方法去解决这个问题。

另一个和军队的士气处在相等位置的负面因素是皇后的中宫，因为它控制着整个宫廷收入的一半。当偷听到宰相们要求宫中拿出资金，皇后刘氏决心要打动其夫的情感，所以她在他的面前拿出自己的化妆盒和三个银盆，断然宣称："诸侯进贡的都已经用完了，就只有这些东西剩下了，请你们拿去换点东西给我们的军队！"面对这样刺耳的声音，官员们只好悻悻然空手而退。按照目前岌岌可危的险情和他对妻子的了解，此时的庄宗应该给刘氏施加压力，逼她说出实情，但他却显得一筹莫展。魏州叛乱宝贵的一个月后，中宫才被说服，拿出了可观的金银和丝帛作为对军队的奖励。但当士兵们拿到了姗姗来迟的奖赏时，却只有愤怒的发泄："我们的老婆都饿死了，要这些还有什么用！"宫廷的吝啬和庄宗的自欺欺人自此在军队的官兵那里留下了难以愈合的疮疤。三月的早些日子里，几乎是蜀国投降后的半年后，四十万两金银终于送到了洛阳。庄宗这次坚持将所有的银两全部送给将士，但可惜这施舍来得太晚了，已经无法打动反对他的那些冷硬心肠。

前线总指挥元行钦离开魏州前线，回到洛阳，参加一个紧急会议，商讨如何应对由李嗣源及其同党对开封即将发起的进攻。三月十八日，李嗣源死党进攻政府衙门的计划已经在进行中。为了应付这些危机，庄宗离开都城东行阻击，大部分原因是为了平息朝臣们的焦虑不安。庄宗由新近认领的养子，也就是李嗣源的大儿子李从璟陪同。元行钦要求进一步向东，朝开封挺进。但庄宗和他的亲兵为等待援兵，到了洛阳东面的汜水县就停下了。与此同时，李嗣源的军队却没有表现出这样的节制，他们穿过黄河，在最短的时间内拿下了开封以北的滑州。越来越处于绝望状态的庄宗于是释放李从璟，去做最后的调停努力。李从璟接受调遣向东进发，但他第二次被元行钦抓住，遭其拳殴至死。在主要的军事力量都转而倾向于他父亲的境况下，不少随从反复地激励李从璟逃跑，

这样的行为当然会使其对朝廷的忠贞大打折扣。“李从璟和庄宗的关系在于，前者清楚地知道，要忠诚于后者必须以自己的生命为代价。”欧阳修在《新五代史》中写道，因为李从璟把忠诚的概念看得比生命还重要。李嗣源在李从璟死后的数天之内占领开封，以报杀子之仇。

在汜水的四天中，庄宗心急如焚地盼望着开封出发的五百精骑兵。二十四日，庄宗一行继续东进。在他们还没有到达距开封百里之外的颖泽县的当儿，李嗣源已横扫了开封，并在郊区接受了开封尹孔循的迎接。李嗣源的手下石敬瑭除了和一小队数百人的先头部队交锋外，在没有遭遇任何重大抵抗的情况下成功地控制了开封。汴州（开封）知府孔循，先前是梁朝的租庸使，在任上并没有什么业绩，但为人奸诈冷酷而得以步步擢升，所谓“柔佞而险滑”。由于庄宗从西边逼近开封，李嗣源由北面趋近此地，孔循为双方都准备了同样的欢迎宴会和相关装备。“谁先到就给谁打开城门。”他对看守城门的卫兵下达这样的指令。孔循对庄宗态度的举棋不定，反映了他自身低劣的道德伦理水准，以及朝廷领导层的败笔，他们将如此重要的战略重镇托付给一个资质平平的二流角色。然而，公平起见，庄宗的确在一年前要将开封的重任交给郭崇韬的，但郭崇韬婉拒了，随后他居然被杀于四川。有能力的可选择对象一定很少，而忠诚者则更少。与此同时，朝廷频繁地将开封军力的精华调往他处执行任务，使得汴州的防务愈发松懈。

李嗣源有效地复制了923年对开封的进攻，那次，他全面指导了从策划到指挥的整个行动。无可否认地，他还拥有了现场卓越的组织能力，以及在各级将官中良好的声誉。在整个从相州到开封的过程中，他先于军队安排了调停者去软化潜在的对抗者，并拿齐州防御使王晏球开刀。外交和军事手腕的混合运用也出现在开封的郊区，那里，曹州刺史西方邺开始时忠于庄宗，但后来被击败后乃归降叛军。庄宗亲兵的背叛更加强了李嗣源的有效力量。庄宗命龙骧指挥使姚彦温率三千精骑兵东进，但尚未到达开封城就已丧失了三分之一的兵马，剩下的骑兵涌进城里，不是去迎战叛军，而是转而投向了他们的怀抱。大多数开封本地出身的士兵对和家人的团聚热情澎湃，却不再愿意为失去人心的主上和他那些遭人鄙视的亲信们搭上自己的性命。庄宗在姚彦温行前，给予他超过往常数倍的赏赐和权力，但姚彦温随后为他自己毫无羞赧的变节辩护道："谁让皇上完全被元行钦蒙蔽住了呢。"庄宗在闻讯李嗣源已成功地控制了开封后，便撤离到开封远郊的万胜镇驻地。当他折回洛阳时，发出了沉重的哀叹："我已经无能为力了！"（"吾不济已！"）因为，绝望似乎都赶不上分崩离析的速度。此时，只有西边看上去好像还在后唐的控制之下，可以作为抵御的天堑。

庄宗之前自己率领了两万五千骑兵出汜水关，但等到从开封回到洛阳的城门时，大部分都已经逃散。当他的手下穿行在汜水关附近窄仄的峡谷时，庄宗煞费苦心地安慰和笼络残兵，承诺给他们更多的奖赏。庄宗让内库使张容哥解下袍带赐给兵士，但张容哥回答说，没什么剩下的了。他的回答更激怒了亲兵，他们呵斥他的吝啬造成了现在的恶果，扬言要杀了他。张容哥壮着胆子为自己辩护："皇后吝啬，不愿意将财物犒劳军士，但却把罪责放在我的头上。如果发生了什么意外的恶果，我肯定会被千刀万剐！"不久，张容哥无奈之下投水自尽。

三月二十八日，在洛阳的郊外，庄宗及随行人员还有时间做进一步的反省。当庄宗和元行钦，以及其他一百个将官和助手，借酒消愁时，他为自己不断萎缩的选择而踌躇万端：

> 你们跟从我这么长时间，富贵也好，患难也好，都是在一起。现在情况危急，大家也无话可说，胜败也只好听天由命了。我到了荥泽，想要单独骑马渡河去和总管（指李嗣源）讲和，但你们强调了很多危险。现在到了如此境地，你们看怎么办呢？

他所言充满了困惑，因为每一个替代的方式其实都是不可行的，尤其是和李嗣

源媾和。庄宗的话里也流露出他想在合适的条件下和李嗣源会面的冲动，以及不得不如此迅速地对自己的心腹将领承认对于失败的悔恨。一年前庄宗将自己的一位心爱的后宫佳丽赠与元行钦，他成了庄宗最后几个月中的关键人物，此时的元行钦也早已泪流满面，他的回应听起来甚是悲壮："臣下原本是个无足轻重的人，承蒙陛下的养育，位至将相。现在危难之际，空有报国之志，就是粉身碎骨也不能减轻愧疚。"百余将官都将发髻解开，断发置地，发誓以死保卫皇上，随后，"君宰相持恸哭"。庄宗同一天晚上回到应该说是安全的洛阳。但其实他错了。

农历四月一日（公元 926 年 5 月 15 日），是庄宗返回首都的第四天，其间，他和其妻刘氏很可能就建设性的战略方法以辛辣的言辞针锋相对过。每天的统治仪式，包括上朝，照样进行着，似乎传达出情况正常的信息。手下已经提醒宫廷，李继岌还在等着回归，李继岌之前因蜀国的战役而错过了祖母的葬礼。自从他出发赴蜀已经六个月过去了，庄宗和刘氏都期待着家庭的幸福团聚。一天前，庄宗已经亲自检查了洛阳兴教门附近的骑兵，准备第二天东进汜水去重组最近走散的军队，然后安排他们保障西边远征部队的回返。阴历四月，意味着夏季的开始，对农民和官宦来说都是个崭新的开端。早晨和文官们会面后的庄宗正在吃午饭，晋见的短暂，说明参加的人并不多。他的骑兵被安置在主要的东门，由藩汉马步使朱守殷指挥，准备开拔。混乱突起于城南的兴教门，此次突然的袭击是由亲兵的头领——从马直指挥使郭从谦，谋划带领的。

郭从谦以前是伶人，但十年前在德胜军以军功让庄宗刮目相看，被招为亲兵。显然，庄宗对郭从谦并没有什么特别的欣赏，不像其他伶人被庄宗加倍宠爱，这样的情况也许更导致了郭从谦的背离。相反，郭从谦和郭崇韬同姓，后来郭从谦认当时的这位国家重臣为叔父。他同样对庄宗的养弟李存乂甚为尊崇，所以李存乂收其为义子。作为亲军四个指挥使之一，郭从谦和数周前叛乱的从马直军士王温是同事。郭崇韬、李存乂和王温皆在最近朝廷指示的鲁莽暗杀中丧生，当然让郭从谦从兔死狐悲转为惊恐万状。庄宗在此三人死后的言谈，进一步恐吓了这位当初的伶人："你们的同党李存乂、郭崇韬辜负了我，现在又有人教唆王温谋反，你们还想干什么呢？"庄宗也许只是奚落郭从谦，就像他常常对其他人做的那样，但郭从谦却把言辞的鞭打当作是实在的威胁，鼓动他的手下反对皇上，让下级军官确信他们随时都有可能掉脑袋。

得知亲兵的叛乱，庄宗在急令传召东门朱守殷的数千人队伍的同时，领着一百名宦官和弟弟李存渥直接从皇宫冲向叛军，此时，这些叛军已经攀越过城门，冲入了市区。东门的关键援兵根本没有露面，因为朱守殷已经决定背叛，因而按兵不动。在城门处的搏斗中，庄宗手刃数十名叛军，说明他的搏击能力并未减弱，但他至少被一支流矢射中，伤势严重。宫中的看狗人将庄宗从阶梯抬到附近的室内，在他午后不久死去后，才将他身上的箭削去。围着庄宗尸体的是十几个忠诚的亲兵，包括符彦卿和王全斌，他们痛哭着，不相信庄宗已经离去。一代武士和君王，在其四十二岁的壮年，就衔恨而终。而他的同光王朝刚刚持续了不到三年的时光。

按照一处史料的记载，皇后刘氏在逃窜之前，在存放庄宗尸体的大殿内点燃了一支火炬，据说就这样留下了她丈夫被污秽的身体而不顾。在另一处记载中，刘氏不等庄宗完全断气就跑掉了，留下庄宗的遗体让五坊人（养狗的小吏）善友料理。在后一个情景中，庄宗僵直的遗体上放着一堆乐器，被焚化。庄宗年轻时便知晓音律，爱好表演，继而爱屋及乌，宠信和迷恋伶人，同时，酷爱打猎的庄宗对猎犬也是钟爱有加，有趣的是，他的死先是由伶人郭从谦而起，之后由养狗的小吏在其遗体上放上乐器焚烧。狗、伶人和乐器，三件庄宗一生中激情和魅力的代表，参与了他戏剧性的终结。用欧阳修引用《左传》的话来说，便是："君以此始，必以此终。"这样的结局似乎适合于一个如此搭上性命的爱好伶人并且罕见地善待动物的君王。

当庄宗的死讯传至远方的时候，就连他昔日的敌人也为这样一位天才的离

世感到伤悼。“没有一块土地是他的军队没有达到过的。”阿保机感叹道。他真诚地尊崇庄宗在同时代军事上的无敌记录。在他早期创造沙陀历史的进程中，庄宗使许多王国和它们的统治者颜面尽失，但在他作为同光皇帝的短短几年中，却成为了被辱弄和奚落的对象。战场上的荣光不可能在宫廷里被复制。当曹夫人当年试图阻止李存勖最早在河东以外的远征——对赵国的进犯时，她似乎就已经感觉到了这样命定的悲剧。那次使命诱惑着她的儿子从一个小国进入一个帝国，从默默无闻变成名震四方，也使得他从她的手中逃脱，到了她无法掌控的境地。

第五章

历史之手

今有受人之牛羊而为之牧之者，则必为之求牧与刍亦。求牧与刍而不得，则反诸其人乎？抑亦立而视其死与？

孟子说：“譬如现在有一个人，接受别人的牛羊而替人牧放，那一定要替牛羊寻找牧场和草料了。如果牧场和草料都找不到，是把它退还原主呢？还是就站在那里看着它一个个死去呢？”

——《孟子·公孙丑下》

庄宗刚死，镇武军节度使朱守殷便抢掠了洛阳宫殿，不久前，这个以前陪庄宗读书的私奴无视主子的再三召唤，不发一兵。此时，这位首都的警察总监把三十个后宫嫔妃和大量珍贵宝藏，包括各种乐器都据为己有。他还纵容手下士兵和劫匪在一天内洗劫首都，然后再请求开封派人前来整顿秩序。对后唐政权的继承者李嗣源来说，任何不恰当的拖延都会导致周围有力量的对手入侵，像南方的楚国和吴国，他们都拥有超过十万的常规军，而北方的契丹，它的军事机器就更使人恐惧。四面的统治者都对中原的不稳定发出持续的警告：他们会从战略利益的角度考虑进攻。

史料描述在得知庄宗驾崩的消息后，李嗣源“痛哭得都停不下来”（“恸哭不自胜”），作为死者一生暗中的竞争者乃至复仇者，这样的描述并不符合李嗣源的性格特征和平生经验。其实在刺杀发生之前，李嗣源已经向西进发了，之后更加快了进程，他在惨案发生的第二天，也就是四月三日，到达洛阳。李嗣源用不痛不痒的调子警示朱守殷：“你要保障首都的安全，以等待魏王李继岌的到来。”到目前为止，整个国家还没有合法的继承者，李嗣源清楚他的露面会很敏感，便明智地选择呆在他私人的公寓里，而不是入住皇宫。此外，庄宗还有多达十一个的子嗣和弟弟，加上效忠庄宗的宦官还控制着一些军队，尽职的官员还在各地的位置上。看来，由李嗣源主唱的意在改朝换代的这台大戏可能会有很多的高潮，但只有一个高潮能将这位刚死去的同光皇帝的兄长推上天子的

宝座。

钦定的继承人李继岌，四天后得知了父亲身亡的消息，当时他正率西征回朝的主力趋近长安的郊区。魏王李继岌是那种这个年龄就具备了令人惊异的优秀本能的人，他预见到对自己的安全构成的威胁，想要返回蜀地，让自己处在一个那些谋反者触及不到的地方。这样，他或许可以开辟一块独立的领地，伺机反攻，就像3世纪的刘备，以蜀地为依托，来复辟汉王朝。但在整个蜀的战役中陪伴李继岌左右的宦官李从袭，却劝说他“退不如进”，催促太子继续东行，直指洛阳，希望以李继岌个人的力量来解决继承的事宜。这样做，李从袭也很可能估计到军队在离家半年的远征中即使不疲倦、也会思念家乡的状态。早先向蜀边境的后撤显示了在差不多六七天的时间内，部队执行了李继岌的意愿，但随后李继岌在手下不断的建议后不得不改向东进。就是这个宦官，数月之前，左右了在成都密杀郭崇韬的决定，以至于导致了目前走投无路的困境。人们可能会推测李从袭一贯的馊主意后面的邪恶，作为一位知质平平的二流角色，李从袭做起事情来总是夹杂着臆断和天真无知，对郭崇韬的谋杀源于对这位朝廷重臣一贯的偏执狂想，而向东进发则完全忽视了中原政治状况的根本性转变。

尽管有亲信内臣的建议和军队疲惫的原因，但催促李继岌最初决定返回京畿最主要的动机是对母亲的担忧。在庄宗死后，皇后刘氏已从洛阳逃到了晋阳。母子自后者出生后，就很少分开过，彼此一定有着罕见的亲近，早先提及的李继岌被打屁股的情节其实只是个特例。她的行为，正当的，不正当的，乃至罪孽的，显然总是有利于她的独生儿子，这点，李继岌当然心存感激。刘氏由数百个亲兵加上已死庄宗最小的弟弟李存渥陪同，用了四五天的时间到达晋阳。部分是为了她自己的安全，刘氏随后马上进了尼姑庵，她的马上载满了她从中宫带来的首饰财宝。这些财宝除了让她引退后的私人生活更舒适，还可以诱使当地可能勉强接纳她的人给她提供进一步的庇护。死去帝王的嫔妃归隐尼姑庵的做法在汉人那里是早已建立起来的风俗，也影响到了沿着边境采纳汉文化的

游牧民族，像陈姓妃子在李克用去世后皈依佛门的行为表明这在沙陀男性的配偶中也是可以接受的。加上，刘氏对佛教的强烈信奉，此点反映在她对和尚富有争议的大量赞助，以及将她丈夫也拉入信佛的行动上，所有这些，使得削发为尼成为她的人生最有意义的转换。

四月九日，大概和刘氏到达晋阳的同时，从洛阳以监国名义发出了具有象征意义的指令，监国是李嗣源非正式的名号，相当于摄政王。指令要求远近的官员为庄宗的亲弟弟们返回洛阳安排安全的通道。李嗣源当时承认："庄宗业已驾崩，理当由他的弟弟继承。"("兄亡弟绍，于义何嫌。")声明显示皇位的兄弟相承自有优先权，在此，李嗣源意识到，庄宗在世的血亲弟弟应该最适合成为下一任的皇帝，因为庄宗的大儿子李继岌过于年少，同时沙陀也有兄位弟承的传统。对庄宗那些幸存的弟弟们的搜寻和相关的昭示，表明开始时李嗣源是想维持庄宗的同一父系的继承系统。当指令发布时，庄宗李存勖的四个弟弟还活着，或被认为是活着，虽然这个阶段稍纵即逝。

随后的几天内，发生了一连串的对四人的屠杀，一些看来纯属偶然，另一些则反映了李嗣源一方最高层中想要清洗掉最有可能成为庄宗继承者的阴谋。这样的行为是对作为监国的李嗣源发布的传位指导方针的公然对抗。在同光年间的大部分时间都居住在洛阳的庄宗的两个弟弟，李存纪和李存确，在京城郭从谦叛乱后，马上向西南逃窜，后藏匿在南山的农家。这两个人在庄宗治下，没有什么政治上的罪行——至少在历史学家的审视下是这样。但两人还是在四月的某个时候难逃厄运。这样的行为在政治上缺乏依据，显然是另有所图。在父系传承的谱系中，李存纪和庄宗是同母所生，这使得他成为最有力的潜在候选人。大多数史料将杀戮归咎于中门使安重诲，他利用监国沉浸在为庄宗服丧的悲痛中作为借口，未通过李嗣源就签署了秘密指令。据相关史料，李嗣源在得知这个既成事实后，大发雷霆。的确，在随后的岁月中，这样的先斩后奏，甚至是某种程度的随心所欲的政治风格是安重诲一以贯之的，他当然也具备了

超越权限的能量，史书冠之以“辅佐嗣源的功绩，让他人无出其右，无法望其项背”。但是，忽略作为摄政王李嗣源以个人方式的介入，认为此事完全和李嗣源无关，就无法解释他从来善于决断和深受拥戴所产生的作用和影响，至少，庄宗两位弟弟的死反映了李嗣源和他的核心层之间彼此的心照不宣。

另两个同光皇帝同母所生的小弟弟（曹夫人有四个儿子）四月中旬在蹊跷的情况下同样命丧黄泉。虽然无法证实，但洛阳新政权作为这起谋杀的同谋是极其可能的。李存霸，反叛发生时是河中军的节度使，正在去晋阳履新的路上，被军中的部下所杀。几乎可以确定的命运在等待着李存渥——庄宗最小的弟弟，他在晋阳的西边被暴民所杀，原因不详。也许这两个皇弟正好撞到了反对失去人心的庄宗皇帝的交叉火力中。另外，李存霸的军中来自河中的士兵相当可观，他们也许都倾向于朱有谦。总之，几个月前，在朱有谦被庄宗谋杀后，李存霸马上代替了朱友谦的职位。在短短几个月里要遮蔽朱友谦的魅力是不可能的，李存霸所得到的就是如此尴尬的境况。以上这样出于政治目的一连串杀戮，当然不会是单纯的巧合。

李嗣源直接介入了对皇后刘氏四月中旬的赐死。当时刘氏的大儿子李继岌并不知情。时人宣称，在逃亡晋阳的路上，刘氏和小叔子李存渥上了床，纯属乱伦。这样的指控很可能是没有根据的杜撰。作为皇室兄弟姊妹中的最小者，李存渥享有获取后宫女人的特权。在庄宗刚刚即位时，他让李存渥护送曹夫人从晋阳到达洛阳，一年后，当皇太妃病重时，又任命他前往照看。如此的职位反映了李存渥在晋阳和洛阳皇宫中的特殊身份，很可能据此，形成了他和刘氏之间无拘无束的关系。除了传闻中的乱伦，刘氏还极为刻薄地表现出对其夫庄宗最后时刻的残忍、冷漠，据说她让宦官给受伤的皇上水和牛奶，而自己却在庄宗断气前就仓皇出逃。其实，刘氏本身虽有劣迹斑斑的政治记录，但远不至于被杀头，可是，她的敌人却一定要看到她的鲜血。因此，以道德的名义惩罚刘氏最具杀伤力。同时，清除刘氏可以将目前改换门庭的行动简化为对付最容易对付的目标。已故皇上的另外四个儿子，或是婴儿，或尚在幼年，很快消失得无影无踪而没有留下任何记录。这样，在庄宗被刺身亡后的半个月内，除了李继岌，直系的继承者悉数被杀。

四月中旬，李继岌率领着一支至少数千人的先遣部队，其中包括数十位文官，向一条横贯西部古都长安的河流进发。他们知道路上都是叛军的兵力，生存的机会很是渺茫，但所有的人还是全部向长安的东郊前行。在某个路段，长安尹张篯将咸阳浮桥砍断，阻挡住了大部队。越过此河后的几天中，随行人员锐减到数百人，包括李继岌自己、宦官李从袭、卫士李环、监军董璋。绝望中的李继岌请求李环（亲手杀郭崇韬者），让他体面地死去："我已经是穷途末路了，还是由你来取我的性命吧。"李环先是不忍，后在李继岌的一再请求下，终于答应这么做。李继岌在离开长安百公里左右的地方被手下勒死，其实，这样的距离已经足够逃避当地的威胁。李继岌携带的蜀地宝藏随后被长安尹和他手下的乱兵洗劫一空。

历史学家对张篯的动机不免狐疑，他对从蜀返回部队东进的阻挡，改变了整个王朝历史的进程。欧阳修于是发出这样的疑问："其实，李继岌的存亡对张篯来说并没有什么利害冲突，那么他为什么要阻挠李继岌不让其军队东进呢？难道有什么别的原因或别的人促使张篯这么做吗？"张篯的哥哥张筠，在蜀国之役中的确在郭崇韬的麾下，他的弟弟或许是代其兄为郭崇韬报仇，可以设想，张筠和其他许多将领都很推崇郭崇韬。张氏兄弟俩的政治动机在欧阳修暗示有幕后黑手后，怀疑的矛头进一步地指向了李嗣源和他的副手们。因为开封的过渡政权很早就动起手来，李嗣源在最短的时间内就任命了亲信将官担任要地的地方官，向西一直到达滑州，滑州和长安相当接近，使得两地的官员极易同谋。

我们有理由相信，与其说是当地的阴谋和外部压力的交互作用，倒不如说很可能是贪婪的本性促使身为天生政治掮客的张家兄弟如此违反常规地行动。兄长张筠，曾经是盗取唐朝古墓的窃贼，并且还谋杀了无辜的守墓人。但这位

看上去穷凶极恶的军阀却也有可爱的一面，就像绿林好汉那样将从富人手里掠夺的财物分给穷人，张筠因此获得了老百姓的爱戴。长安的盗窃历经数代已经体系化了，在蜀国北方和长安交界的地方，官方默许固定的抢掠物品的运输通行，从个人的商业行为延伸到宫廷的秘密交易。张籛缺乏其兄乐善好施的品行，在《新五代史》中被描述成“嗜酒贪鄙”之徒，花钱如流水。依据对这两个人性格描述的充分史料，他们因阻拦李继岌而缴获了大量废黜蜀王的珍宝，后来魏王被杀身亡，随从们从中起了极大的作用，所以，对张氏兄弟来说，政治的影响远不及他们自己贪财的小算盘。

接连不断地对南方掠夺导致了后唐统治家族的广泛损失，包括生命和荣誉。长远看，实属得不偿失。到了926年的初夏，对男性而言，前皇室几乎没有什么幸存者了。庄宗惟一活下来的同父异母弟弟是李存美，因为他长期有疯病，又一直住在太原。当时关于庄宗的另一位同父异母弟弟李存礼的谣言到处流传，说他潜逃到海边的闽国（现在的福建），但显然缺乏严格的史料佐证。类似的传言说是庄宗的一个小儿子逃到了蜀。另一个存活者是沙陀先祖的后人，郭从义，庄宗曾以不同于一般的方式收养了他。他在随后的几年中一直在朝中任职。过去，十几个被庄宗收养为义子的，也都同时被赐李姓以及新的名字，以示彼此的亲近，但其中多人现在都悄悄地改回原姓名。

在整个对庄宗近亲家族的暗杀过程中，女性的命运相对来说要好得多。实际上被庄宗遗弃的韩淑妃，以及被庄宗宠幸的伊德妃，都被恩准离开洛阳往晋阳，和那里的亲属团聚。庄宗最后宠爱的妃子夏氏下嫁契丹突厥李赞华，但此人性情酷毒，喜好杀人，故后来夏氏逃亡，削发为尼。数百名地位低下的嫔妃被允许回到自己的出生地。庄宗的姊妹和女儿都没有遇害。一个嫁给地方官宋廷浩的女儿继续生活了十年。庄宗惟一记录在案的儿媳，王氏，李继岌的妻子，也是早期晋王在定州的同盟者王都的女儿，显然和他丈夫一同在长安附近遇难。他们没有孩子，因为李继岌在幼年时因病而不能生育。

正史描述李嗣源对继承王位并不感兴趣，这样的说法并不让人吃惊。开始，他宣称要返回镇州做他的节度使，有二十天的时间，他对文武官员要他继承皇位置之不理。然而，据正史，四月八日之前，朝中的掌权者就达成了一个秘密协议，文武大臣上表请求李嗣源继位并采取相应的举措。迟迟没有昭示天下是为了进一步确认西部的情形以及李继岌的状态，因为直到最近因李继岌的死整个西部的局面才完全明朗。四月的第二十六天，蜀地远征的文官监军任圜带领二万人到达洛阳，正式宣告了这次噩耗不断的讨伐的结束。李嗣源据说对任圜“竭尽安抚，关切地询问李继岌的情况，任圜将李继岌临死前后的状况一一道来”，因为后者在李继岌死前的几天内一直和这位魏王在一起。这个故事显示，李嗣源对魏王死讯的细节并不知情，因此和西部发生的事件没有什么瓜葛，以此有意识地保护自己日后的历史形象。

另一个促使李嗣源夹紧尾巴的原因是担心他的个人野心在庄宗的忠诚者那里引起反弹，但好生奇怪的是，他们大都远离京城。四月十二日，削发以示对同光皇帝忠心的元行钦被俘，他和李嗣源之间发生了激烈的争执。元行钦曾残忍地杀了李嗣源的儿子李从璟，以报复其父在魏州的谋反。当庄宗被刺身亡时，元行钦显然是在洛阳的郊区，开始时，他协助刘氏向北逃窜，然后，朝东向山东亡奔。七百公里的逃匿后，元行钦被“野人”所擒。当地县令将元行钦的双足斩断，置于槛车中，送到洛阳。“我有什么地方对不起你，让你残杀了我的儿子?”盛怒的李嗣源在审讯元行钦时质问道。元行钦原本为燕国的武士，十年前战败而转投后唐。上了脚镣的元行钦的回应含有讥讽，点出了审讯者自己的背叛：“那么先帝又有什么地方对不起你呢?”元行钦在闹市被斩时，吸引了无数的围观者，老百姓都流下了眼泪。虽然元行钦作为指挥官的能力顶多在中人之上，但这位昂然献身的武士仍然得到了公正的旁观者的尊重。

对李嗣源来说，四月早期的情况依然严峻，其中一个重要地区是作为数代晋王势力范围的晋阳，那里，素以公正无私闻名的张宪执掌管理大权。张宪给

人印象最深刻的是在925年的早期围绕着即位坛和庄宗的争执,同一年的后期,由郭崇韬推荐,他曾经被考虑担任宰相。张宪担任太原尹的职位主要起因于宦官和伶人,他们不愿意张宪在朝廷监督他们,所以迫使庄宗将其外派至河东。现在,他在晋阳的形象对后唐来说显得至关重要,这个地方也变成了叛乱者和忠诚者竞争的中心。926年的三月,当叛军占据了魏州时,张宪的家人大都住在那里,转而被扣押。叛军派遣了一位使节到晋阳,给张宪施加压力,要么和他们一起同流合污,要么就面临失去家人。张宪选择斩杀了来使,然后将叛军的来函原封不动地转交洛阳,表示了明确的忠君选择。可惜的是,即便庄宗收到了那封信,那也是在他被刺的前几天。我们也就无法看到君臣之间冰释前嫌、让人感慨不已的场面。但皇上的死讯并没影响张宪继续实践他的忠君理想。

四月五日,庄宗的弟弟李存霸逃到晋阳,张宪的手下都劝他将李存霸扣留,以示对洛阳过渡政权的好意。但张宪将个人的道德伦理放在政治的权宜之上,坚持说:“我原本是一介书生,没有任何战功,但皇上如此厚待重用我,在这样关键的时刻,怎么能存二心呢?!”他的助手们随后又力劝他加入请求李嗣源登基为皇的合唱中,诋毁他对故皇的忠诚是“老皇历”,不实用。张宪以固执的忠诚拒绝了这样的压力,尽管他和同光皇帝传说中颇多摩擦。按照时有矛盾的史料,军队的一些将官在李存霸到达的那天就逼迫张宪将其驱除,然后又以一则谣言为借口举行了暴乱,谣言说是宦官们和忠于庄宗的人合谋要将晋阳变成对抗洛阳过渡政权的基地。混乱中,张宪带着一个儿子向东北逃亡,半个月后被俘,被迫自尽。晋阳危机因张宪的死而告终。

在洛阳,新朝廷的内政管理显得过于狂暴。宫廷横扫宦官的行动在首都内外同时展开,摄政的李嗣源将有罪案的宦官处死,同时,责令其他诸多宦官离开宫廷,大大地消减了未来宦官的数量和他们的政治功能。之后,又下诏追杀所有宦官,有七十多个侥幸从洛阳出逃至晋阳的宦官全被追杀于都亭驿,据目击

者说是“流血盈庭”。为了根除当时动摇人心的传言，李嗣源同时清除了他潜在的反抗者。庄宗的亲信张全义在洛阳骚乱的二十几天后去世，大部分是由这个年龄的老年抑郁所引起。张全义支持了对李嗣源前往魏州的任命，一直活到亲眼看到他两个最亲密的朋友（指庄宗和刘氏）在叛乱中丧生。他最后的痛苦折磨可以想见。一年后，一系列的赐死落在前朝旧臣的身上，包括造成庄宗中箭身亡的伶人郭从谦。以误政罪名被杀的还有前宰相豆卢革和前梁朝的降将段凝，后者对后唐的资助让人半信半疑。清洗甚至波及到后宫的御膳房，那里，厨师的人数减到五十人，以显示前皇的奢侈和新政的节俭。

意识到公众形象的重要和渴望结束过渡阶段，李嗣源的临时政府对已死皇上的声誉表达了有节制的维护。庄宗烧焦的遗骨被找了出来，在洛阳举行了瞻仰仪式，年近六十的李嗣源跪在他的棺材旁，含着泪水最后敬拜这位天才而命运坎坷的养弟。是的，纵观庄宗李存勖短暂起伏的一生，作为家族和王朝未来的栋梁之材，早期李存勖的训练和培养一开始便锁定在成就帝业的终极目标上。不久，年轻的晋王李存勖以自己强大的军队和不屈不挠的意志扫荡了一切横亘在前的障碍，带着父亲殷殷的期待，在无数次的南征北战、东进西突后，最终建立了自己的王国。但短短四年后，在左邻右舍似乎还来不及看清他作为帝王的真面目时，庄宗便在那场举国内乱中，饮恨于宠信的伶人箭下。可想而知，在一个习惯以成败论英雄的国度，庄宗李存勖如此难堪而不光彩的结局，也就怪不得史家们几乎众口一词的贬损了。另一方面，父亲和自我的强烈期望凝结成的不变意志，替李存勖铺平了通往王国的道路，但在他随后作为开国皇帝的短暂余生中却戏剧般地转而变成对抗他本真个性的双刃之剑。

在洛阳西郊新安县的永陵，进行了同光皇帝的典葬，庄宗的墓地离他母亲的墓穴只有十几公里之远，但不管怎样，他终于可以和一生爱戴的母亲共享死后的时空，这里和他们其他的亲戚隔开，就像前一个秋天，当曹夫人下葬时，庄宗所期望的那样。古代的传统更看中在七月安葬天子，所以，选择这个时间也

表示着对故人的另一番敬意。李嗣源随着送葬的人群一直走到洛阳的城门口，采取了前唐太宗一样的方式，三个世纪前，太宗行刺其兄而登上皇帝宝座。然而，李嗣源放弃了唐早期的先例，没有一直陪伴庄宗的灵柩至墓地。那里，豆卢革主持了奠仪，这是他作为首相的最后一次主要活动。

通过这样并非出自内心、而是刻意设计的对庄宗的敬意，李嗣源得以避免激怒已故皇帝的同情者，将人们的情绪从后唐这段悲剧中转移开去。作为已经在四月二十八日以明宗名号登基的新帝，他将开创众人所翘首以盼的新篇章。极具讽刺的是，前唐朝的太宗登基发生在626年，正好是三百年以前。前者弑兄而黄袍加身，后者乘机借刀除掉养弟而君临天下。历史的确是在重复自己。

庄宗大事年表

885 年，一岁

十月二十二日，庄宗李存勖生于晋阳，今山西太原。母曹氏。其父李克用当时为河东节度使。

888 年，四岁

三月，唐僖宗崩，昭宗即位。

889 年，五岁

五月，李克用战于潞州三垂岗，其父称其为奇儿。

890 年，六岁

叔父李克修、李克恭前后卒。

891 年，七岁

父亲李克用从代北定居晋阳。

893 年，九岁

其父攻赵州，后退兵。

895 年，十一岁

八月，在长安获唐昭宗嘉许。

其父为中书令，进封晋王。

天子赐妃陈氏于父，后为妾。

896 年，十二岁

六月，养兄落落在洹水马失前蹄，被俘遇难。

897 年，十三岁

习春秋，手自缮写，略通大意。

904 年，二十岁

八月，唐昭宗被杀，昭宣帝即位。

905 年，二十一岁

沙陀与契丹主约于云州，立兄弟之盟。

906 年，二十二岁

九月，其父据潞州。

907 年，二十三岁

四月，朱温废除昭宣帝，定梁都于开封。

十月，其父病重，以叔父为监国。

908 年，二十四岁

一月，其父李克用去世，年五十三，葬代北，建极陵。

长子继位晋王。

二月，叔父李克宁被处死。

五月，攻潞州和泽州（河东南界）。

七至八月，约岐国攻晋州。

909 年，二十五岁

一月，梁迁都于洛阳。

六月，燕王刘守光致信；晋王拒盟。

八月，率队攻晋州（今临汾市），未克。

910 年，二十六岁

七月，联岐、邠攻河西，不克。

十一月，赵王求救于晋。

十二月，遣周德威、李嗣源等到赵州救王镕。

911 年，二十七岁

一至二月，大败梁军于赵州。

二月，王亲攻魏州，不能克。

至赵州，王镕迎谒。

七月，再会王镕于承天军，许女为镕幼子昭诲妻。

十二月，以刘守光称帝而侵定州，晋派周德威和李嗣源伐幽州（今北京一带）。

912 年，二十八岁

六月，梁太祖被其私生子朱友珪所弑，朱友珪随即即位于洛阳。

八月，梁伐河中，节度使朱友谦求救于晋。

十月，晋王自泽州赴河中，会朱友谦于猗氏（今山西猗临县）。自此，双方结为盟友。

913 年，二十九岁

二月，梁朱友珪被杀，末帝即位于开封，此后为都。

二至四月，三十八名燕将降晋，包括元行钦。

七月，会王镕于天长（今河北井陉县）。

十一月，亲征幽州，五天之内，入燕城。

十二月，会王镕于行唐县。

914 年，三十岁

一月，刘仁恭、刘守光父子被斩，以祭其父李克用及先祖。

　　应赵定之请，晋王被升为尚书令。

七月，会王镕和周德威于赵。

七至八月，邢、洺战役不利于晋，败于张公桥后，返回晋阳。

915 年，三十一岁

三月，魏州（今河北大名县）军变后，晋王带兵伐之。

六月，克魏州和德州。兼领天雄节度使。贝州和沧州未克。

七月，在魏县为梁伏兵所围，李存审的援军解围。

　　克澶州（今河南濮阳县）。月内失之。

梁军伐晋阳，未克。

八月，贝州之围开始，以李存审领之。

十月，在魏州，险为梁所派密探毒杀。

916年，三十二岁

二月，梁军攻魏州，不能克之。

三月，梁军以大兵攻晋阳，仍不克。

在元城（魏州南郊）困于梁兵，被李嗣源救。

五月，从魏州返晋阳。

七月，再赴魏州。

八月，亲率军克邢州（今河北邢台市）。

契丹侵蔚州（今山西灵丘县），李嗣源破之。

九月，平沧州和贝州。三千名贝州的降军悉数被屠。

917年，三十三岁

二月，契丹烦新州（今河北涿鹿县）和幽州（今北京），周德威、李嗣源、李存审等拒之。

八月，李嗣源大败契丹军，解幽州之围。

十月，自魏州回晋阳。

十一月，再赴魏。

十二月，率军攻陷杨刘（今山东东阿县）。

918年，三十四岁

一月，亲巡行郓、濮两州之地（今山东西界）。

二至六月，数次带兵之杨刘。

八月，在杨刘被十数重伏兵所围，被李存审援兵所救。

大阅兵于魏州。

十一月，再巡行于郓、濮。伏兵复发。被李存审救。

十二月，大将周德威战殁。

919年，三十五岁

三月，兼领幽州节度使，以养弟李嗣昭权知军事。

以郭崇韬为中门副使，此后居魏州。前中门使孟知祥为河东马步都虞候，迁居晋阳。

七月，自魏州回晋阳。

十月，从晋阳至魏州，发重兵，逼近德胜北城（魏州顿丘县）。

十二月，于河南大败梁军。

920年，三十六岁

七月，因朱友谦所请，发兵赴援。

九月，于河中，击败梁刘鄩军。

921年，三十七岁

一月，唐代传国宝在魏州出现。

二月，王镕卒于兵变，赵国始乱。

八月，派史建瑭讨伐赵国，反者张文礼病死。

十月，晋军在德胜一带大败梁军。

定州王处直被废，儿子王都接任后，结契丹为盟。

十一月，带兵至镇州。

十二月，自镇州率五千骑兵至定州。

922年，三十八岁

一月，率军自定州至新城击退契丹军。

于定州望都县被契丹围，被养弟李嗣昭救出。

二月，从幽州领军急救德胜，五天内到达。

九月，半年被围后，镇州终于归晋。兼领镇州(天平)节度使。

十一月，河东监军张承业卒。

923年，三十九岁

三月，潞州留后李继韬叛晋结梁。

四月，在魏州即皇帝位，号同光。

以豆卢革为左丞相，卢程为右丞相，郭崇韬、张居翰为枢密使，冯道为翰林学士。改魏州(邺都)为兴唐府。

闰四月，以李嗣源攻克郓州。

六至八月，率军至杨刘以防守。杀二百名所俘虏的梁军前锋兵士于邺都。

七月，敌军破黄河堤以限唐兵。

八月，梁以段凝代王彦章为帅。

梁将康延孝降唐。

十月，王彦章战败，劝降不从，被杀。

九日，攻陷开封，末帝自尽。

十日，唐军居开封并建都于此。

宴兵于宫庭。

梁洛阳尹张全义投诚，来开封谢罪。

二十九日，宴梁将和李嗣源于崇元殿。

十一月，秦王李茂贞遣使贺收复天下。

李继韬如见待罪,诏赦之。

张筠为京兆尹。

十二月一日,迁都洛阳。定名西京。

924 年,四十岁

一月二十二日,至河阳,奉迎皇太后——生母曹氏。

二月一日,祭祀于南郊。

十五日,妾刘氏为皇后。

三月,契丹犯塞,诏李嗣源帅师屯邢州。

四月一日,尊号称为昭文睿武至德光孝皇帝。

十一日,皇后正式受封。

潞州小校杨立叛。

五月,李嗣源收复潞州。

六月,封韩氏为淑妃,伊氏为德妃。

八月,宋州大水,郓州、曹州等州大风雨,陕州水灾。

九月,契丹攻打幽州。

十月,开封、郓州大水。

契丹再侵幽州。

幸小马坊阅马。

十一月,在伊阙狩猎。

元行钦太师兼尚书令。

十二月,李嗣源为宣武节度使。

至魏州休假。

925 年，四十一岁

一月，契丹再犯幽州，李嗣源前往平定。

二月，为建鞠球场，毁魏州即位坛。

李嗣源迁镇州节度使。

三月，返回洛阳。

洛阳改名为东都。

四月，礼部贡院新及第进士四人，桑维翰居二。

五月六日，皇太妃刘氏卒于晋阳。

七月十一日，皇太后曹氏卒于东都洛阳。

滑州黄河决，洛水泛滥，汴水泛涨，许州大水。

八月二十三日，河南县令罗贯被杀。

九月，伐蜀，以郭崇韬、李继岌为主帅。

十月二十九日，葬母于洛阳寿安县。

徐州、魏州大地震。

十一月，伐蜀大军攻克成都。

十二月十八日，命孟知祥为西川节度使。

二十一日，在白沙等地狩猎。

闰十二月，李嗣源入洛阳长住。

二十三日，封六位亲弟为王。

926 年，四十二岁

一月七日，郭崇韬被杀于西川。

契丹进攻女真国和渤海国。

二十三日，异母弟李存乂被杀。

朱友谦被杀。

二月九日，因贝州兵变，遣元行钦前往平定。

十七日，亲兵从马直宿卫王温叛乱，被杀。

二十七日，李嗣源统亲军赴魏州，讨伐赵在礼。

三月八日，李嗣源的部分手下兵变，迫其为帝。

十二日，刘氏拒绝朝臣出内库钱物救助禁军匮乏的提议。

　　李嗣源率叛军进军开封。

十八日，前蜀王王衍被杀于西安。

十九日，率兵前往开封。

二十二日，至石桥。置酒野饮，与元行钦等属下悲悼不已。

二十六日，李嗣源进入开封。

二十八日，返回洛阳。

四月一日，郭从谦兵变。

　　皇帝中箭，死于兴教门。

　　皇后刘氏逃亡晋阳。

三日，李嗣源入主洛阳，称监国。

九日，刘氏死于晋阳。

十四日，李继岌死于西安郊区。

二十六日，太原尹张宪被赐死。

二十八日，李嗣源继位。

七月二十二日，葬于洛阳新安县雍陵。